STRANGERS TO OURSELVES

自分を知り、自分を変える

適応的無意識の心理学

STRANGERS TO OURSELVES

ティモシー・ウィルソン
村田光二 監訳

DISCOVERING THE ADAPTIVE UNCONSCIOUS

新曜社

STRANGERS TO OURSELVES
by Timothy D. Wilson

First printed in the United States of America
Japanese translation published by arrangement with
Harvard University Press, Cambridge, Massachusetts
through Tuttle-Mori Agency, Inc., Tokyo

まえがき

心理学だったら自己知識の問題について大いに研究していると思われている。ある意味ではそのとおりだ。フロイト以来、人はどれほど自分自身を知っているのか、その知識の限界はどのあたりか、自己洞察を欠くとどうなるのかという問題に、心理学者は惹きつけられてきた。しかしそうだというのに、学問としての心理学は、自己知識の問題をまともには取り上げてこなかった。自己啓発の本や精神分析の立場からの本を除けば、自己知識については大学の講義もあまりなかったし、このトピックについて書かれた本もほとんどなかった。

けれども、こういう状態も今まさに変わろうとしている。最近、フロイトや彼の後継者の言うところとは異なる、自己知識についての科学的研究が飛躍的に増えている。人間は、生存にとって欠かすことのできない、強力な、洗練された適応的な無意識をもっている。しかし、無意識は気づかないところであまりに効率的に働いていて、知る方法もほとんどないから、自己知識を得るのはそれなりに困難だ。いくら必死に心の内を探ろうとしても、私たちの中には、直接知ることのできない、広大な領域があるからだ。それではどうしたら、意識にのぼらない特性や、目標、感情を発見できるのだろうか。それを知ると、必ず私たちの利益になるのだろうか。アカデミックな心理学研究者は、フロイトと精神分析をどこまで再発見したのだろうか。そもそも、自己知識をどうやったら科学的に研究できるのだろう。こういう疑問を、この本でこれから検討していこう。その答えには、しばしばビックリするだろうし、日常生活に直接かかわる実際的なヒントも得られるだろう。

私はハンプシャー大学（マサチューセッツ州の小さな実験校で、開校三年目だった）のたった十二人のクラスを卒業して、一九七三年の秋にミシガン大学大学院に入るためにアナーバーに到着したときから、こういう疑問にずっと関心を抱いていた。ミシガン大学は驚くほど刺激的なところで、社会心理学者として歩み始めるのを助けてくれた多くの人々に感謝している。なかでも、恩師ディック・ニスベット先生には特別の恩義がある。[訳注1] 彼は自己知識について実証的に探求し、理論的に考えるための方法を教えてくれた。一九七〇年代半ばにミシガン大学社会調査研究所で私たちがおこなった心躍る議論の中で、この本の多くのアイデアが芽生えた。さらに重要なことは、社会心理学は単に専門としての職業や学問的追究であるだけでなく、世界についての基本的前提に挑戦する生き方でもあることを、ディックは教えてくれた。

私はまた、何年も一緒に研究を続け、この本に述べていく問題を研究するのを助けてくれた多くの大学院学生にも感謝したい。[訳注2] 楽しい仕事、厳しい仕事を共有した忘れがたい仲間がいなかったら、この本のアイデアを追究できたとは思えない。

さらに、この本の原稿の一部あるいは全部を読んで、有益なフィードバックを返してくれた、ジョン・バージ、ジョン・ハイト、アンジェリン・リラード、ジョナサン・スクーラー、ダン・ウェグナー、ダン・ウィリンガム、ドルー・ウェステンの諸氏にも感謝したい。最後に、際限がないとも思えた執筆期間中、賢明で、機知に富み、忍耐強い相談相手となってくれた、ハーバード大学出版局の編集者、エリザベス・ノールさんにも感謝する。

自己知識というトピックは、大いに私事に関わっている。以下の章で私は、自分自身や多くの友人の経験を描いている。彼らを困惑させることのないように、私はときどき友人の名前を変え、経験の一部を変更している。私自身の照れ臭い経験については、かなりのところありのままだ。

［訳注1］ リチャード・ニスベット（Richard E. Nisbett）教授のこと。ディックは愛称であるが、本文中でも親しみを込めてしばしばこの愛称で取り上げられている。

［訳注2］ 原書には、次の方々の名前が列挙されている。Sarah Algoe, David Centerbar, Michelle Damiani, Dana Dunn, Liz Dunn, Sara Hodges, Debby Kermer, Kristen Klaaren, Dolores Kraft, Jaime Kurtz, Suzanne LaFleur, Dan Lassiter, Doug Lisle, Jay Meyers, Nicole Shelton, Julie Stone, Thalia Wheatley.

目　次

目　次

装幀＝難波園子

第1章 フロイトの慧眼、フロイトの近眼

自己敬愛、自己認識、自己抑制、これら三者だけが人生を至高の権力へと導くものなのです。
——アルフレッド・ロード・テニスン『オイネウス』（一八三三）

気持ちの問題よりもっと大切なことは何だろう。あるいは、読み解くのがもっと難しいことは？自分の望みが何か、はっきりとわかっている幸運な人もいるが、それをどうやって実現したらよいのかわからない不運な人もいる。リア王のように、自分の本心とは正反対のことをする道に迷い込んでしまう人もいる。プライド、頑固さ、あるいは自己洞察を欠いているばかりに、彼らの目標は満たされない。

しかしそういう人たちでも、何が欲しいのか、娘の献身か、恋人の抱擁か、心の平和か、少なくとも知っている。最悪なのは、自分の望みに皆目気づかないことである。プルーストの『失われた時を求めて』のマルセルについて考えてみよう。彼は、アルベルチーヌが彼のもとを去ったというニュースを伝えに家政婦が飛んでくるまで、彼女をもはや愛していないと確信して、彼女とどうやって別れようかとあれこれ思案していた。だが家政婦のことばを聞いた瞬間、アルベルチーヌをまだどれほど愛しているか悟ったのである。「『アルベルチーヌさんはお発ちになりました』ということばは、もうとても堪えられそうにないくらいの苦悩を、心に引き起こしたのである。そんなわけで、くだら

ないことと思われたものが、何のことはない、私の全生命だったのだ。人間はどこまで自分を知らないのだろう[1]。」

マルセルは自分の感情を知らなかったわけだが、それは決してまれなことではない。私の友人スーザンはスチーブンという男性と恋仲だった。スチーブンはなかなかいい男で、親切で気が利き、信頼もおけ、なによりスーザンに夢中だった。彼もスーザンも社会福祉士で、関心の多くを共有していた。二人のつきあいは長く、一つの問題を除いては、とても真剣な関係になっているように見えた。その問題とは、スーザンの友人たちには誰の目にも明らかだったのだが、彼女はスチーブンを愛していなかったのである。彼女は愛していると思っていたが、私たちが見る限り、本当は感じてもいない何かを感じていると彼女は思い込んでいたのだ。スチーブンは敬愛すべき友人だった。そのとおりである。しかし、彼女が深く愛し、これからの人生を共に過ごしたい人だったろうか。そうではない。結局スーザンは、自分が間違っていたことを悟り、関係は終わりを迎えた。

きっとマルセルとスーザンは例外で、自分の本心に格別盲目な人たちなのかもしれない。けれども、たいてい誰でも、『自負と偏見』のエリザベスのように、似たような混乱した状況におかれたときのことを考えたりすることがあるのではないだろうか。彼女はダーシー氏への感情が「はっきりとしたものではありえなかった」ことに気づいた。

彼女は、彼を尊敬し、大いに買い、そして感謝した。また彼の幸福ということについては、心からの関心をもった。ところで、ただ彼女として知りたかったのは、その彼の幸福というものを、どこまで彼女自身の力で左右したい気持ちなのか、また仮に彼女がその力を使って、彼にもう一度あの求婚をくりかえさせるようにすれば（彼女には、まだその力が自分にあるような気がしていたのだ）、はたしてそれが、どこまで二人の幸福をすすめることになるのだろうか、というその点だった。[2]」

こういうふうに混乱しているとき、「内的自己検出器」という機械に接続できるとしてみよう。こめかみに電極をつないで目盛を調整し、「私はスチーブン（あるいはダーシー氏）を本当はどう思っているんですか」と質問する。機械はちょっとうなってカチャカチャいってから、小さなモニターの上に答えを示す（たぶん、子どもがパジャマ・パーティで未来を占う「マジック８ボール[訳注1]」の、技術的に進んだかたちである）。

人々が内的自己検出器があったらどう使うかを調べるために、私は大学のセミナーで学生たちに、この機械に尋ねたい質問を列挙するように求めた。『自負と偏見』のエリザベスのように、誰かについて本当はどう思っているのか知りたいと答えた学生もいた。たとえば一人の学生は、まず聞きたいのは、「大切な何人かの人を、本当はどう思っているか」だろうと言った。こういう質問に答えてくれる機械があったら、どんなに素敵だろう！

学生たちは、特性や能力も含めて、自分の性格がどんなものかについての質問も挙げた（たとえば、「私の人生の主要な目的と動機は何ですか？」「どうして私は特定の状況になるとうまく人とつきあえないのでしょう？」「ときどき宿題をする気がなくなるのはなぜですか？」）。学業成績やキャリアなど、これらの質問のいくつかは、明らかに成人期初期に特有なものである。しかし世慣れた大人でさえ、ときには自分の性格や能力に疑問を抱く。自分の特徴に盲目であれば、不幸な選択をしてしまいかねない。たとえば、教師に向いているのに弁護士としての素質をもっていると思い込んでいる男性、あるいはうまくできないと誤って思い込んで、重要なスピーチの依頼を断る女性である。

また学生たちは、たとえば幸せな気分にしたものは何かなど、なぜそう感じたのか、あるいはなぜそのように行動したのかを知りたいと答えた。どうしてそう反応したのか、その原因を理解することは、感情と行動に望まない影響が及ぶことを避けるために重要である。弁護士事務所の採用にあたって、アフリカ系アメリカ人の応募者を面接する弁護士のことを考えてみよう。彼女はその応募者が冷たく、親しみにくく、少し攻撃的であることを見つけ、彼を雇わない方がよいと意見を述べる。彼女は公正な心の持ち主で、否定的な印象は応募者の人種とは関係がないと思っている。しかし、もし彼女が間違っていたら、そして自分では気づかずに、応募者の人種が実際にその印象に影響を及ぼしていたら？　もし人種差別をしているのにそれが判断に影響していることに気づかないとしたら、自分の人種差別に立ち向かい、それを変えようと努力することはできない。

この本では、次の二つの疑問について考えていく。なぜ人は、自分自身（たとえば、自分の性格、なぜそのように感じるのか、あるいは感じた内容そのもの）を十分知らないことが多いのか？　そして、どのようにしたら、自分についての知識を高めることができるのか？　自分についての洞察を欠いていることには、疑いもなく多くの理由がある。傲慢さのゆえに自分に盲目となっているのかもしれない（ギリシア神話やシェイクスピアのお好みのテーマ）。混乱しているのかもしれないし、あるいは単に、自分の人生や心を注意深く調べてみたことがないのかもしれない。私がこれから挙げる理由は、おそらく誰にも、最もよく当てはまる。それは、自分自身について知りたいと思うことの多くは、意識的に知ることのできる範囲の外にあるからというものだ。

人間の心の大部分は無意識だという考えは、フロイトの偉大な洞察であり、決して新しくない。現代の心理学は、意識の隘路の先を見ようとした彼の勇気に大いに負っている。しかし、無意識の性質に関して実証的な心理学に革命が起こり、フロイトの概念の限界が明らかになった。

もともと心理学研究者は、意識的でない心の過程については、話をすることさえ躊躇していた。二十世紀の前半の心理学では、意識主義《メンタリズム》を拒否して行動主義が全盛だった。行動主義者は、意識的なものであろうと無意識的なものであろうと、人の頭の中で起きていることを考慮する必要はないと主張した。一九五〇年代の後半に、心理学の主流は行動主義を拒否して、心の体系的研究を開始するという偉大な歩みを踏み出した。しかし行動主義の隊列から飛び出した最初の実験心理学者たちは、自分たちが研究している心の側面が意識であるか無意識であるかということについては、ほとんど何も話さなかった。この質問はタブーだった。「おい、人が何を考えているのかを研究できるだけでなく、頭の中で進行している、自分ではわからない何かも研究できるぞ！」と言って、ようやく築いた科学的トピックとしての心の尊厳を危うくしようとする心理学者など、ほとんどいなかった。大学の心理学研究室にあって、フロイト派だとの汚名を着せられるという、とんでもないことを望む自負心をもった心理学者はほとんどいなかった。

しかし、認知心理学と社会心理学が盛んになるにつれて、おもしろいことが起こった。人の頭の中で生じていると心理学者が想定する認知過程の多くが、言語化できないことが明らかになったのだ。社会心理学者は、たとえば、人が社会的世界の情報を処理する方法に関するモデルをいろいろと発達させた。人はどのようにして他の集団についてのステレオタイプを形成し維持するのか、どうやって他者の性格を判断するのか、どのように自分や他者の行為の原因を何かのせいだと考えるのかなどである。研究者がこれらの心の過程について研究を進めていくにつれて、人はそういう過程が生じていることにさえ気づいていないことが、ますますはっきりしてきた。研究者が実験の参加者に、彼らが実験中に考えていたに違いないことをこれこれだと説明すると、参加者は首を横に振って、「それはとても興味深い理論ですねえ。でも先生、そんな考えをもっていたなんて、これっぽっちも思い出せないんですよ」と言うので、[3]研究者はしばしばうろたえるのだった。認知心理学者や社会心理学者が研究した心の過程のほとんどが、当の本人には気づかれることのないところで生じていることが明らかになった。この事実を無視するのは難しくなり、非意識的な処理の理論が実験心理学の中に浸透していった。

だが多くの心理学者は依然として、同僚たちから軟弱になったと思われるのを恐れて、「無意識」ということばを使うのを渋っていた。「自動的」、「潜在的」、「前意識的」、「手続き的」など、意識的に自覚できないところで生じる心の過程を表現する別の用語がいろいろと考案された。これらの用語は、心の特定のタイプの過程について述べるためには、「非意識的」という一般的な用語より優れている場合もある。たとえば自動的処理の研究が盛んになったが、この過程が自覚されないというのは、その特徴のうちの一つにすぎない。[4]

しかし、「無意識」または「非意識」という用語も、今では主流の研究雑誌にもかなり登場するようになった。大部分は見ることのできない、広範囲の、適応的で洗練された心的過程の集合というイメージが生まれている。実際、実質的には無意識の心がすべての任務をおこなうのであって、意識的な意志は錯覚かもしれないと言う研究者さえあらわれた。誰もが意識的な思考を無意識の働きに付随する現象にすぎないとして葬り去ろうとしているわけではないが、非意識的な思考、感情、そして動機づけが重要だということについては、ますます意見が一致しつつある[5]。

心理学研究者と精神分析家との間には越えがたい溝があったが、科学的心理学者が無意識の研究に注目するようになってからは、このように、かなり接近してきている。しかし、この溝が完全に橋渡しされたわけではないし、現代の適応的無意識が精神分析のそれと同じではないこともまた確かである。

適応的無意識とフロイトの無意識

フロイトはよく考えを変えた。最も知られているのは心のトポロジー的モデルから、一九二三年の『自我とイド』の出版に伴う構造的理論への変化である。また、現代の精神分析の思潮にはさまざまな学派があって、無意識の衝動、対象との関係、自我の機能など、強調点のおき方に違いがある。適応的無意識の現代的な見方とフロイト派の無意識とを比較するのは、動く標的を狙うようなものだ。それにしても、両者の観点には、明らかな違いがある。

無意識の本質は何か

フロイトの精神図式的（topographic）モデルでは、二つのタイプの無意識過程を区別する。第一に、七年生のときの数学の先生の名前といった、単に現在注意の焦点にないたくさんの思考がある。この種の情報は前意識的で、フロイトが言うには、それに注意を向けるだけで簡単に意識的にすることができる。フロイトが指摘しているもっと重要なことは、心理的苦痛の源となっているために意識の外に追いやられている、原初的な幼児期の思考の巨大な貯蔵庫があることだ。この種の思考は、単に注意が向けられていないということではなく、理由があって抑圧されているのである。フロイトのその後の心の構造的モデルはもっと複雑で、非意識的な過程がイドだけでなく、自我にも超自我にもあるとされている。しかし、彼は原初的で動物的な非意識的思考に焦点を合わせ続け、意識的思考をより合理的で洗練されたものであるとした。

現代的な見方からすると、フロイトの無意識の捉え方はあまりに限定されていた。彼は（初期の実験心理学者であるグスタフ・フェヒナーに倣って）意識は心という氷山の一角だと言ったが、適切な表現と言うにはあまりに遠かった。意識は氷山の一角というより、氷山の上の雪玉に近い。心は高次の洗練された思考を無意識に委ねることによって、最も効率的に働く。ちょうど現代のジャンボ旅客機が、人間という「意識的」パイロットの手をほとんどあるいはまったく借りずに、自動操縦で飛ぶことができるのに似ている。適応的無意識が果たしている任務は実に見事だ。洗練された効率的なやり方で世の中を評価し、危険に際しては警告を発し、目標を設定し、行為を始動する。これは心が高度に効率的であるために必要な、心の拡張された部分であり、心という一家の要求の多い子どもでもないし、またこの子どもを手なずけるために発達した防衛機制でもない。

無意識はまた、それ自身の心や意志をもつ、単一の実体でもない。むしろ人間がもつ、時と共に進化してきた、意識の外で働く一連のモジュールなのである。適応的無意識ということばをしばしば用いるのは便利で簡潔な表現だからで、フロイトのいう無意識に典型的であるように、それを単一の実体として特徴づけようとするものではない。たとえば、私たちはたやすく言語を習得し使用できるようにする非意識的な言語処理装置をもっているが、この心のモジュールは顔を素早く効率的に認識する能力や、環境の中の出来事が良いか悪いかを素早く判断する能力とは比較的独立している。このように適応的無意識は、人の心という都市国家の集合体であって、意識的な自覚のカーテンの後ろで糸を引いている、オズの魔法使いのような一人の小人ではないと考えるのが最も適切である。[6]

無意識はなぜ存在するのか

フロイトは私たちの原初的な欲動が意識に達しないことが多いのは、それがもっと合理的で意識的な自己や、社会一般にとって受け入れがたいためだと論じた。それは「勝利した神々の投げつけた巨大な岩塊に押さえこまれた、伝説の巨人を思い起こさせる。[7]」人は自分の無意識的な動機や感情を知るのを避けるための、無数の防衛機制を発達させてきた。そのいくつか（昇華）は他のもの（抑圧、反動形成等）よりも健全である。心理療法の過程は不健全な防衛機制を解明し解消することを含むが、人は自らの無意識の動機と感情を隠蔽するよう、まさに動機づけられているので、それはとても難しい。

現代的な見方では、無意識的な心的過程がある理由は、もっと単純である。心は基本的な過程を挙げてみるだけでも知覚、記憶、言語理解などさまざまあり、どれだけ多くの心の部分が働いているのか、直接検証することはできない。そうすると不安を引き起こすからではなく、心のこれらの部分が意識的自覚にとってアクセス不可能だからである。おそらく、意識が進化する前にそれらが進化したためであろう。もし、たとえば三次元の世界をどのように知覚しているのか、あるいは相手が発する一連の音の流れをどのように解析して理解可能な話にしているのか、的確に答えるよう求められたとしても、私たちは口ごもるだけだろう。意識は容量の限られたシステムであり、この世界で生き残るためには、意識の外で大量の情報を処理できなければならないのである。カール・ユングはこの点を、一九二〇年代に認めていた。

> 無意識はなお他の側面をもつ。その中には、抑圧された内容だけではなく、意識の識閾に到達しない精神的素材のすべてが含まれている。これらすべての素材の閾下の特徴を、抑圧の原理によって説明することは不可能である。そうでなければ人は、抑圧が解き放たれれば、何も忘れない驚くべき記憶を確実に達成することになるだろう[8]。

フロイトもこんなふうに言いながら、同意するに違いない。「そう、そう、しかしこの種の無意識的思考は取り上げるにたらないもので、愛や仕事や遊びといった心の重要問題と比べれば、少しも興味を引かない基礎的な低次の思考ではないかね。もちろん、消化器官がどのように働くかについて意識的なアクセスをもたないのと同じく、奥行きをどのように知覚するのかといったことに意識的なアクセスをもっていないよね。それでも残る事実は、もっと重要で高次の心的過程が無意識であることの理由が抑圧だということなのだよ。もし抑圧と抵抗が回避されたならば、原初的な渇望と欲望に直接アクセスできるだろう。しかし概して、私たちは、そのような思考や感情を意識の外に置いておくよう最善を尽くしているんだよ。」

対照的に、適応的無意識の現代的な見方では、判断、感情、動機などの心の興味深い働きの多くが、抑圧のためではなく、効率性という理由から、意識の外で起こる。心は、低水準の処理（たとえば、知覚過程）が意識に到達しないようになっているだけでなく、多くの高次の心理過程や状態もアクセスできないよう設計されているのである。心は、多くのことを同時に並行しておこなうことができる、よくデザインされたシステムである。何か他のことについて意識的に考えながら、気づいていないうちに世の中について分析し、思考している。これは、ある種の思考がとても脅威を及ぼすものだから、それが知られないように動機づけられることがあるということを否定するものではない。しかし思考や感情、動機に意識的にアクセスできない最も重要な理由は、抑圧ではないだろう。この事実が、どうしたら無意識にアクセスできるかということに対してもっている意味を過小評価してはならないし、それがこの本の主要なトピックなのである。

非フロイト的無意識

適応的無意識がフロイトのいう無意識とどれほど異なっているか、さらに詳しく説明するために、歴史が実際とは異なっていたらどうだったかと考えてみよう。もしフロイトが精神分析理論を提唱しなかったら、無意識についての考えはどう展開しただろうか。想像してみるためには、フロイト以前に無意識の過程がどう考えられていたかを、簡単に振り返ってみる必要がある。

十九世紀は、デカルトの長い影が無意識の性質についての考えを覆っていた。デカルトは心と体を明確に区分したことでよく知られている。以来哲学者も心理学者も、いわゆるデカルトの二元論、あるいは「心身」問題に取り組んできた。心と体は異なる法則に従う別個の実体であるという考えに多くの学者が異議を唱えたが、もっともなことである。今日では、自ら二元論者を名のる哲学者や心理学者はほとんどいないだろう。実際、アントニオ・ダマシオは「身体と心の隔絶」を「デカルトの誤り」[9]と呼んでいる。

それほど知られてはいないが、デカルトはこれに関連するとんでもない誤りもおかしている。彼は心に物理法則とは無関連の特別の地位を与えただけでなく、心を意識に限定したのである。心は人が意識的に考えるすべてのことから成り、他の何ものでもないと論じたのである。思考と意識とを同じだと見るこの考え方は、非意識的な思考のすべての可能性を一掃してしまう。これは、アーサー・ケストラーが「デカルトの破局」と名づけ、またランスロット・ホワイトが「人間精神が作り出した根本的大間違いの一つ」と言うほどの一撃だった。ケストラーは適切にも、この考えが「治癒に三世紀を要した心理学の衰弱」を招いたと指摘している[10]。

デカルトの大間違いにもかかわらず、パスカル、ライプニッツ、シェリング、ヘルバルトといった多くの十九世紀ヨーロッパの理論家が、非意識的知覚と思考の存在を仮定するようになった。特筆に値するのはイギリスの物理学者と哲学者のグループで、公然とデカルトに反対し、今日の適応的無意識の考えに驚くほど近い非意識的処理についてのアイデアを発達させた。これら先見の明のある理論家たち、特にウィリアム・ハミルトン、トーマス・ライコック、そしてウィリアム・カーペンターは、現代の適応的無意識理論の父であると言って間違いない。彼らは、人間の知覚、記憶、そして行為は意識的な熟慮や意志なしで生起することを観察し、「心的潜在」（ハミルトンの用語で、ライプニッツを引用している）、「無意識的精神活動」（カーペンターの用語）、あるいは「脳の反射活動」（ライコックの用語）が存在するに違いないと結論した[11]。彼らの非意識的過程についての記述は、現代の見方に驚くほど似ている。実際、彼らの著作から引用しても、現代の心理学専門雑誌からとったと誤解されてしまうだろう。

・低次の心的過程は気づかれることなく生じる　ハミルトン、カーペンター、そしてライコックは、人間の知覚システムの大部分が意識的な自覚の外で働いていることを観察した。この点はヘルマン・ヘルムホルツも観察している。この見方は今日では明白だが、当時は、概してデカルトの二元論の影響が強かったために、広くは受け入れられなかった。そして一九五〇年代の認知革命までは、現代の心理学者にも広く受け入れられることがなかった。

・**注意の分割**　人はあることを意識せずに処理しながら、別のことに意識的注意を向けられることを、ウィリアム・ハミルトンは観察した。彼は、声を出して文章を読みながら、まったく別のことを考えているることに気づく人を例に挙げている。「もし話がおもしろくなければ、それをおこなっている最中でも、あなたの考えはその本や主題から完全にそれて、おそらく一連の真剣な瞑想に深くとらわれるだろう。そのときも読みの過程は妨害なしに、きちんと正確におこなわれている。そして同時に、瞑想の過程も気を散らされたり疲れたりせずに実行される。[12]」ハミルトンは、一世紀を経て発展し、大きな影響を与えた選択的注意の理論を予示していたのである。

・**思考の自動性**　十九世紀の理論家たちは、意識的な注意を少しも伴わず、気づかないうちに起こるほど思考が習慣的になることがあると主張した。この考えは一九七〇年代になるまで心理学の中では公式には発展しなかった。たとえばウィリアム・カーペンターは、次のように記している。「思考のメカニズムと名づけられたものが何であるか……徹底して調べれば調べるほど、自動的であるばかりか、その過程には無意識的でもある行為が大きく関わっていることが、ますますはっきりする。[13]」

・**偏見には非意識的な処理が関わっている**　適応的無意識の最も興味深い特徴の一つが、他者をカテゴリー化し評価するためにステレオタイプを使うことである。ウィリアム・カーペンターは、人は非意識的な、習慣的「思考傾向」を発達させると指摘し、この思考パターンが「私たちが形成する無意識的な偏見に至りうることを述べて、この働きを一世紀以上も前に予想していた。

「［こういう偏見は］意識的なものよりもしばしば強力である。また、知っていても防ぐことができないので、より危険である。[14]」

・**気づかれない自分の感情**　適応的無意識で論争を呼ぶ問題点は、自覚できない感情や好みを生成しうるという主張である。カーペンターは注意が向けられるまで気づかずに、情動的反応が起こることがあると論じた。「人や物事に対する私たちの感情は、そこで起きている心理状態に注意を向けるまで、その変化にいささかも気づくことなしに、非常に重要な変化を経験することがある。[15]」

・**非意識的自己**　パーソナリティの中心的部分は私たちの視界の外にあり、自分が誰であるかの重要な側面を知ることができないのだろうか。ウィリアム・ハミルトンは、乳児期に獲得された習慣が、人のパーソナリティの不可欠な部分になる道筋について幅広く記述している。[16]これらの心的過程はある種の「自動的自己」を構成し、そこへは意識的に到達できないとしたが、さらに百年の時を経なければ、心理学にこの考えが再登場することはなかった。

なぜ、ハミルトンやライコック、カーペンターの研究がおおかた忘れられてしまったのだろうか。その答えは、少なからず、フロイトが提案したまったく別種の無意識が、彼らの考えが中央舞台に躍り出るのをずっと妨げたからである。私の知る限り、フロイトはこれらの理論家を一度たりと引用しなかったし、言及もしなかった。もしフロイトが彼らの著作を知っていたとしても、力動的で、抑圧的な「正真正銘の」無意識と彼らの考えとは関係がないと、おそらくみなしただろう。

しかし、もしフロイトが精神分析理論を提唱しなかったとしたらどうだっただろうか。十九世紀ウィーンの反ユダヤ主義が、生理学を研究する大学教授として芽を出しかけていたフロイトのキャリアを妨害せず、彼が魚の脊髄の研究を続けていたとしたら。あるいは、一八八四年に実験したコカインに溺れてしまっていたら、あるいは、共にその独創的なヒステリー研究を始めたヨーゼフ・ブロイエルに出会わなかったなら。どんな人生も同じだが、フロイトの研究生活のコースを変化させたかもしれない無限の「もしも」がある。

実験心理学が学問として、二つの鍵となる点において、精神分析の考えから影響を受けずに始まったとしてみよう。まず研究者は、力動的な無意識は検証するのが難しいという考えから距離をおく必要がなかった。ライコック、カーペンター、ハミルトンと同じように、非意識的思考を効率的で洗練された情報処理システムの集まりとして、自由に理論化できただろう。第二に、無意識の部分であっても、自由に実験技法を用いて心を研究しただろう。フロイトの遺産の重要な部分は、心を研究する手段としての科学的方法を拒否することだった。非意識的過程は複雑な性質をもっているから統制された実験では検証できず、注意深い臨床的観察によってのみ解明できるとフロイトは信じていたのである。もちろん、鋭い臨床的観察は大いに役立ちうるが、この方法論の制約がなければ、心理学者はもっと早く心の過程の実験研究に着手していただろう。[17]

フロイトの影響がなかったとしても、無意識に関心を抱いた研究者たちはまだ、いかなる方法であろうと心を研究することには価値がないとみなす行動主義の運動と戦わなければならなかった。行動主義が二十世紀の初期から中期に繁栄した一つの理由は、精神分析の概念と方法の曖昧さに対する科学的な代替となったからである。この事情がなければ、心理学はもっと早く、非意識的な部分も含んで、心を科学的に研究できることを発見できただろう。

このようにもし歴史が異なっていたらと空想してみると、認知心理学者と社会心理学者は適応的無意識の研究に、洗練され磨き抜かれた実験技法を実際よりももっと早く適用できただろう。精神分析が実験心理学にもたらした理論的、方法論的な障害に妨げられることなく、適応的無意識の研究と理論化は繁栄しただろう。

このもう一つの歴史は、フロイトの考えが無意識の理論化には不可欠であるとみなす人々の気分を損ねるに違いない。マシュー・エルデリ、ドゥルー・ウェスチンといった何人かの理論家は、精神分析が非意識の現代的考えの発展に決定的だったのであり、実際、現代の研究は無意識的思考の性質についてのフロイトの主要な洞察を、概して裏付けているとなかなか説得的に論じている[18]。

フロイトの最も偉大な洞察は無意識的思考があまねく存在していることを見抜いた点にあり、無意識の心の性質へのあくなき創造的な彼の探求に、私たちが計り知れない恩恵を被っていることはそのとおりである。精神分析の物語は非常に魅惑的で多くを説明するということもあって、フロイトの幼児的で力動的で、狡猾な無意識の重要性を否定するのは困難だ。歴史が違っていたらと考えてみたのは、それが無意識についての唯一の物語ではないこと、またもし精神分析が知識の舞台をそれほどに席巻することがなかったならば、私たちはもっと早く現在の物語に到達していたかもしれないということを述べたかったにすぎない。

適応的無意識の物語は、無意識の処理過程のおもしろいところをみんな捨ててしまうように見えるかもしれない。精神分析ファンの読者なら、自動的な情報処理を強調する適応的無意識を、無味乾燥で、感動を欠き、おそらく最悪なことに退屈だと思うだろう。フロイトの無意識は、巧妙だし、賢く、セクシーで、少なくともソフォクレスにさかのぼることのできる偉大な文学のトピックだった。心の自動操縦については偉大な演劇も小説もほとんどなく、適応的無意識だけに焦点を当てるのは、情熱もセックスもなしに恋愛について語るように見えるかもしれない。

だが、この見方は誤解というものである。フロイトのいう仕事と愛を含んで、人生の重要で興味深いことごとに適応的無意識が果たす役割を、低く見積りすぎているからである。後に見るように、適応的無意識は些細なことだけに関わっているのではなく、人生のあらゆる側面で重要な役割を果たしている。適応的無意識についての偉大な文学が見あたらないのは、精神分析がいかに広まっているかをむしろ語っているのだろう。

そうは言っても、無意識の現代的観点は反フロイトということではない。世の中と折り合っていくのに不可欠な、洗練された、一連の効率的な非意識的過程をもつということは、不快な思考を気づかないようにする力動的な力が働いているのを否定するものではない。後の章で、抑圧の力が働いていると思われる、フロイト的現象に出会うこともしばしばあるだろう。「あれ、フロイトがそう言わなかったかな?」と言う読者もいるかもしれないし、実際、「フロイトか、多くの弟子たちの誰かがそう言っている」だろう。けれども、心にとどめていただきたい問いは、「それを説明するのに、フロイトの理論が必要だろうか? 彼が論じたような非意識的な現象に対して、もっとわかりやすい説明があるだろうか?」ということなのである。

フロイトの言う無意識の力動的で抑圧された性質が正しいという場合もあるだろう。また、フロイトは言わなかったが、多くの弟子たちの誰か、特に幼児期の衝動を越えて、母子の対象関係と自我機能の役割を強調した弟子たちが言っていることがそのとおりだという場合もあるだろう。しかし、広大な非意識のシステムは、フロイトが想像したものとはかなり異なるという証拠に、しばしば出会うことになるだろう。

さらに、フロイトとその弟子たちは、重要な点でしばしば一致しなかったし、長い遍歴の中でフロイト自身、抑圧の性質などの重要な概念について考えを変えた。それらの多くの考えの中のどれが真実なのか、どのように確かめたらよいのだろう。現代心理学のアプローチが非常に優れているところは、心理現象を探求するために実験方法を用いることである。いくつかの実に巧妙な実験技法が開発されたことによって、適応的無意識の研究が飛躍的に増えているが、それらについて本書でも取り上げる。臨床的観察や事例研究も、無意識の性質についての仮説を作る豊かな源泉となりうるが、最終的にはそれらのアイデアをもっと厳密で科学的な方法で検証しなくてはならない。このように、もし答えが「そう、フロイトがそう言った」であったとしても、彼と弟子たちはまるで異なる何かについて話していたかもしれないのだ。そして、実証的な心理学者の仕事を通してのみ、本物の金塊と偽物とを区別できるのである。

自己洞察にとっての意味

フロイトのアプローチと現代のアプローチとのもう一つの重要な違いは、どのようにして自己洞察を得るかの見方にある。精神分析は、他の多くのアプローチと同じく、自己知識への道は内面に向かうと仮定している。注意深い内観を通して、本当の感情や動機をさえぎっている霞の向こうに入っていけると論じる。誰一人、そのような内観がたやすいとは言わない。抑圧と抵抗の壁を認識し、それを取り除かなければならない。しかし、しばしば心理療法家の助けを借りてそうした洞察が得られると、無意識の欲望に直接アクセスできるようになる。「無意識を意識に持ち込むこと」は、「分析家の仕事である」とアンナ・フロイトは書いた。すべての洞察療法で前提とされている仮定である。[19]

しかしこれには問題がある。適応的無意識の研究によれば、私たちが覗きたいと思っていることの多くは、覗くことができないのである。心は不思議なほどに洗練された効率的な道具であって、これまで作られた最も強力なコンピュータでも足元にも及ばない。その計り知れないパワーの重要な源泉は、多数の入力情報を素早く非意識的に分析し、その情報に効果的方法で反応する能力にある。私たちの意識的な心が他のこと占められていたとしても、目的にかなった情報を選択し、解釈し、評価することができる。

これは良いニュースだ。悪いニュースは、適応的無意識に直接的アクセスできないのだから、どれだけ熱心に試みたとしても、自分自身を知ることが難しいことである。私たちの心は大部分が意識の外で働くように進化し、そして非意識的処理は脳の設計構造の一部なので、非意識的な過程に直接アクセスすることはできないかもしれない。「無意識を意識化すること」は、コンピュータのワープロ・ソフトを制御しているアセンブリ言語を見て理解することよりずっと難しい。

　そういうわけで、内部に目を向けることによって適応的無意識を調べようと試みても、実を結ばないにちがいない。目を外に、自分の行動と他の人々がそれにどう反応するかに向けることによって、そして良い物語を発見することによって、私たちの隠された心の性質を推し量るのがよいことが多い。私たちは本来、自らの行動と感情から意味ある効果的な物語を引き出す、人生の伝記作家でなければならない。良い自己物語の著者になる最良の方法は、隠された感情と動機を発見しようと無益な内観にひたることでは必ずしもない。

　実際、内面を見ようとしすぎれば逆効果になるという証拠もある。感情を知ろうと心の内側を探ったがために愚かな決定をしてしまい、どう感じているのかますますわからなくなってしまうという証拠を後で検討しよう。はっきりさせておきたいが、私はすべての種類の内観を非難しているのではない。ソクラテスは「吟味されない生活は、生きるに値しない」と言ったが、少しだけ間違っていた。鍵となることはどういう自己吟味をおこなうかであり、内面にだけ目を向けて自分を知ろうとするのか、外部の自分の行動とそれに対する他の人々の反応に目を向けて知ろうとするのかなのである。

［訳注1］　ビリヤードのボールのような形状の占いに用いるおもちゃ。

第2章 適応的無意識

私はこう主張することを躊躇しない。私たちが意識しているものは、意識していないものから構成されている。――事実、私たちのすべての知識は、未知のものと、認識不能なものから成り立っている。

――サー・ウィリアム・ハミルトン（一八六五）

意識の外には、広大な人生の潮流が渦巻いている。それはおそらく私たちの視界の内にあるちっぽけな思考の小島より、重要なものだ。

――E・S・ダラス（一八六六）

意識的な経験の性質を説明するのがどれほど難しいか、しばらく考えてほしい。それが難しいのは、自分以外の意識的な経験を、直接観察することはできないという単純な理由からだ。どうしたら、自分の主観的経験が、他の人のものと同じだと確信できるだろうか。もちろん私たちは、自分の考えや感情をお互いに表現することはできる。しかし、私たちが使っていることばが同じものを指しているかどうかを知る術はない。それはちょうど、赤という色を感じる私の経験があなたのものと同じか、という古典的な謎を解く術がないのと同じである。

このような難題があるものの、私たちは少なくとも、理解すべき現象があるという点については意見が一致している。誰もがそれをじかに経験しているので、意識というものがあることを知っているのである。さらに、意識の内容についても、その一部については合意できるだろう。誰もが愛や怒り、恐れを感じるので、情動が意識的経験の重要な一部であることに、おおかたの人は同意するだろう。また私たちは、意識にイメージの心的な投影が含まれることにも同意するだろう。誰かに「ダックスフンドのことを考えて」と言われれば、容易にそれができるからだ。もちろん、あなたが思い浮かべたダックスフンドのイメージが、私のものと同じかどうかはわからない。しかし少なくとも、そういうイメージを意識という劇場に投影できるということについては、合意できるだろう。

適応的無意識を説明するのは、意識を説明する場合より、さらにずっと難しい。それはまさに、じかに経験することがないからだ。もし私が、「他の人はこんなふうだと、最近、非意識的に仮定したときのことを考えてみなさい」と求められたとしても、私にできることといえば、せいぜい呆然と質問者を見つめることくらいだろう。意識できない心の一部を説明するのは、腎臓や脳の松果体が今どんなふうに働いているか説明するのと同じくらい難しいものだ。いや、適応的無意識を撮影する磁気共鳴画像（ＭＲＩ）などないことを考えれば、実際には、それ以上に説明が難しい。したがって、直接観察できない心の一部の説明を始めるのに最も良い方法は、おそらく、非意識的な心を失ったらどうなるかを見ることだろう。

無意識、休暇をとる

ある土曜日の朝、一人の男性が目を覚ましたら、恐ろしい病気にかかっていたとしよう。その病気は、彼の心の無意識の部分が機能を停止し、彼の思考や感情や行為を導くのは意識的な心だけになっている――いわば覚知脳（Aware Head）とも呼べる状態である。さて、彼はどのように過ごすだろうか。もし三世紀前に、この質問をルネ・デカルトに投げかけていたら、その男の一日は普段と同じようなものだと答えただろう。デカルトによれば、私たちには思考以外の心的過程などないので、私たちが気づいていることと考えていることは同じなのである。二十世紀初頭の心理学者も驚くべき数の者が（そして、今日でもわずかではあるが、頑固な抵抗者が）、無意識的な思考などないと主張し、デカルトに同意したことだろう。デカルトに敬意を表して、非意識的な心を失ってしまったこの男性を「ミスターD」と呼ぶことにしよう。

デカルトの言うことは間違っていて、ミスターDの一日が普段と同じでないということは、まず彼がベッドから起き上がろうとしたときから、すぐ明らかになる。人間には自己受容感覚と呼ばれる「第六感」がある。それは、筋肉、関節、皮膚から常に受け取っている感覚フィードバックで、胴体や手足の位置を知らせている。私たちはそのことを知らないまま、常にこのフィードバックをモニターし、身体を調整しているのである。たとえば、左腕を上げるとき、バランスを維持するために、私たちは体重をわずかに右側に移動させる。もしそうしなかったら、危険なほど片側に傾いてしまう。

実際、まれに自己受容感覚を失う例があり、その場合、重大な結果が生じる。内科医のジョナサン・コールは、イアン・ウォーターマンという男性の症例を詳細に記録している。ウォーターマンは、十九歳のときに神経の障害を患い、自己受容感覚をすべて失ってしまった。彼はまるで、オズの魔法使いのかかし男が、くくりつけられていた棒から解かれたばかりのときのようだった。立とうとすると、足がからまり床に倒れた。腕や脚は、そこに注意を向けている限りじっとさせておけたが、目を離すとすぐ動き始めて、コントロール不能になった。大変な精神力と厳しい訓練の結果、ウォーターマンは、本来は無意識的な自己受容感覚を意識的な注意に置き換えて、ある程度自分の身体をコントロールする力を取り戻した。彼は、恐ろしいほどの集中力で自分自身を注意深く観察することによって、歩くこと、服を着ること、そして、車を運転することさえできるようになった。自分の身体が視野から外れると困った事態におちいるので、彼は文字どおり、一日中、自分自身に目を釘付けにしていた。ある日、彼が台所に立っていたとき、突然の停電があり、部屋が闇に包まれた。たちまち、ウォーターマンは床に崩れた。自分の身体が見えなくなったので、もはやコントロールできなかったのである[1]。

私たちは、この重要な知覚システムをまったく自覚していない。どれほど多くの心的活動が関与しているか気づかないまま、立って目をつぶり、バランスを保っていられる。隠れた自己受容感覚システムの働きがどれほど重要かは、ウォーターマンの例のように、それがなくなって初めてわかるのである。

しかし、自己受容感覚は多くの非意識的な知覚システムの一つにすぎない。非意識的な心が果たす重要な役割としては、感覚を通して取り入れた情報を組織化して解釈し、光線や音波を、私たちが感知できる像や音に変換することがある。私たちは、網膜に入ってきた光線を脳がどのように奥行き知覚に変換しているのかまったく知らないのに、寝室のイスはタンスより近くにあることがわかる。もし、こういう非意識的な計算が停止してしまったら、世界は、意味のある三次元の像にまとまらず、画素と色とのわけのわからないごたまぜに見えることだろう[2]。

実際には、心が意識的なものだけになったらどうなるかと想像することは、ほとんど意味がない。なぜなら、意識それ自体が、目に見えないところで起きている心的過程に依存しているからである。私たちは、非意識的な心なしに、意識的になることはできない。それはちょうど、コンピュータ本体の中で精巧なハードウェアとソフトウェアのシステムが働いていなければ、コンピュータ画面には何も映らないのと同じである。しかしそれでもなお、思考実験をもう少し先へ進め、ミスターＤのようになることが、どのようなことなのかより詳しく探っていくことにしよう。それによって非意識的思考の重要性を示すことには、意味があるだろう。そこでミスターＤには、知覚システムを使うことを許可してやり、その他の何が影響されるのか見ていくことにしよう。

ミスターＤがテレビをつけたとき、「ジョーンズが出馬の表明をしました[訳注1]。昨晩は、最初の大統領予備選のちょうど一年前にあたります」と、ニュースキャスターが言うのを聞いたとしよう。あなたはこの文を読んだとき、一つひとつの単語の後で休止をとり、心的辞書を調べるようなことはしなかっただろう。意味はすぐに思い浮かんだはずだ。しかしミスターＤは、そんなふうに光速の速さで単語を「調べる」ことはできない。彼は、単語の一つひとつに行き当たるたび、その意味を苦労して探さなければならなかっただろう。実は、非意識的な過程の助けなしに、心的辞書にアクセスできるかさえ明らかではないが、話を進めるため、彼にはそれができると仮定しよう。

「出馬の表明をした」という文を見たとき、あなたは何のためらいもなく、ジョーンズは大統領に立候補すると宣言をしたんだなと解釈し、意識的に他の意味を考えることなどなかっただろう。たとえば、ジョーンズは馬主で、次回のレースに自分の馬を出走させようとしたのかもしれない［訳注2］などと想像することは、おそらくなかったはずだ。

ニュースキャスターが言わんとしていたことは明白だから、もちろんそんなことを考えたりはしない、と思ったかもしれない。しかし、なぜそれは明白だと言えるのだろうか。大統領予備選挙に関する部分は、出馬の表明をしたという部分よりも後に来ている。したがって、出馬の表明をしたという部分を初めて読んだときには、ニュースキャスターが何を言おうとしていたかを知る術はなかったのである。文全体を読んで、それからまた前に戻って、最もありえそうな意味を単語に付与しなくてはならなかったはずなのである。そういうことは、素早く、かつ非意識的におこなわれており、実のところ、曖昧な文を解釈しているという意識すらない。しかし、かわいそうなミスターDはいったん読むのを止めて、単語のもつさまざまな意味と、使われていた文脈にそれがどのように適用できるのかをいちいち考えなければならない。そして、彼が意味を理解した頃には、ニュースキャスターは次のニュースに進んでいるだろう。「大量の熱波がニューイングランド地方に近づいています」というニュースは、「津波がマサチューセッツ州を直撃しようとしているのか」と、ミスターDに思案させることになるだろう。

つまり、私たちの知覚、言語、運動のシステムを働かせる心的過程は、その大部分が自覚されることなく働いているのである。これは、連邦政府の膨大な仕事が、大統領の知らないところで進行しているのと同じである。もし、行政機関の下級職員が皆休暇をとってしまったら、政府の仕事はほとんどできなくなってしまう。同じように、もし、知覚、言語、運動のシステムが働きを止めてしまったら、人は人らしい生活を送るのが難しいことに気づくだろう。

しかし、私たちを人という独自の存在にしている高次の機能、すなわち、考えたり、推論したり、思案したり、創造したり、感じたり、決定したりする能力についてはどうだろう。人間の心について、低次の機能（たとえば、知覚、言語理解）は見えないところで働いているが、高次の機能（たとえば、推論、思考）は意識的だとみなすのは無理からぬことだ。行政機関のアナロジーを続けるなら、下級職員（非意識的な心）は情報を集め、命令に従う。しかし、情報を熟考し、決定を下し、政策を定めるのは、大統領や閣僚といった上級職だ。そして、このような「心の執行部」は、常に意識的というわけだ。

このような心の描き方は、人間の非意識的な過程の役割を非常に過小評価している。この点を明らかにするために、最後の譲歩をして、ミスターDは「低次の」知覚的、運動的、言語的能力をすべて使えることにしよう（この言語能力についての贈り物は、言語の複雑性と、書き言葉と話し言葉で素早く、効率的にコミュニケーションできる膨大な能力を含んでいるのだから、かなり気前がいい）。それら以外の非意識的過程がないことで、彼には何か障害があるだろうか。それとも、こうなればもう、人間の心をすべて兼ね備えたことになるのだろうか。

ミスターDには、それでもやはり、生活のあらゆる面で、深刻な不都合があるだろう。私たちが普通、意識によるものと考えている重要な仕事の一部が、非意識的におこなわれている可能性があるからだ。たとえば、どんな情報に注意を払うべきかを決定したり、その情報を解釈したり評価したり、新しいことを学んだり、目標を設定したりすることは非意識的におこなわれている。通りを横断しているときにトラックが猛スピードで迫って来たら、すぐさま危険だと感じて、素早くそこを飛び退くだろう。その際、意識的にトラックのことをあれこれ考えることなどしない。しかしミスターDの場合は、少なくとも、トラックとそれが不注意な歩行者に与える効果について、自分が知っていることを記憶の中から苦労して検索するまで、そういうときの腹の底からの恐怖を感じることはないだろう。それと同じように、初めて誰かに会ったとき、私たちは、彼女がどんな人かすぐに仮説を立て、その結果、肯定的あるいは否定的な評価を経験するが、この一連の作業も、数秒と経たないうちに生じているのである。

　さらにミスターDには、パーソナリティと考えられているものの大部分、すなわち、気質や、人に応対する際の彼独自のやり方や、彼を彼たらしめる際だった性質といったものは、もはや存在しない。パーソナリティの重要な部分というのは、素早く、習慣的な方法で社会に反応する能力である。このことはまた、自己への脅威を、合理的で適応的なやり方で回避する健全な心理的防衛を備えていることも意味している。このようなパーソナリティシステムの大部分は、自覚されないところで作用しているのである。

無意識を定義する

無意識を簡単に定義するなら、私たちの心の中にあって、ある特定の時点において意識的に気づいていないものということになるだろう。しかしここで、すぐに問題に行き当たる。故郷はどこかと尋ねられたとしよう。おそらく、何の苦もなく、故郷の名前があなたの意識に入ってくる。しかし、故郷について考えるように言われる前は、意識の中にこの名前はたぶんなかったはずだ。このことは、故郷の名前は、ほとんどいつも無意識だということを意味するのだろうか。

この議論は拡大解釈のように見えるし、一部の理論家が好んでするように、意識は注意や短期記憶と同じかという問題を際立たせる。[3] 私個人としては、「フィラデルフィア」について考えていないとき、私はフィラデルフィアについて無意識であるとは言いたくない。フィラデルフィアは私の作業記憶やそのときの注意の対象にはないかもしれない。しかし、少なくとも私の概念定義では、それは無意識ではない。それは必要なときに長期記憶から検索可能な何千もの事柄の一つである。たとえば、フィラデルフィアと言えば、W・C・フィールズのジョーク[訳注3]や、一九六六‐六七年のフィラデルフィア・セブンティ・シクサーズの先発メンバー、オーロンズによる「サウスストリート」の歌詞とメロディなどが、私の記憶の中にある。フロイトはこのような思考は「前意識」、すなわち「意識の目を惹きつけることに成功する」まで留まる心的な控室に存在するものとした。[4]

こうしたものよりもっと興味深いのは、アクセスしようとしてもできない自分の心の一部である。

したがって、無意識の作業定義としてもっと良いのは、意識にはアクセスできないが、判断、感情、行動には影響を与える心的過程というものである。どれだけ長い時間試みても、自己受容感覚システムにはアクセスできないし、網膜に入る光線を自分の心がどのように三次元画像に変換しているかはわからない。それと同じように、入力される情報を選択し、解釈し、評価し、目標を定めるといったより高次の心的過程の多くも、直接アクセスすることはできない。

周知のことだが、無意識は定義が難しい。そして私の定義も、これまで出されてきた数ある定義の一つにすぎない。しかし、定義の問題で泥沼に入り込みたくはないから、その他の多くの定義について、ここで長々と説明したりはしないでおこう。[5]それよりも、意識のスポットライトが当たらない場所で成し遂げられていることに目を向ける方が、ずっと興味深い。

適応的無意識、あるいはミスターDができないこと

「適応的無意識」という用語は、非意識的な思考が進化による適応であることを伝えようと意図したものである。環境を即座にそして非意識的に評価し、明確化し、解釈し、行動を開始させるという能力は生存に有利なため、進化的選択がなされたのである。こういう非意識的な過程がなければ、生き延びていくのは非常に困難だろう（イワン・ウォーターマンのように、不断に注意していなければ立つことすらできない）。これは、非意識的思考が常に正確な判断を導くということを言っているわけではない。全体としてみたときに、私たちの生存に必須なのである。[6]

私たちの五感は、あらゆる瞬間に一千百万要素以上の情報を取り入れている。科学者たちは、各感覚器にある受容細胞と、これらの細胞から脳へと向かう神経を数えて、この数字を割り出した。両目だけで、一秒あたり一千万以上の信号を受信し、脳に送信している。科学者たちはまた、人がどれだけ速く文字を読めるのか、さまざまな光の点滅を意識的に検知できるか、異なる匂いを嗅ぎ分けることができるかといったことを調べて、任意の時点において、どれだけの信号が意識的に処理されうるかを明らかにしようとしてきた。その最も多い見積りでも、人が意識的に処理できるのは一秒あたり約四〇要素の情報である。私たちは一秒あたり一千百万要素もの情報を取り入れているのに、意識的に処理できるのはそのうちのたった四〇要素にすぎないのである。いったい、残りの一千九九万九九六〇要素はどうなったのだろうか。このように信じがたいほど鋭敏な知覚を備えているにもかかわらず、入力情報を利用できる能力が非常に少ないシステムを設計するのは、あまりに無駄というものである。しかし幸運にも、私たちは、意識的自覚のないところで、この非常に多くの情報を有効に利用しているのである[7]。

学習――パターン検出器としての適応的無意識

脳損傷によって健忘症を患っている人に紹介されたとしよう。器質性健忘症は、自動車事故、脳手術、アルツハイマー病、コルサコフ症候群（慢性的なアルコール濫用などで生じる脳障害）など、多数の脳への外傷から生じる。この障害は、脳のどの領域がおかされたかによって、いくぶん種類の異なる記憶障害をもたらすが、いずれの場合も、新しい経験を形成する能力を失う。

もし、あなたがそういう人に出会ったとしても、たぶんすぐに健忘症だとはわからないだろう。この障害をもつ人も、通常、それなりの知的水準と一般的パーソナリティを保持しているからだ。しかし、健忘症の人としばらくおしゃべりをした後部屋を出て、一時間後に戻ってきたとしよう。あなたは、その人が先ほどあなたに会ったことを、まったく覚えていないことに気づくだろう。もちろん、誰でもたまには、今会ったばかりの人の名前が思い出せないといった度忘れを経験することはある。しかし、健忘症患者に著しいのは、新しい経験を意識的に想起することがまったくないということである。

前の文で「意識的」ということばを使ったが、ここが鍵である。というのも今では、健忘症患者が、非意識的には多くのことを学習できることが明らかになっているからだ。この事実をはっきりと示して見せたのが、フランスの内科医エドワール・クラパレードによる有名な（そして悪魔のような）実験である。クラパレードが健忘症を患う女性を訪れるたび、彼女は以前に彼に会ったことを思い出せなかった。そのため、彼は訪問のたびに、改めて自己紹介をしなければならなかった。ある日クラパレードは、いつものように手を差し出し彼女と握手をしたが、このとき、彼は手の中に画鋲を隠し持っていた。女性は、鋭い痛みに驚き、さっと手を引いた。しかし、次にクラパレードがその女性を訪れたとき、彼女が彼を知っているという気配はまったくなかった。そこで彼は再び自己紹介をし、手を差し出した。しかし今回は、彼女は握手をするのを拒んだ。彼女は以前にクラパレードに会ったことを意識的に想起することはなかったが、何らかのかたちで、この男性と握手をするのは危険だということを「知っていた」のである。クラパレードは、この患者に、こうした非意識的学習の例が他にもいくつかあることを観察している。たとえば、彼女は六年間住んだ施設のレイアウトを意識的には思い出せず、どうしたら浴室や食堂に行けるかを尋ねても、答えることができなかった。しかし彼女は、こうした場所のどこかに行きたいと思えば、迷うことなく直行できたのである。[8]

ほかにも、人が非意識的に新しい情報を学習する能力を示す例が、数多く知られている。人は、全身が麻酔されているときに起こったことを部分的に理解し、保持していることさえできる。手術中に、すぐに回復できるという暗示を与えられた患者は、麻酔中に何を言われたかという意識的な記憶がないにもかかわらず、暗示されなかった患者に比べて、その後、病院で過ごす時間が短かったのである。[9]

こういう事例は、潜在学習と顕在学習という二つの学習タイプの違いを示している。顕在学習というのは、私たちがしばしば恐れる暗記のようなもので、努力を要する意識的な学習である。何か難しいこと、たとえば、外国語や新しいガス調理台の組み立て方などをこれから学習しなければならないと思うと、私たちは、うーんとうめいて、ずいぶん骨が折れるだろうなあと予期するものだ。そういう課題を成し遂げるには、長い間集中することが必要で、単語リストの学習や、図A11にあるホースをどうやって図C6にあるバーナーに接続するか理解するために、意識的注意のすべてを注ぐことになる。

したがって、クラパレードの患者が食堂への行き方を知っていたように、まったく努力せずに、膨大な量の複雑な情報を潜在的に学習できるというのは良い知らせに違いない。潜在学習は、努力や何を学んだかのはっきりとした自覚のない学習と定義できる。おそらく最も良い例は、子どもが母国語を習得する能力だろう。子どもは単語リストを勉強したり、文法や構文の授業を受けたりするのに多くの時間を費やすことはないし、分詞を流暢に使えても、それがどんなものか説明するとしたらひどく困るだろう。人間は何の努力や意図もなく話すことを覚えるのである。それはただ単に起きるのである。

潜在学習は、適応的無意識の中でも最も重要な機能の一つである。ただしここでも、単純化しすぎないようにしよう。潜在学習の正確な性質や、顕在的な処理との関係は、大いに議論され研究されているトピックである。[10] だが、適応的無意識に複雑な情報を学習する能力があり、実際、条件によっては、意識的な心よりも、より良く、より速く情報を学習できるということは明らかである。

潜在学習をあざやかに示して見せたのが、パウエル・レヴィッキ、トーマス・ヒル、エリザベス・ビゾーによる研究である。実験参加者に課された課題は、四分割されたコンピュータ画面を注視することだった。コンピュータ画面には、試行のたびに「X」という文字が一つの区画に現われ、参加者は四つのボタンのどれか一つを押して、それがどこに現れたかを答えた。参加者は知らなかったが、「X」の呈示方法は十二パターンに分かれており、複雑な規則に則っていた。たとえば、「X」が同じ区画に二回続けて現れることは決してなかった。また、三番目の呈示位置は二番目の位置に依存しており、四番目の呈示位置は、それに先行する二つの試行に依存していた。そして「X」は、少なくとも他の二つの区画に現れるまで、元の場所に「戻る」ことは決してなかった。正確な規則は複雑だったが、参加者はこれを学習しているようであった。試行が進むにつれ、遂行成績は着実に伸び、「X」が画面に現れたときに正しいボタンを押すまでの時間がどんどん速くなっていったのである。しかし、その規則がどのようなものだったか、またそもそも何かを学んでいたということさえ、誰一人言うことができなかった。

彼らが複雑な規則を非意識的に学んでいたということは、実験の中で次に起きたことから明らかになった。研究者たちが突然、規則を変更し、「X」が現れる場所を予測する手がかりを無効にしたのである。すると、参加者の遂行成績はがくんと低下した。彼らは「X」の呈示位置を検出するのに非常に多くの時間がかかるようになり、間違いもいくつかするようになった。参加者は、課題をうまくできなくなったということに気づいたが、それがなぜかということは誰もわからなかった。彼らは、今では通用しなくなった規則を学んでいたことをまったく自覚していなかったのである。かわりに、成績が急に悪くなったことに対する別の説明を、意識的に探していた。

ちなみに参加者は、その研究が非意識的学習に関係するものだと知っている心理学の教授たちだった。しかし、そのことを知っていたにもかかわらず、彼らは何を学び、なぜ急に成績が悪くなったのか、さっぱりわからなかったのである。教授のうち三人は、指が「急にリズムを失った」と言い、二人は、実験者が、注意をそらすためにサブリミナル画像を瞬間的に画面に映したに違いないと確信していた。[11]

この実験で学習されたような規則は、意識的に学ぶのが非常に難しいことが知られている。レヴィッキ、ヒル、ビゾーの研究は、適応的無意識が意識的な心よりも優れた成果を上げることを示す一つの例と言えるだろう。ミスターＤの例に戻ると、非意識的な心なしでは、彼は周囲の環境の中にある複雑なパターンを素早く、効率的に学ぶことができないであろうということが、ここまでの話から明らかになった。

注意と選択——非意識のフィルター

すでに述べたように、私たちの感覚は一秒あたり約一千百万要素の情報を検出している。この本を読んでいるとき、あなたはたぶん、時計のカチカチという音や、窓の外の風の音を聞くことができるだろう。目には、このページの単語だけでなく、ページ番号や、この本を置いている机や衣服の一部なども見えているだろう。また、手には本の重みを感じ、足には床からの圧力も感じられる。コーヒーカップから漂う香りや、昼食に食べたツナサンドのかすかな後味といった嗅覚と味覚も、忘れてはならない。

これらはすべて、静かな場所に一人で座って、本を読んでいるときのことを想定している。地下鉄に乗っていたり、公園にいたりしたなら、あなたの感覚に到達する情報の量は、もちろんもっとずっと多い。だとしたら、これら競合する情報すべてがあなたの感覚に入って来ながら、いったいどのようにして、このページの文字を読み、理解することができるのだろうか。よく引用されるウィリアム・ジェームズのことば、私たちの感覚に到達する「途方もなく騒々しい混雑（blooming, buzzing, confusion）」[訳注4]を、私たちはどのようにして理解しているのだろうか。

私たちは、選択的注意と呼ばれる素晴らしいものをもっているので、それが可能なのである。感覚に到達した情報を調べ、何が意識に入ってもよいかを決める非意識的フィルターを、私たちは備えている。[12]大好きなファストフード・レストランを探すために、ラジオに流れている曲を聴くのを止め、幹線道路沿いを入念に見るなど、ある程度はフィルターの「設定」を意識的にコントロールすることができる。しかし、フィルターの作用、すなわち、その後の処理のための情報の分類、整理、選択は、意識の外で起きている。これはとても良いことだ。なぜなら、このおかげでその場の課題に集中することができるからである。たとえば、ラジオから流れるスモーキー・ロビンソンに合わせて歌ったりすることなく、昼食の場所を探すことができるというわけである[13]。

非意識的フィルターは、意識的注意の焦点を一度に一つのことに向けさせてくれるだけではない。このフィルターはまた、私たちが知るべき重要なことが起きる場合に備えて、注意を払っていないものもモニターしている。たとえば、混雑したカクテル・パーティでは、そのときに加わっている会話だけが聞こえ、まわりで進行している多くの会話は遮断される。これだけでも大したことで、私たちの選択的注意の能力を示す証しである。しかし、三メートルほど離れた場所に立って誰かとおしゃべりしているシドニーが、あなたの名前を口にしたとしたら何が起きるだろうか。あなたの注意は突然移動する。耳に自分の名前が入ってきて、耳がほてり始める[訳注5]。これはとてもありふれた例ではあるが、心がどのように機能するかということに対してこの例がもつ、驚くべき意味を考えてみてほしい。非意識的な心は、いわば見えないところでインターネットをスキャンし、私たちにとって興味深い情報に出会ったら電子メールで知らせてくれるコンピュータプログラムのようなものである。私たちの心の一部は、注意の焦点にないものをスキャンし、何か興味深いことが起きると注意を喚起してくれる。非意識的フィルターは、シドニーが胆嚢手術をしたことをだらだら話しているのを聞いた場合には、無視しようと決断する。しかし、彼が私たちの名前を口にしているのを聞いたときには、ただちに意識的注意に知らせるのである。こうした非意識的な情報のモニターとフィルターの能力がなければ、私たちの世界は、ミスターDのように、「途方もなく騒々しい混雑」におちいってしまうだろう[14]。

解釈――非意識的な翻訳者

数年前、私は、娘の学校のPTAの会合でフィルという男性に会った。彼に会うとすぐ、私は妻がフィルについて言っていたことを思い出した。「彼は、会合の悩みの種なのよ。しょっちゅう話に割り込んでくるし、人の話を聞かないいし、いつも自分の個人的な議題を押しつけるの」。私はすぐに、彼女が言わんとしていたことがわかった。校長が新しい読書プログラムについて説明しているとき、フィルは割り込んで、それが自分の息子にどれくらい役立つものかを尋ねた。会合の後半では、フィルは他の親と、PTAの資金調達のイベントをどう実行すべきか議論していたが、相手の意見に配慮する気はないようだった。

その晩帰宅すると、私は妻に言った。「フィルについて君が言っていたことは確かに正しかったよ。彼は、無礼で傲慢だ。」妻は、いぶかしげに私を見て、「あなたに話したのはフィルのことじゃないわ。私が言っていたのはビルのことよ。フィルは実際、とってもいい人で、いつも進んで学校のことをやってくれるの」と言った。私はおずおずと会合を思い返し、たぶんフィルは、(私を含めた)他の人以上に、話に割り込んだり、人と議論をしたりしていたわけではなかったと悟った。さらに私は、フィルが校長の話に割り込んだことさえ、はっきりそう言えるほどではないことに気づいた。私が無礼で好戦的だと思ったことは、実際には、思いやりのある親が自分の意見を知ってもらおうとした熱心な試みだったのかもしれず、確かに私は間違った判断をしていたと感じた。私の解釈は単に、多くの説明が可能な行動を非意識的に解釈した一つだったのである。

たとえ誤った情報をもとにしたものであっても、第一印象が大きな力をもつということは良く知られている。他方、適応的無意識がどの程度解釈をしているかは、それほど明白ではないだろう。フィルが校長の話に割り込むのを見たとき、私は客観的に無礼な行為を目撃したかのように感じた。フィルの行動が適応的無意識によって解釈され、そして現実のもののように提示されていたとは考えもしなかった。したがって私は、自分のもっている予期（フィルは横柄なやつに違いない）に気づいていたにもかかわらず、この期待が彼の行動を解釈する際、どの程度色をつけたのか、まったくわからなかったのである。

このような非意識的な解釈を最もはっきりと示して見せたものの一つに、ジョン・バージとポーラ・ピエトロモナコの実験がある。この実験の参加者は、ある人に対して予期を抱いていることすら知らなかった。研究者たちは、参加者に単語をサブリミナルな水準で瞬間的に呈示して、あるパーソナリティ特性を活性化させたのである。すると参加者は、その後、別の人の行動を解釈するとき、この特性を使用することが明らかになった。参加者は、知覚研究の一部として、コンピュータ画面に現れる閃光が、スクリーンの左側にあったか、右側にあったかを判断した。彼らには知らされていなかったが、その閃光の正体は非常に短い時間（一秒の十分の一）呈示された単語であり、その直後に一列になった「X」が呈示された。単語の呈示は一瞬であり、また「X」の列で「覆い隠された」ので、参加者は単語が呈示されたことには気づいていなかった。

ある条件では、呈示された単語の八十パーセントが「敵意的」「侮辱」「不親切」といった、敵意に関連することばだった。第二の条件では、どの単語も敵意と関連していなかった。次に参加者は、どのように他者の印象を形成するかについての実験に参加したが、彼らはこの実験と前の実験とは関係がないと考えていた。彼らは、ドナルドという男性についての文章を読んだ。ドナルドは、敵意的とも解釈できるようなやや曖昧な行動をしていた。たとえば、「セールスマンがドアをノックしたが、ドナルドは部屋に入れなかった」等である。

敵意語の瞬間呈示を見た参加者は、それを見なかった参加者に比べ、ドナルドをより敵意的で、より友好的でないと判断した。これは、妻の言う印象が私の頭の中にあったために、私がフィルの行動を無礼で好戦的だと思ったのとまさに同じである。バージとピエトロモナコの研究では、この過程が非意識的に生じていたと確信することができる。なぜなら参加者は、実験の前半で敵意語を見ていたことを、まったく知らなかったからである。彼らは、ドナルドは客観的に敵対的な男性だと信じており、以前に見た一連の単語のために、ドナルドの曖昧な行動が敵対的と解釈されたのだとはまったく気づいていなかった。(この実験は、人間の態度や行動が、広告中に短時間呈示されることばによって影響されるかどうかという、サブリミナル効果への恐怖を喚起する。この問題については第9章で取り上げる。)

したがって適応的無意識は、どの情報を意識に入れてよいかを決める単なる門番ではなく、それ以上のものであって、自覚されないところで情報を解釈する、スピンドクター[訳注6]でもあるのだ。私たちがおこなう最も重要な判断の一つは、他者の動機、意図、傾性に関するものであるから、そういう判断を素早くするのは有利なことだ。フィルの例は、こうした解釈がときどき誤ったデータにもとづいていて(ビルとフィルとの混同)、そのため不正確な場合があることを示している。しかしほとんどの場合、適応的無意識は他者の行動を、十分正確に解釈する。[15]

感情と情動――評価者としての適応的無意識

今までのところ、適応的無意識は、どちらかというと冷静で感情をもたない世界の解釈者のように見えたかもしれない。感覚に入る情報を見失わないように追跡し、その先の処理のために一部を選択し、意味の解釈に全力を尽くす。こういう描写は確かに正確だが、しかしそれも、適応的無意識とは『スタートレック』に出てくる人間の情動を欠いた生物、バルカン人のようなものだ、と勘違いさせない限りの話においてである。実際のところ、バルカン人のようだと考えるのは、まったく見当違いだ。適応的無意識は選択して解釈するだけではない。感じるのである。

多くの古くさいSFでは、人間の情動は効率的な意思決定を邪魔する余計なお荷物として扱われる。そして決まって、人間よりずっと優れた思考と意思決定をするアンドロイドが出てくる。アンドロイドが人間より優れた意思決定ができるのは、物事を台無しにする情動がないからだ。しかし、物語が結末にたどりつくまでに、私たちは決して自分の命をアンドロイドのそれと交換してはならないということを悟る。情動は無分別な行動を引き起こしたり、間違った決定をさせたりするが、愛や情熱や芸術の豊かさのためなら、精密さや正確さを喜んで犠牲にしようと思うのである。アンドロイドのような不毛で感情のない人生を生きようなどと、誰が思うだろうか。

こういう物語は確かにもっともらしいが、皮肉なことに、ものを考えたり、意思決定をする際に、感情がどれくらい価値あるものかを過小評価している。いまや、感情が意思決定を妨げるお荷物ではなく、有用なものであることは明らかである。確かに、情動が論理を見えなくし、間違った決定を導くことも多々ある。一時的な情熱の高まりに身を任せ、人はときに家族を捨て、薬物で頭がいかれた暴走族のリーダーと駆け落ちすることもある。しかし、感情が賢い意思決定を助けるきわめて有用な指標となることは、それ以上によくある。そして、適応的無意識の最も重要な機能が、こういう感情を生み出すことだということを、次の例は示している。

アントワン・ベシャラ、ハンナ・ダマシオ、ダニエル・トラネル、アントニオ・ダマシオによる実験を見てみよう。この実験で参加者は、四束のうち一つからカードを引くというギャンブルゲームをした。AとBの束のカードは大儲けするか大損するかのいずれかで、ゲームを続ければ、全体としては損をする。一方、CとDの束のカードは儲けも損も小さいが、続ければ儲けられることになっていた。そこで問題となるのは、CとDの束からカードを引くのが有利だということを参加者がわかるまでに、どれくらいの時間がかかるかである。そして、彼らはどのようにしてわかるのだろうか。それを明らかにするため、研究者たちは、参加者がおこなうカードの選択、なぜそのカードを選んだかについての自己報告、そしてそのカードを選ぶときの皮膚伝導反応レベルの三つを測定した。(皮膚伝導反応は、皮膚に取り付けた電極によって微少なレベルの発汗を測定するもので、瞬間的な喚起レベルや情動の良い指標となる。)

健常な参加者は、四つの束すべてを試しているうちに、CとDの束からカードを引き、AとBの束のカードを避けるようになる。だが自分がしていることを言い表すことはできない。すなわち、彼らは二つの束が残りの束より優れているということを意識的に認識しているようには見えないのである。それでは、どのように、彼らはAとBの束を避けることを知ったのだろうか。数回の試行が終わった頃、参加者が、AやBの束からカードを引こうかどうかと迷っているとき、皮膚伝導反応に顕著な増加が見られた。この選択は何か間違っているという信号が送られていたのである。彼らの適応的無意識は、何が起きているか意識的な心が知る前に、AとBの束が危険であることを学び、素早い「直感（gut feeling）」を引き起こしたのである。

この研究者たちは、脳の腹側正中の前頭前野に障害がある人たちに対しても実験をおこなった。この脳の部位は鼻梁の後ろに位置する小さな領域で、直感を生み出すのに関係している。そのため、この領域に損傷のある人たちは、AやBの束にしようかと考えるとき、皮膚伝導反応の増加を示すことはなかった。彼らは、不幸な選択を続けた（そして、掛け金をなくした）。アントニオ・ダマシオと共同研究者たちは、大脳皮質の前頭前野における障害は、非意識的な心が経験から学習し、どのように反応すべきかという信号を送るのを阻害すると論じている。この能力を失うと、実験室のギャンブル課題で儲ける方法を学習できないという以上の悲惨な結果が生じる。ダマシオはいくつかの事例を挙げているが、この領域を損傷すると、生活にかなりの支障をきたす。非意識的な心が判断や意思決定を導く直感を生み出す能力を失ってしまうからである。[16]

非意識的な目標設定

十歳の甥とテニスをするとしよう。できるだけ頑張ってゲームに勝つか（そして、運動神経がよく、競争に強い人間でありたいという欲求を充足させるか）、あるいは甥に勝たせてやるか（そして、寛大で親切で情け深い叔父でありたいという欲求を充足させるか）を決める必要がある。この競合する二つの目標を、あなたならどうやって選択するだろうか。一つの方法は、意識的、意図的に選択することだ。すなわち、じっくり考えて、この状況ではアンドレ・アガシのようにプレイするより、寛大であることの方が重要だと決断する。

まさに私たちは、しょっちゅうこういうふうにしている。意識がもつ最も重要な特徴の一つは、目標を設定することである。おそらく人間は、この地球上において、自分自身や環境について意識的に考え、未来のために長期的な計画を立てることができる唯一の種であろう。しかし、意識だけが目標設定をおこなうのだろうか。

ジョン・バージ、ピーター・ゴルヴィツアーと共同研究者たちは、環境内の事象が、意識的な自覚のまったくないところで目標を誘発し、行動を方向づけることがあると論じている。他の思考が習慣的、自動的、非意識的なものになりうるのと同じように、目標の選択もそうなることができる。おそらくテニス経験が十分あれば、自動操縦の状態で目標を選択することができるだろう。意識的に考えることなく、甥を勝たせようと決断するのである。他の思考と同じように、こうした自動的な目標選択は、効率性とスピードという点で非常に好都合である。テニスの試合をするたびに、時間をかけてどの程度一所懸命やるかを考える必要はない。自動的目標選択器が、代わりにその仕事をしてくれるからである（たとえば、「年下の親戚と試合をするときは、サーブのたびにエースを打ってはいけない。しかし、向かいの不愉快なオーグルソープとやるときは、ウィンブルドンの決勝戦のようにプレイしろ」）。

しかし、効率性とスピードはコストを伴う。適応的無意識は、私たちが意識的に考えて選ぶ目標とは異なる目標を選択することがある。競争に勝つという目標が気づかないまま誘発されて、ふと気がつくと、すごいパッシング・ショットやロブを返して甥をイライラさせることもあるかもしれない。もっと不気味なのは、本人の自覚がまったくなく、意図的には実行しないと思われる目標、たとえば権力への欲求を満たす手段として性を求めるといった目標を、適応的無意識が定めてしまうかもしれないことだ。

バージと共同研究者たちは、たとえば、男性の中には権力と女性の魅力を非意識的に結びつけてしまう人がいることを示している。彼らは、男子大学生に権力概念のプライミング実験をおこない、これが女子大学生に対して感じる魅力に影響するかどうかを調べた。男性参加者たちは、その研究が権力や性的魅力と関係していることはまったく知らず、一人の女性パートナーと一緒に錯覚の研究に参加していると思っていた。しかしこの女性は、実際には実験者のアシスタントであった。研究の一部として、彼らは十六個の不完全な単語の断片を穴埋めして、完全な単語になるようにした。これらの単語断片のうち六つは、BO_S (boss 上司)、__NTROL (control 管理)、AUT_R_T_ (authority 権威) など、権力と関連する単語にしか完成させられないものだった。これがプライミング課題である。単語断片を完成させることで、思考の中で権力という概念がよりアクセスしやすくなるからである。

単語完成課題に続いて、参加者は女性パートナーの魅力を評価した。その結果、男性参加者のうち性的攻撃性の測度で高い得点をとっていた者は、権力の概念がプライムされたことによって、その女性をより魅力的だと感じるようになった（それ以外の男性には「権力」のプライミングと、女性の魅力との間に何の関係もなかった）。おまけに、この男性たちは、彼らが完成した単語断片と、その女性を魅力的だと感じた程度との間にそういうつながりがあるとは、まったく思っていなかった。

男性は、しばしばセクシャル・ハラスメントを理解するという話になると、ただ「わからない」と言う。バージと共同研究者たちの研究から一般化して考えると、これは文字どおりそうなのかもしれない。すなわち、性的攻撃をしやすい男性は、彼らが性と権力との間に非意識的な連合をもっていることを自覚しておらず、また、この連合が自動的に誘発されることにも気がついていないのである。そして、この自覚の欠如が、性的攻撃を起こらないようにするのをいっそう難しくしている。権力をもつ立場にいる男性は、自分の感情がその立場によって誘発されていることに気づいていないため、女性部下に対する行動が善良な意図に動機づけられたものだと信じているのである[17]。

適応的無意識がしようとすること

このように適応的無意識は、実際に私たちの心の働きをとりおこなう主要な役割を果たしている。素早く、効率的に情報を集め、解釈し、評価し、動作に向けて目標を定める。これは心がもつ素晴らしい一連の能力であり、もしミスターDのようにこれを失ってしまったら、一日を過ごすことすら非常に難しい。しかし適応的無意識は、何を選択すべきか、どのように解釈と評価をすべきか、そしてどの目標に向けて行動すべきかを、どうやって決定しているのだろうか。要するに、適応的無意識がしようとしていることは何だろうか。

適応的であるために、非意識的な過程が世界を正確に評価するよう注意していなければならないのは明らかだ。シャーロット・ブロンテは、『ジェイン・エア』の中でこう書いている。「いかにも情熱とは、真の異教徒のように凶暴に荒れ狂うこともあろう。欲望がありとあらゆる空しい妄想を抱くこともあろう。しかし、あらゆる議論において最後の判決を下し、あらゆる決定において最終の票を投ずるのは判断力だ。[18]」すべての生物は食べ物を見つけ、危険を避け、子孫をつくるのに十分なだけ、世界を正確にとらえていなくてはならない。そうでなければ、絶滅してしまうだろう。虎を「ペットにすると楽しい」とか、食べられる植物を「恐ろしくて、不快なもの」ととらえる霊長類がいたら、長くは生き延びられなかっただろう。危機と好機を最も速くとらえることのできる生物が断然有利だ。たとえば、ベシャラたちのカードゲームの研究では、参加者はなぜCとDの束がいいと思うのか説明できないにもかかわらず、どの束が儲けが多いか、素早く、意識することなく見つけ出すことができた。こういう能力が日常生活にもつ利点を考えてみてほしい。私たちの意識的な心は、何が一番良い行動か見つけ出すには、多くの場合あまりに働きが遅すぎる。だから、非意識的な心がかわりに仕事をし、何をすべきかを知らせる信号（たとえば、直感）を送ってくれるのである。

　私たちの非意識的な心が、社会的な世界をこれほど速く正確に判断するというのは素晴らしいことだが、正確さだけでは生きていけない。分析すべき情報は私たちのまわりに山とあるから、何に注目すべきか、そして何を無視しても安全かを認識し、情報に優先順位をつけることが明らかに有利だ。

　学生バスケットボール選手が、大切なゲームの終了間際に、ボールをドリブルして相手コートに攻め入っているとしよう。そこには分析すべきことがたくさんある。相手チームのディフェンスのどこが突破できそうか、チームメイトが右ベースラインでピック[訳注7]を準備している様子、チームのセンターはいつだって彼女をガードする敵の選手にうまく対処してくれるという知識など。こういう複雑な情報を素早く処理し、どういう行動をとるのが良いか判断することは決して簡単ではない。ところが私たちは、目前の最重要課題に注意を限定できることくらいは、当然だと考えがちだ。もしそうしようと思えば、このバスケットボール選手が注目することのできた、他の多くのことについて考えてみてほしい。最前列のファンが叫んでいること、チアリーダーたちの新しいステップ、喉が渇いて水を飲みたいということ、明日が期限の歴史のレポートなどなど。こういうことを考えるかわりに、彼女の注意は劇場のスポットライトのように、センターステージで起きていることに集中し、それ以外のものはみんな闇の中に隠しておくことができるのである。

大脳皮質の前頭前野に損傷がある人は、どこに注意のスポットライトを向けるべきかを決めるのが非常に難しい。バスケットボール選手の脳のこの領域に損傷があったら、どんなに運動能力が優れていても、そのプレイにはかなりイライラさせられるだろう。接戦も残り数秒というときに、ボールを床に置いて靴ひもを結び直したり、三列目に座っているファンとおしゃべりしようとするかもしれない。ダマシオは、脳腫瘍の外科手術中に大脳皮質の前頭前野を損傷したビジネスマンの事例について述べている。この男性は、こみいったビジネスレポートを読んで分析する能力など、知性の多くはそのまま残っていた。しかし彼は、複数の課題の相対的な重要性を判断することができなかった。そのため、その日に提出すべき報告書を完成させるより、机の引き出しを整理する方が大事だと思い込んで、一日中、それに時間を費やしてしまうということになりかねないのだった。[19]

普通の人はどうやって適切な情報に焦点を当て、他の情報はみんなふるい落としているのだろうか。先ほど述べたカクテル・パーティの例では、シドニーが手術の説明をしているときには無視できたが、彼が私たちの名前を口にした途端、聞き耳を立てた。ということは、情報が自分に関わるものであるほど、非意識的フィルターの「優先」情報リストに載るだろうということだ。ダマシオの事例のビジネスマンは、直面しているさまざまな課題がどれぐらい自分に関連しているものなのかを、判断できなかったようだ。ペーパークリップをきちんと片づけるよりも、報告書を仕上げる方が彼にとって大切だということが、わからなかったのである。

しかし、適応的無意識が重要なものと重要でないものを判断する方法を、自己との関連性で説明するのは、実はあまり適切ではない。むしろ、決定のルールは、特定の考えやカテゴリーがどの程度アクセス可能かなのである。「アクセス可能性」というのは、やや専門的だが心理学の用語で、記憶の中の情報が活性化する可能性のことを言う。情報の活性化可能性が高いとき、それは「エネルギーを与えられていて」、いつでも使える状態にある。他方、活性化可能性が低いときには、周囲の情報を選択したり解釈したりするのにそれが使われることはあまりない。アクセス可能性は、情報の種類がどれだけ自分に関連しているかだけで決定されるのではなく、どれくらい最近にそれに出会ったかによっても決まる。たとえば、先ほど述べたバージとピエトロモナコの研究で参加者の心の中で敵意性の概念がアクセス可能になったのは、数分前に単語が短時間呈示されたからであり、必ずしも敵意性の概念がその人の自己と関連していたからではない。

アクセス可能性のもう一つの決定因は、ある概念が過去にどの程度繰り返し使われたかである。人間は習慣の生き物であり、特定のやり方で世界を判断することが多かったならそれだけ、その概念により多くのエネルギーが与えられる。私たちの非意識的な心は、周辺環境からの情報を解釈する習慣的な方法を発達させる。心理学の言い方を使えば、ある考えやカテゴリーは、過去に繰り返し使用された結果として、習慣的にアクセス可能になるのである。[訳注8] 先ほどの学生バスケットボール選手は、これまで同様のゲームを何百回と経験しているので、どの情報には注目すべきで、どの情報は無視すべきかを学習している。彼女は、フォワードがピックにいくのが遅れているが、センターがゴールに向けてちょうどカットに入ったところで、ディフェンダーより半歩前を走っていることに気づいている。そして、この情報がチアリーダーがしていることより重要かどうかなどと、判断する必要はないのである。

適応的無意識は、正確さとアクセス可能性だけに支配されているのではない。人々の判断と解釈は、しばしばかなり異なる関心に導かれている。自分に最大の喜びを与えるように世界を見ようとする欲求、すなわち「良い気分」の基準とも呼べるものである。ジェイン・エアは、彼女の伯母リード夫人が臨終を迎えようとしているところを見舞い、伯母にこの動機のあることに気づいた。「彼女の石のような目―情愛に無縁で、涙にも溶けることがない―を見て私には、最後まで私を悪い子と考え続けるつもりなのだな、とわかった。私が良い子だと信ずることは、寛大な喜びではなくて、屈辱感を味わうだけのことだから。」[20]

社会心理学の教えのなかでも最も息の長いものの一つは、リード婦人のように、人は自分にとって心地よく世界を見るためなら、どんなことでもするということである。私たちは、脅威をもたらす情報を合理化し、正当化することに長けたスピンドクターなのだ。ダニエル・ギルバートと私は、この能力を「心理的免疫システム」と呼んでいる。私たちは、身体的健康を脅かすものから自分たちを保護する強力な身体的免疫システムをもっているが、それとちょうど同じように、心理的健康を脅かすものから自分たちを保護する強力な心理的免疫システムももっている。心理的健康を維持するということに関しては、私たち一人ひとりが究極のスピンドクターなのである[21]。

　西洋文化の中で育ち、相互独立的な自己観をもっている人は、他者に対する自分の優越性をことさら大きく見て、心理的健康の感覚を増そうとしがちだ。他方、東アジアの文化に育ち、人間をもっと相互協調的なものと見る人は、集団成員との共通性を過大に見やすい。すなわち、相互協調的な自己観をもつ文化の中に育った人は、肯定的な自己観を促進する戦術にはそれほど出ないかもしれない。というのも彼らは、社会集団から切り離された自己にあまり重きを置かないからである。それでもなお、心理的健康の感覚を維持するため、やり方は異なるものの、非意識的な情報操作はおこなわれている。何が私たちの気分を良くするかは、文化やパーソナリティ、自尊心のレベルに依存する。しかし、良い気分でいたいという欲求、そしてこの欲求を非意識的思考によって満たす能力は、おそらく普遍的なものである[22]。

　では、心理的免疫システムは、どの程度、適応的無意識に属するものだろうか。私たちは、かなり意識的、意図的に、「良い気分」になることを動機として行動することがある。しょっちゅう自分を非難する知人を避けたり、昇進できなかったのは自分に能力がないからではなく、上司が無神経なうすのろだからだと自分に言い聞かせたりする。しかし適応的無意識が、入力される情報を選択し、解釈し、評価する際に主要な役割を果たすことを考えれば、それが従う規則の一つが「私を気分よくするように情報を選択し、解釈し、評価しなさい」というものであっても、不思議ではない。さらに、適応的無意識は、意識的な心よりも優れたスピンドクターだと信じる理由がある。フロイトが指摘しているように、心理的防衛は、それが心の裏側で働き、どのような歪曲が進行しているかという事実を本人が知らないでいるときに最もうまく機能することが頻繁にあるのだ。もし、自分の気分を良くするために信念を変えようとしていることを知ってしまったら、その変更は説得力のあるものではなくなってしまうだろう。

鍵となる問いは、正確さと「良い気分」の基準がどのように一緒に働くかにある。なぜなら、この二つは相容れないことが多いからである。期待していた昇進ができなかったジャックの例を考えてみよう。もし正確さが彼の唯一の基準なら、ジャックは新しい地位をこなすだけの経験や能力が自分にはなかったと結論づけることになりそうだ。かわりにジャックは「良い気分」基準を使い、上司は愚か者だと結論づける。しかし、自らをなぐさめて自己満足をし、上司を非難することが、本当に彼にとって一番良いことなのだろうか。もし、彼がその仕事をこなす経験や能力を持ち合わせていないのであれば、プライドをぐっとのみ込んで、一所懸命働く方が良いのではないだろうか。

正確でなければならないということと、自分に関することは気分よくありたいという欲求の間の葛藤は、自己の主戦場の一つである。そして、どのようにこの戦いを繰り広げ、勝利を収めるかは、その人がどういう人物か、自分自身についてどう感じているかを決める中心的な要因となる。健康的で適応的な人間でいるという意味でこの戦いに「勝つ」最も良い方法は、いつでも明白というわけではない。私たちはもちろん、現実との接触を保ち、自己改善していくのに十分な程度、自分自身の能力を知っていなければならない。しかし、自己欺瞞という薬を一服飲むのも、また有用なのである。自分自身への肯定的な考えを維持し、将来を楽観的に見ることを可能にしてくれるからだ[23]。

ミスターD再訪

ミスターDは非意識的な処理をなくしたことで、何もできなくなってしまったということが、いまや明らかになったはずである。彼は知覚能力のような低次の心的能力を失っただけでなく、高次の認知的処理もまた、大きく損なわれた。適応的無意識は、学習、選択、解釈、評価、そして目標設定に積極的に関与しているのであり、こうした能力を喪失すれば致命的だ。

しかし、非意識的過程が適応的であるという事実は、それがいつでもエラーのない判断をするということを意味するのではない。この理由の一つは、世界を正確に見ることが、いつでも人間にとって有利に働くとは限らないからである。自分に甘い自己欺瞞という薬も、また有用なことがある。

さらに、ある特性や過程が自然淘汰によって進化してきたからといって、それが改善の余地もない完璧なシステムだということを意味するわけではない。人間の視覚システムは生存に有利な条件を与えている。進化の過程で、非常に目がいい人はそうでない人より生き残る確率が高かっただろう。しかし、人間の視覚は完全なものではない。私たちがもしフクロウのような夜間視力や、20／20[訳注9]ではなく20／5の視力をもっていたなら、もっと好都合なことは確かだろう。それと同じで、おおむね有益ではあるものの、非意識的な心的過程も完全なものではない。

第二に、多くの有利な特性にはトレードオフが付きものである。おおむね有益ではあっても、そうでない副産物がある。人間の視覚システムには予測可能な錯覚があるが、錯覚自体が適応的だからではなく、それは適応的なシステムの副産物なのである。同様に、非意識的な心的過程の多くのタイプは、私たちに有利な条件を与える一方（たとえば、曖昧な情報に遭遇した際「穴埋めをして」素早く、正確に物や人をカテゴリー化する能力）、否定的な結果を生み出すことがある（たとえば、人々を過度にカテゴリー化して、ステレオタイプ化や偏見が生じる）。さらに、私たちの心的生活の多くは意識の外にあるので、自分がどのように世界を評価しているかや、自分のパーソナリティさえも、どのようなものかわからないことがよくある。効率的で洗練された適応的無意識をもっているがために自己洞察する際にコスト払っていることを、後の章でいろいろと見ることになるだろう。

しかし、まず私たちは、非意識的な心と意識的な心がどのように違うのかを考えるべきだ。これまで考えてきた評価や目標設定といった非意識的な過程の多くは、意識的な心でもおこなうことができる。非意識的な心がそれほど洗練されていて広範囲にわたるものであるのなら、意識のもつ機能とは何なのだろうか。意識のシステムと非意識のシステムは、根本的に異なるのだろうか。それとも、同じ課題を果たしているのだろうか。

［訳注1］　原文では、「（争い・競争）に参加を告げる、（選挙に）立候補する、名のりを上げる」という意味をもつ「リングに帽子を投げ入れる（throw one's hat into the ring）」という慣用句が使われている。しかし日本語には対応する意味がないため、類似する意味を持つ日本語の慣用句に置き換えた。

［訳注２］訳注１の変更に合わせるかたちで、この部分も訳者が作成した。原文では「ジョーンズはサーカスを見に行って、踊っている象の一頭に自分のフェルト帽をかぶせたら、さぞかしかわいらしく見えるだろうと思った」となっている。

［訳注３］W・C・フィールズは、アメリカの俳優。自らの故郷であるフィラデルフィアについて、「先週、フィラデルフィアに行ったら、閉店していた」という有名なジョークがある。

［訳注４］W・ジェームズ著、今田寛訳（1992）『心理学』（上）（下）岩波書店　で使われていた訳語を使用した。この本は、James（1890）の縮約版であるJames, W.（1892）*Psychology: Briefer course.*の翻訳である。

［訳注５］アメリカでは、噂をすると、当人の耳が熱くなると言われる。

［訳注６］スピンドクターとは、情報操作をする専門家のこと。主に政治的な場面で活躍することが多く、政党や政治家が最も有利になるようにメディア対策をするアドバイザーもしくはスポークスマンである。

［訳注７］ピックとは、バスケットボールの戦術用語で、オフェンスが、ボールを持っている味方のプレーヤーを守るため、ディフェンスに対して壁を作ること。

［訳注８］原語はchronic。心理学用語としてしばしば「慢性的」と訳されるが、否定的内容には限定されない用語法なので、本書では「習慣的」と訳した。

［訳注９］20/20とは、20フィートの距離から指標20（径1/3インチ）の文字が見えること。日本の1・0に相当し、正常視力を示す。二倍の大きさの文字が認識できる場合は20/40、三倍の場合は20/60という。

第3章 責任者は誰だ

「われわれの日常生活の些細なことを努力のいらない自動動作に任せることができるほど、高等な心の力をそれ自身に適した仕事のために自由にしておくことができるのである。」
――ウィリアム・ジェームズ『心理学原理』(一八九〇)

心の分業についてのウィリアム・ジェームズのことばに同意しない人はほとんどいないだろう。もしも呼吸や言語の理解、物理的世界の知覚などにいつも注意を払っていなければならないとしたら、何もできないだろう。しかし重要なのは、何を非意識的な心に「任せる」ことができるかである。ジェームズは、最高司令官が真に重要な問題に対処し、些細なことはスタッフに任せるように、私たちは日常的な課題を自動動作に任せるのだと言っているように思える。企業のトップは事務所の床掃除をするよりも、会社の長期的展望を計画する方がよい。

しかし、私たちの非意識的な心は単なる用務員や下級管理職というわけではない。すでに見てきたように、意識的な心に「ふさわしい仕事」と通常考えられている目標設定、解釈、評価などの作業も、非意識的におこなわれうる。しかし人は非意識的に、きわめて知的に考えることができるとなると、意識的処理と非意識的処理の関係はどうなるのだろう。本当のところ、心のこの二つのパートはどのように分業しているのだろうか。意識は本当に最高責任者なのだろうか。いずれにしても、責任者は誰だ。

おそらく、非意識的システムと意識的システムは同じルールにもとづいて、同じように機能している。この考えでは、現代のジェット旅客機がバックアップシステムをもっていて一方に不具合が生じた際に備えているように、人間もさいわい二つの重複するシステムをもっていることになる。腎臓や肺が二つあるのと同じ理由で、情報処理システムを二つもっているのかもしれない。こう考えると、効果的な思考はより良く生きるために非常に重要であるから、私たちはピッタリ同じ役割を果たす二つの心的システムを発達させたというわけだ。もしも一方がつまずいても、失敗を補うために他方が控えている。

しかし、この考えが正しくないことは確かである。フロイトは無意識の精巧さやその成熟した性質を過小評価したが、無意識が意識的自己とは異なる性質をもつと主張した点では正しかった。興味深い相違点をもち、異なる機能を果たす二つの情報処理システムが進化したのだ。

意識、進化、機能

自然淘汰の圧力が身体ばかりでなく心や脳にも働くという仮定に、異議を唱える人はあまりいないだろう。人間が他の霊長類と非常によく似た脳をもつという事実は決して偶然ではなく、同様の進化の過程を経てきた結果なのである。また、前頭皮質の割合が人間において最大で、次いで大型類人猿、キツネザルやメガネザルなどの原猿が最小だという事実は、まさに自然淘汰の力によるに違いない[1]。

心の性質、たとえば意識的・非意識的思考の役割を理解する上で、これらの事実をどのように考えるべきだろうか。適応的無意識が意識に比べて進化的に古いと仮定することは妥当だろう。つまり、意識は非意識的処理よりも後になって獲得されたものであり、それゆえ、異なる機能をもっている。非意識的処理は有機体の歴史の初期に発達した生体システムすべての特徴を共有している。たとえば、古いシステムは新しいシステムと比較して障害や損傷に強く、個体発達の早期にあらわれ、より多くの種によって共有されている。これらの特徴は非意識的処理にも当てはまる。[2]

もしも人が意識なしで効率的に思考できたのなら、なぜ意識が発達したのだろうか。意識が人間の心の普遍的特徴になったわけは、それが生存に際立った利点をもたらしたからだと結論づけたくなる。これは一見自明に思えるが、実は多くの議論を呼んでいる未解決の問題である。

デカルトは二つの点で間違っていた――心と体は独立していないし、また意識と心は同じものではない――ことが認められると、意識の性質に対する関心が一般向けの出版物でも学問の世界でも急速に高まった。『ディスカヴァー』誌はこの問題を、未解決の最も重要なミステリーの一つだと述べた。何十という本、雑誌、学会が、もっぱらこのトピックのために出版され、開かれている。数年前、哲学者ダニエル・デネットはあまりにたくさんの本が刊行されたため（彼の勘定で三四）、意識に関する新刊本をレビューして欲しいという依頼を断った。

哲学者たちは意欲も新たに、この古くからの問いをめぐって活発な議論をしている。意識の主観的状態が、どのように物理的な脳から生じることができるのだろうか。意識的経験の性質は何だろうか。他の種、あるいは別の人間であるとはどういうものか、理解できるものだろうか。人間は意識を有する唯一の種なのだろうか。意識には機能があるのだろうか、もしそうならそれは何だろう。

これらの問いは、意識がどのようなものと思われるかという問いと、意識が何をするのかという問いの二種類に分かれる。[3] 少なくとも科学的な意味では、最初の問いより二番目の問いに進展が見られる。つまり、意識の性質（意識はどのようなものと思われるか）については研究する哲学者の数だけ理論があり、この問題をどのように科学的に扱うべきか、まったく明らかでないということを物語っている。

意識の機能はもっと取り組みやすい問いであり、私が最も関心をもつ問いである。自分について知る最善の策について考える前に、自分を知ることが何か違いをもたらすかといった問いを考える必要がある。洞察を得る（自分自身について以前は知らなかったことを意識するようになる）ことは何かを変えるのだろうか。たとえば、自分の行為の理由がよくわからない人は、深い洞察をもっている人と振舞いが異なるだろうか。

意識の一般的なアナロジーは、心の執行機関の大統領だというものだ。この考えでは、大統領から見えないところで働く政府機関、補佐官、内閣事務官、サポートスタッフなどの膨大なネットワークがある。これが適応的無意識であり、これなしでは政府の円滑な運営はありえない。一人でしようとするには仕事が多すぎて、見えないところで働く多くの（非意識的）援助なしに大統領は機能できない。大統領はこの膨大なネットワークの責任者であり、政策の策定、大所高所の決定、何か深刻な問題が生じた際の介入などをおこなう。意識がこのような活動において重要な機能を果たすことは明らかだ。適応的無意識は意識（大統領）に従属しており、その監督下にある。同時に、大統領があまりに部下に任せきりになっても問題である。大統領が見えないところで起きていることに、認識不足（自己洞察に欠ける）なら、適応的無意識の担い手たちは大統領の望みに反する決定をし始めるかもしれない。

最高責任者としての意識のアナロジーに疑義を挟む人たちもいて、彼らは、意識はそのような決定的な役割を果たしていないと主張する。一つの極端な立場は、意識は何も機能を果たさないと主張する哲学者たちである。このような立場は、「意識非本質主義」あるいは「随伴現象主義」と呼ばれ、意識は、実際の仕事をすべて担う熟練した非意識的な心に随伴する副産物だと主張する。意識は、ゲームセンターでコインを入れずにビデオゲームで「遊んでいる」子どものようなものである。彼はコントローラーを動かすが、デモンストレーションプログラムを見ているだけで、その動きとは関係がないことに気づかない。この子ども（意識）は実際には機械内のソフトウェア（非意識）が完全にコントロールしている行為を、自分がコントロールしていると信じている。[4]

哲学者ダニエル・デネットは、この視点は意識を大統領ではなく、むしろ報道官とみなしていると言う。報道官は心の働きを観察し、報告することはできるが、政策策定には関与していない。また、大統領執務室の扉の向こうでおこなわれるさまざまな決定の内情にも通じていない。それは観察者であって、プレーヤーではない。[5]

こんなにしばしば自分の行為を意識的にコントロールしていると感じているのに、そんなことがあるのだろうか、と疑問に思うかもしれない。ダニエル・ウェグナーとタリア・ウィートリーによる最近の研究が、一つの答えを示唆している。意識的意志の経験は、しばしば相関データの「第三変数」

問題に類似した幻想なのである。私たちは頻繁に行為に先行して思考を経験するため、行為を生じさせたのは思考であると考える。しかし実際には、第三の変数、つまり非意識的な意図が、意識的思考と行為の両方を生じさせたのかもしれない。たとえば、長いすから降りて何か食べ物を取ってこようという私の決定が意識的意志による行為であるように感じられるのは、立ち上がる直前に「ボウル一杯のイチゴ入りシリアルを今食べたい」と意識的に考えたためである。しかし、何か食べたいという欲望が非意識的に生じて、意識にシリアルのことを考えさせることと、台所まで行かせることの両方を生じさせた可能性もある。下等生物が食物を探索し生存するのに意識が不要であるように見えるのとちょうど同じで、意識的思考は完全に随伴現象で、行為にはまったく影響していないかもしれない。人間だって、ときどき意図的に思える行為を意識的思考なしにおこなうことがある。たとえば、自分が何をしているのか、または何をしようとしているのか、まったく意識的な思考なしに長いすから立ってシリアルを取りに行くようなことがある。[6]

ウェグナーとウィートリーは、意識的意志が常に幻想であるというわけではなく、ただ幻想でもありえるということに同意している。私が思うに最も妥当な立場は、最高責任者としての意識と随伴現象的報道官としての意識の両極の間に位置する。もしも意識が純粋に随伴現象であったならば、自己洞察に関する本はあまり意義をもたないだろう。行為を観察するためのより良い座席を提供するかもしれないが、その観察が試合の展開や結果を変えることはない。他方で、適応的無意識はきわめて範囲が広く、目標設定などの高次の実行機能も含んでいることはすでに見たとおりである。したがって、最高責任者や監督としての意識のアナロジーにもまた、問題があると私は思う。私たちは意識的自己が完全なコントロールを有しているかのような印象をもつかもしれないが、それは少なくとも部分的には幻想なのである。

　哲学者オウェン・フラナガンは、アメリカ大統領の政府の政策に対するコントロールの量は大統領によって異なり、意識の役割に対するより正確な視点はロナルド・レーガン大統領としての意識ではないかと言う。多くの歴史学者によると、レーガン大統領は他の多くの大統領ほど政府をコントロールしないリーダーだった。フラナガンのことばでは、「レーガンは有名無名の有能で勤勉な実力者たち（実際には幾重もの層をなす実力者たち）の愉快で雄弁な代弁者であった。これはレーガン自身が「偉大なコミュニケーター」としての役割に責務を負っていると感じていたことを否定するわけではない……重要な点は、自分は大統領であると感じ、実際に大統領であったとしても、内部からも外部からも思われているほどコントロールしてはいないことがありうるということだ[7]。」

　言い換えれば、私たちは自分で思うほどは自分の心について知っておらず、また、自分の心をコントロールしてはいないということである。それでも、私たちは自分の心の働きに影響を及ぼす能力をいくらかは残している。適応的無意識が私たちの権限の及ぶ範囲の外で賢く機能しているとしても、私たちは適応的無意識が推論したり目標を定めたりするのに利用する情報に影響を及ぼすことができる。この本の目的の一つは、それを可能とする方法を提案することである。

　記憶に残る八〇年代の『サタデーナイトライブ』のショート・ドラマでは、レーガン大統領は優秀で狡猾な指導者で、「偉大なコミュニケーター」は皆仮面であり、演技だったとして描かれた。公的な場では、有権者によく知られ愛される慈父的でどこか不器用なハリウッド俳優であった。しかし、舞台裏では側近たちよりも思索に長け、海外の指導者とあざやかに交渉する冷徹なビジョンの人であった（ある場面で、彼は電話越しにイランの指導者に対してファルシ語を話しながら厳しく対決していた）。この本の目標は、ドラマのロナルド・レーガンのように、舞台裏でおこなわれていることを少なくともある程度は理解し、操作しうる管理職へと、私たちを近づけることである。

適応的無意識と意識の特徴

けれども、舞台裏では何がおこなわれているのだろう。そして、それは意識的な過程とどう違うのだろう。これらの心的システムの機能の違いを示せば役に立つだろう。表にまとめよう（次ページ）。

多重システムと単一システム

すでに述べたとおり、「適応的無意識」という名前はいささか誤解を招く。なぜなら、そこには意識の外側で独立した機能を果たす多数のモジュールがあるからである。そのことを知る一つの方法は、脳損傷患者を研究することである。脳の異なる部位は非意識的学習や記憶のまったく別の側面と関連しているようである。たとえば、ある部位の損傷は顕在記憶（新しい記憶を形成する能力）を損なわせるが、潜在記憶（たとえば、新しい運動技能を習得する能力）を損なわない。脳梗塞は言語能力を損なわせても、その他の認知機能には影響を与えないことがある。適応的無意識はたくさんの独立した能力の集合体であるので、私が言う適応的無意識の性質のあるものは、あるモジュールによりよく

適応的無意識　対　意識

適応的無意識	意識
・多重システム	・単一システム
・オンラインのパターン検出器	・事後的な事実点検器
・「今ここ」の即時的視点	・長期的な視点
・自動的処理（速い，非意図的，統制困難，努力を要しない）	・統制的処理（遅い，意図的，統制可能，努力を要する）
・融通がきかない	・柔軟
・早とちり	・ゆっくり展開
・否定的《ネガティブ》情報に敏感	・肯定的《ポジティブ》情報に敏感

当てはまるということになるだろう。

他方、意識は単一体であるように思われる。厳密にどのようにそれを定義すべきか、またどの脳機能とどう関連しているかはわかっていない。しかし、意識が単一の心的システムであり、異なるモジュールの集合ではないということは比較的明らかである。多重人格のように、意識が二つあるいはそれ以上の独立したシステムに分かれる特殊なケースもあるだろう（多重人格症の実際の性質や生起頻度は、最近大いに論争されているトピックである）。しかし、たいていの人は、一つより多くの意識的自己をもたない。大統領は、たとえ考えられているほど権力やコントロールをもたないとしても、ただ一人である。

パターン検出器と事実点検器

多くの心理学者は、適応的無意識の仕事はできるだけ迅速に環境内のパターンを検出し、それが良いものか悪いものかのシグナルを送ることであると論じてきた。そのようなシステムには明らかに利点があるが、同時にコストも伴う。分析が迅速なほど、エラーが生じやすくなるだろう。別にもう一つ、より詳細に環境を分析して、最初の迅速な分析で生じたエラーをキャッチする比較的緩速なシステムをもてばより有利になるだろう。これが意識的処理の仕事である。

たとえば、ジョセフ・ルドゥーは、意識的自覚に達する前に入力情報を評価する非意識的な「危険検出器」を人はもっていると主張する。この検出器が情報を脅威的と判断した場合、恐怖反応を引き起こす。この非意識的な分析はとても速いため、かなり大雑把なものであり、しばしば誤りをおかす。そこで、このような誤りを修正できる二次的で詳細な処理システムをもつことが適切なのである。ハイキングをしていて、突然、長細い茶色い物体を道の真中に見たとしよう。まず「蛇だ！」と思い、ハッと息を呑んで即座に立ち止まる。しかし、より良く見ると、それが木の枝であったとわかり、先に進む。ルドゥーによると、木の小枝に対して一次的で大雑把な分析を非意識的におこない、続いてより詳細な意識的分析をおこなったのである。全体として見れば、悪くないシステムの組み合わせではないか。[8]

即時的な視点と長期的な視点

非意識的パターン検出器は有用だが、「今ここ」に縛られている。現在の環境に迅速に反応し、巧みにパターンを検出し、危険があれば警告し、目標志向行為を始動させる。このシステムにできないことは、明日、次週、あるいは来年何が起こるかを予想し、それに応じた計画を立てることである。また、適応的無意識は、過去について考え、一貫した自己物語《ナラティブ》に統合することもできない。意識の主な機能には、予測し、心的にシミュレートし、計画するという能力がある。

将来と過去の概念をもち、こうした時点について自在に考えることができる生物は、それができない生物と比べて、効果的な長期的計画を立てるのに優れており、きわめて生存に有利である。下等生物の中には将来のための計画を生得的に有しているものがいる。リスは冬季に備えて木の実を蓄えることを「知って」いるし、渡り鳥たちは温暖な気候を求めて南に飛び立つ時期を「知って」いる。将来の選択肢について熟考し、考慮し、思案し、熟慮し、これらのシナリオを過去と結びつけることができる、より柔軟な心的システムをもつことの利点を考えてほしい。たとえば、農作業には過去の知識と将来についての思考が必要だ。次の数週間に起こることが想像できなければ、なぜ今、種を地面に埋めようなどと思うだろうか。

意識が将来を計画するという発想には意外性はないかもしれない。最高責任者としての意識モデルの支持者は、意識の主要な機能が長期計画を作ることだと同意するだろう。優れたトップは小さなことは部下に任せて、長期的な目標はどうあるべきか、それをどう実行に移すかという大きな問題に時間を費やす。

しかし、私たちのロナルド・レーガンとしての意識モデルでは、長期計画の捉え方がやや異なる。連邦政府（心全体）は日常的にはきわめて効果的に機能する巨大な相互関連システムである。最高責任者は将来を見据えて長期的目標を設定すべく試みることができる。しかし、政策を大きく変更するのは困難だと感じるだろう。多くの場合は、巨大な官僚機構をほんの少し別の方向に向けるだけで精一杯だ。実際には、心の残りの部分と相容れないような大きな政策の変更は、危険でさえある。

ヘルマンのことを考えてみよう。彼は意識的には自分は孤独好きで、一人で好きなことに取り組んでいるときが最も幸せだと信じているが、実際には他の人たちと交わりたいという強い非意識的な欲求をもっていた。将来を計画し、何をするか決定するのは彼の意識的な自己観であるから、ヘルマンは大きな集まりやパーティを避け、在宅勤務が可能なコンピュータ・コンサルタントの職を選択した。しかし、このような選択では非意識的な、他の人々と交流したいという欲求は満たされず、そのためあまり幸福でない。おそらく最も有効な意識の利用法は、適応的無意識が円滑に働く状況に身をおくことである。それは、非意識の欲求や特性が何かを認識し、それに応じて計画することによって、最もうまく達成されるだろう[9]。

しかし、自分の非意識的な欲求や動機が何か、どうやったらわかるのだろうか。それが難問だ。ここでは、将来について考え、計画する能力は人間にきわめて大きな強みを与えるが、諸刃の剣にもなりうるとだけ述べておこう。意識的願望が適応的無意識の欲求と対立するなら、意識的願望に従うことは問題を引き起こしかねない。

自動的処理と統制的処理

多くの行動（たとえば、自転車に乗ること、車の運転、ピアノの演奏）を迅速に、努力なしに、ほとんど意識的に注意することなしにおこなえることはよく知られている。このような複雑な運動行動もいったん学習してしまえば、何をしているか意識的に考えていない自動操縦状態の方がうまくおこなうことができる。タイピング中、小指や人差し指が何をしているかと考え始めた途端、タイプミスが生じる。運動競技にはこのことを指すことばがある。選手は「無意識」のとき、自分が何をしているかまったく自覚せずに最適レベルのパフォーマンスを発揮する。そうしたとき、人は「忘我の境地」に入っている。

思考についてもしばしば同じようにとらえられるというわけではないが、思考も自動的に生起することがある。ピアノの演奏が自動的になるように、物理的・社会的世界に対する情報の処理様式も習慣となり自動化されうる。事実、適応的無意識の決定的特徴は、自動操縦をおこなう能力である。自動的思考には五つの特徴がある。非意識的、迅速、非意図的、統制不可能、努力不要、である。社会心理学者ジョン・バージが述べているように、自動的思考にもいろいろあり、これらの基準を満たす程度も異なるが、ここでは、これらの基準をすべて、もしくはおおよそ満たす思考として、自動性を定義しておこう。

すでに第2章で、この種の思考の例、すなわち、適応的無意識が入力情報を選択し、解釈し、評価する方法について見た。カクテルパーティ現象を考えてみよう。適応的無意識は参加している以外のすべての会話を遮断するが、同時に他の人の会話もモニターしている（そして自分の名前など、何か重要なことが言われると警告してくれる）。この過程は自動性の五つの基準をすべて満たしている。そうしようという意図をもっていないときでさえ、非意識的フィルターが働くという意味で、それは迅速に、非意識的に、そして非意図的に生じる。非意識的フィルターの作用に関して私たちはほとんど権限をもたず、止めようとしてもそうできないという意味で統制不可能である。最後に、非意識的フィルターは心的エネルギーや資源をほとんど必要としないという意味で、それは努力不要でもある。

自動的思考のもう一つの例は、他の人々をカテゴリー化し、ステレオタイプ視する傾向である。私たちは初対面の人に会うと相手の人種や性別や年齢に応じて素早く分類する。その際、そうしていることにさえ気づかない。このような自動的なステレオタイプ化処理はおそらく生得的なもので、私たちは他者をカテゴリーに当てはめるように作られている。しかし、各分類の性質、つまりステレオタイプの内容は、もちろん生得的ではない。誰も特定の集団に関するステレオタイプをもって生まれてくるわけではない。しかし普通は、自分の属する文化からステレオタイプを一度学習すると、これを非意識的、非意図的、非統制的、努力不要的に適用する傾向がある。対照的に、もっとゆっくりと、意図的に（一般的に、考えたいことを考える）、統制的に（考える内容にもっと影響を与えることができる）、努力を伴って（注意をそらされたり何か別のことで頭がいっぱいだったりすれば、意識に心を向け続けることは困難だ）意識的思考はおこなわれる[10]。

適応的無意識の融通のなさ

情報を迅速にかつ効率的に処理するシステムの欠点の一つは、新しい、矛盾する情報への反応が遅くなることである。事実、私たちは先入観に適合するように新しい情報を非意識的に歪めることがしばしばある。そのため、先入観の誤りを認識することがほとんど不可能になる。たとえば、私はＰＴＡの会合で会ったフィルという人物が無礼で厚かましいと聞いていたためそうだと思っていたが、実際には全くそのようなことはなかった。

非意識的システムがいつものパターンとの違いを迅速に検出するとしたら、どうなるだろう。古い見方はもう適用できないということを認識するだろうか。たとえば、営業部長が最近解雇せざるをえなかった二人の社員は小さな文化系大学卒であり、最近昇格させた三人の社員は大きな州立大学卒であったことに（非意識的なレベルで）気づいたと想像してほしい。職務成績評価の時期がやってきて、新入社員たちを評価していると、何人かは小さな文化系大学卒で、何人かは大きな州立大学卒であった。仕事内容によって凸凹はあったものの、平均してどちらのグループも同じレベルの業績を上げていた。営業部長氏はこれらの社員をどう評価するだろうか。

賢い柔軟なシステムであれば、小さなサンプルにもとづいて事前に学習された相関関係が、大きな社員のサンプルには一般化できないと認識するだろう。しかし、いったん相関関係が学習されてしまうと、非意識的システムはそれが存在しないところにもそれを見てしまう傾向があり、いよいよその相関関係が正しいと思うようになる。小さな大学出身の社員を評価する際には、営業部長は仕事がうまくいかなかったときのことにより注目し、思い出す。大きな大学出身の社員を評価する際には、仕事がうまくいったときのことにより注目し、思い出す。たとえ本当ではなかったとしても、出身校が業務成績を予測するという信念を強めることとなる。

いっそう悪いことに、ロバート・ローゼンサールとレノール・ヤコブソンによる自己成就予言の古典的研究に見られるように、人は知らず知らずのうちに自分の期待が実現するように行動することがある。教師は生徒に対して期待に添った見方をするだけではなく、その期待が実現するように振舞うことを彼らは発見した。学校の年度始めに、彼らはある小学校の全生徒にテストをおこない、何人かの生徒は非常に得点が高く、学術の才能が「開花」することは確実だろうと教師に告げた。実際には、それは必ずしも事実ではなく、「才能が開花する」とされた生徒は研究者がランダムに選んだのだった。生徒もその両親もテスト結果を知らされていなかった。「才能が開花する生徒」は教師の心の中でのみ、他の同級生と異なっていたのだ。

年度末に再びすべての生徒に実際の知能検査をしたところ、「才能が開花する」とラベルづけされていた生徒は他の生徒と比較して、ＩＱ得点が有意に増加した。教師たちは才能のある生徒に対する期待を実現させるような特別扱いをしたのである。

教師たちの生徒に対する期待は意識的であったが、その期待を実現させた方法は意識的ではなかった。生徒が良い成績をあげるだろうと期待すると、教師たちは知らずにより多く個人的に注目し、より多くの質問をし、勉強に関してより適切なフィードバックを与えたりしていたのだ。マイラ・サドカーとデービッド・サドカーは、非意識的レベルで働く同様の自己成就予言が、アメリカの教室に学ぶ少年と少女の成績の違いに影響を及ぼしていると主張している。意識的なレベルでは、たいていの教師が男子と女子を平等に扱っていると確信している。ある実験で、サドカーたちは教師にクラスで男女の生徒たちが議論しているフィルムを視聴させた後、男子と女子のどちらの方が議論に貢献していたかを尋ねた。教師たちは女子が男子よりも参加していると回答した。サドカーらがもう一度フィルムを見て男子と女子が発言した回数を数えるように要求して初めて、教師たちは男子の方が三対一の割合で女子よりも多く発言していたことに気づいた。

非意識的なレベルでは、教師は男子を女子よりも好意的に扱うことが多いため、男子は女子よりも成績が良くなるとサドカーは主張する。非意識的な心には結論を急ぐ傾向があり（「私の算数の授業では、男子の方が良くできる」）、たとえ教師たちが意識的には皆を同様に扱っていると信じていたとしても、男子を優遇することになる[11]。

適応的無意識が結論を急ぐ傾向や矛盾する証拠を前にしてやり方を変えられないという傾向は、いたるところに見られる人種的偏見（第9章で論じる）など、社会の最も厄介な問題の原因と言えるだろう。なぜ適応的無意識がそのような誤った推論を導くのだろうか。前述したように、心的過程が生存にとって利点をもつという事実は、誤りをおかさないということを保障するものではない。実際には、それがもたらす利点（たとえば迅速な解釈やカテゴリー化）には残念な副産物が伴うことも多いのである。

知る前におこなう

子どもはとりわけ、自動操縦で行動しやすい。何をなぜおこなっているのか自覚するよりも前に、彼らの行動は適応的無意識によって巧みに先導されている。潜在学習や潜在記憶などの非意識的な技能は発達の初期段階、子どもが高度に洗練されたレベルで意識的に推論する能力をもつ前にあらわれる。乳児は出生時またはそれ以前（胎内）から潜在的（非意識的）に覚える能力をもっているが、顕在的（意識的）に覚える能力は生後一年前後まで発達しない。また、顕在記憶に関わっていると思われる脳部位は、潜在記憶に関わる脳部位よりも幼児期の遅い時期に発達する[12]。

大人も、しばしば同じたぐいの困難におちいる。非意識的な心にはアクセスできないから、自分の頭の中で何が起きているのか知るためには意識の解釈に頼らなければならない。大人は少なくとも、洗練された賢い解釈器をもっているから、おおむね正確な物語を作り出す。子どもの意識的解釈器はゆっくりと発達し、非意識的な心が何をしているのかまだ詳しく推測できないので、とりわけ暗闇の中にいるようなものだろう。

この困難は、心の発達に関心のある心理学者にとってはジレンマである。人が何を考えているかを判断する最も簡単な方法の一つは本人に尋ねることであり、多くの認知発達研究は子どもの自己報告に頼っている。意識的システムは非意識的なシステムよりもゆっくりと発達するので、自己報告だけに頼っていては特定の技能や特性が発達する年齢を誤ってしまいかねない。この種の誤りが、有名な発達研究領域でも見られる。

いつ子どもは割引原理を学習するか

スージーもローズマリーも三〇分間ピアノを練習した。スージーの母親は練習のほうびにアイスクリームを与えたが、ローズマリーはアイスクリームのほうびなしだった。ピアノを演奏するのがより好きだったのはどちらか? スージーは多少ともほうびに動機づけられていたかもしれないと考えて、たいていの大人はローズマリーの方だと答える。ローズマリーは何もほうびをもらわずに練習したのだから、彼女の方がきっと内発的な演奏の喜びに動機づけられていたのではないだろうか。これは割引原理として知られ、ある要因（ピアノ演奏への内発的関心）の因果的役割の見積りを、他の原因（アイスクリーム）のもっともらしさに応じて切り下げる傾向をいう。

発達心理学者たちは子どもが割引原理を使い始める年齢に関心をもってきた。典型的な研究では、スージーとローズマリーのような話を子どもに聞かせた後、どちらがその活動をより好きだと思うか言ってもらう。八、九歳までは、子どもは割増原理を使うと思われ、ほうびをもらって活動した人の方がその活動をより好きだと考える（内発的関心＋報酬＝より多くの内発的関心と考える）。八歳か九歳あたりから、子どもは割引原理を使い始め、ほうびのために何かをする人はほうびなしでもする人よりもそれが好きではないと考える（すなわち、内発的関心＋報酬＝より少ない内発的関心）。

しかし、子どもの言うことではなく、することにもとづく研究では、子どもは割引原理を八、九歳よりもずっと低い年齢でも使えることが示されている。これらの研究では、子どもたちはそれ自体魅力的な活動に取り組んだ後でほうびを受け取り、その後で、同じ活動に再び取り組む度合で関心の量が測られた。たとえば、マーク・レッパー、デービッド・グリーン、リチャード・ニスベットは、三歳から五歳の幼稚園児に、当時は珍しかったフェルトペンでお絵かきをするという、幼い子どもにとっては楽しい活動をおこなわせた。半分の子どもたちはお絵かきに対して「良くできたで賞」を受け取り、残り半分の子どもたちはもらわなかった。

その後、実験者は自由時間に教室にフェルトペンを置き、子どもがそれで遊ぶのに費やした時間を測定した。予測されたとおり、このペンで遊んだ時間は事前に賞をもらった子どもの方が、もらわなかった子どもよりも有意に短かった。子どもたちは自分の行動に割引原理を適用し、必ずしも意識的ではないまでも、良くできたで賞を得るためにペンで遊べば、それほどペンが好きではないと結論づけたようである。[13]

なぜ子どもたちは八、九歳まで、この同じ割引原理を他の人の行動を説明するときには適用しないのだろうか。おそらく適応的無意識は、意識的解釈器よりも早く割引原理を学習するのである。幼い子どもが割引原理に従って行動するのは、非意識的推論システムが彼らの行動（たとえば教室でペンで遊ぶか否か）を導いているからである。しかし、行動を意識的に解釈して、なぜその行動が生じたのか言語的に報告するのは意識的システムの仕事であり、割引原理が学習され適用されるのにより長い時間がいるのだ。

このような、することと言うこととの乖離は、成人期まで続く。することにもとづくと、大人はしばしば報酬を与えられた活動に対する関心を割り引くようである。特定の活動（パズルなど）に対して報酬を与えられた人は報酬が与えられなかった人に比べて、制約のない自由時間にその活動をおこなった時間が短かった。しかし、彼らの報告によれば、活動への関心を割り引くことはなかった。報酬を与えられなかった人と同程度に、活動が好きだと報告したのである。

もしもこれらの研究に二つのシステム、すなわち、人がすることを規定する非意識的システムと人が言うことを規定する意識的システムが関わっていたとすると、それらをより同調させる方法はあるだろうか。どうすれば、意識的システムは非意識システムがすでに知っていることをもっと良く推測できるだろうか。意識が割引原理を学習するのにより長い時間がかかるのであれば、それが適用できるようになるのにはもう一押しが必要なのではないだろうか。つまり、非意識的システムは報酬があると内発的関心をただちに割り引くが、意識的システムはそれについてもう少し考える必要があるのかもしれない。ジェイ・ハルとジム・ジョンソンと一緒に、大学生がおもしろいパズルに取り組んで報酬を受ける研究で、私はこの仮説を検証した。この種の多くの研究と同じく、学生の行動は報酬がパズルへの関心を減少させることを示した。後続の自由時間で、彼らは報酬を与えられなかった学生よりもパズルで遊ぶ時間が短かった。

しかしまた多くの研究で見られるように、学生は質問紙にパズルを嫌いだったとは答えなかった。ただし、最初に、自分の行動の理由をよく考えて回答するようにと求めた条件では、その限りでなかった。このように熟考モードにもっていっても、たいていは行動には影響を及ぼさず、報酬を受けていると相変わらずパズルに費やす時間は短かった。しかし、この活動への好意度の報告には影響を与えたのである。熟考モードでは、活動に対して報酬を受けた学生は、その活動があまり好きではなかったと報告した。この結果は、注意深く考えることで割引原理が適用され、報酬が与えられるとその活動をそれほど好きではなかったのに違いないと推量されることを示している。しかし、注意深く考えない場合には、適応的無意識は割引原理をすでに適用していても、意識的システムはその原理を適用できないのである（何と言っても、発達の比較的遅い時期に学習される[14]）。

いつ子どもは心の理論を獲得するか

ある時点で、心をもっているのは自分だけではなく、他者ももっているということを知る。他者の頭の中を覗き込んで直接このことを知ることはできないから、心理学者が心の理論と呼ぶ、他の人々も自分と同様に思考や信念、感情をもっているのだという推論を発達させるのである。私たちは人間と無生物とはまるで異なると信じている（人間は心をもち、石はもたない）。私たちはよく、他の人が見ているものを見る（自分が考えていない、他者が考えていることを知りたい）。私たちは他人のふりをすることができる（他者の思考や感情をシミュレートする)。そして私たちはよく(誤った考えをもたせるようにして)他人をだまそうとする。これらは皆、私たちが心の理論をもっているということの印である。石のふりをしたり木をだまそうとはめったにしないのは、それらが信念や思考や感情、つまり心をもたないと仮定しているからに他ならない。

心の理論は四歳前後で発達するという説が有力で、これは誤信念パラダイムと呼ばれる課題における振舞いから判断される。典型的な実験では、一人の人が何かを隠し場所に置くところを子どもが観察する。たとえば、マットがキャンディを箱の中に入れて部屋を出るところを見る。次にサリーが部屋に入り、キャンディを見つけてちょっと離れたバスケットにそれを入れる。サリーが部屋を出てマットが戻ったところで舞台が整う。マットはキャンディをどこで探すだろうか。彼が置いた箱の中か、それともサリーが隠したバスケットの中だろうか。ほとんどの四歳児はこの問いに、「隠した箱の中だよ」と答える。マットはサリーがバスケットに入れたところを見ていないから、まだキャンディは箱の中にあると信じていることを、子どもはわかっている。しかし、ほとんどの三歳児は、マットはサリーがキャンディを隠したバスケットの中を見るだろうと答える。彼らは自分が知っていることと他者が知っていることを区別できず、キャンディがバスケットに隠されていることを知っているため、マットも知っているだろうと思う。彼らはまだ、他者が自分とは異なる信念をもちうるということを伝える、十分に発達した心の理論をもっていないのだ。

それとも、実はもっているのだろうか。ウェンディ・クレメンツとジョセフ・パーナーは、誤信念課題を少し変えて、少なくとも潜在的・非意識的なレベルでは三歳児でも心の理論をもっていることを示唆する、興味深い研究をおこなった。彼らの実験は前述のものに非常に似ていたが、マットがどこを探すと思うか子どもたちに尋ねるのに加えて、マットが部屋に戻ったときに子どもたちがどこを見るか観察した。彼らはマットがキャンディを隠した場所を見ただろうか、それとも、別の人が移した場所を見ただろうか。研究者たちは、マットが探すと子どもたちが予想した場所を最初に見るだろうと仮定した。もしも子どもたちが正しい心の理論をもっていれば、彼らは自分が知っている場所ではなく、マットがキャンディがあると思っている場所を見るはずである。もし正しい心の理論をもっていなければ、マットがキャンディがあると思っている場所ではなく、自分が知っている場所を見るはずである。

マットが見ると思う場所を報告させる標準的な指標では、先行研究と同様、年少の子どもたち（二歳五ヵ月〜二歳十ヵ月の子どもたち）は、ほとんど誰も「正解」しなかった。すなわちほぼ全員が、マットは自分たちがキャンディがあると知っている、バスケットの中を探すと答えた。彼らはまだ心の理論をもたないことを示唆している。年長グループになるにつれ正解率は徐々に増加し、四歳までには、ほぼ全員が正解した。

マットが再入室したときに子どもたちが見た場所については、最年少の子どもの視線は言語報告と一致していた。彼らは自分がキャンディがあると知っているバスケットを見て、また、マットはここを探すはずだと答えた。つまり、どちらの指標もこれらの子どもたちが心の理論をもっていないことを示していた。しかし、二つの指標は三歳あたりで劇的に異なったのである。彼らは正しい場所に視線を向けたが、キャンディを探すのにマットはどこを見るか質問されると異なる場所を答えた。この子どもたちの振舞いから判断して、彼らは言語報告によって示される年齢よりも早期に心の理論を発達させている。三歳八ヵ月以上の子どもたちは正しい方向に視線を向け、また質問にも正解した[15]。

この結果やその後の研究からわかったことに対する最も良い説明は、視線による指標と言語による指標は違う種類の知識を反映していて、それらの発達速度が異なる、というものである。視線による指標は非意識的で潜在的なタイプの知識、つまり、私の用語では適応的無意識によって獲得された知識を示し、言語指標は発達により長い時間を要する心の理論の意識的理解を示すと言えよう。

これと同様の誤信念課題の際の視線の方向から判断して、人間以外の霊長類も原始的な心の理論をもっている証拠がある。乳幼児やおそらく人間以外の霊長類も、彼らの行動を導く非意識的な心の理論をもっているだろう。この見方は、子どもの割引原理の理解の発達についての研究結果とも良く合う。言語指標に頼りすぎる発達心理学者は、子どもたちに正当な機会を与えていないと言えるだろう。彼らは子どもの言語的、意識的システムを研究しているのであり、それは適応的無意識よりもゆっくりと発達するのだ[16]。

意識的システムは無意識的システムに追いつけるのだろうか　意識の能力はとりわけ幼児期には限られているが、成人期を迎えると意識的自己が十全に開花し、適応的無意識への洞察が深まる。しかし確かに、人の意識的な理論や洞察は年齢とともに洗練されるが、完全な洞察は得られないと思われる理由がある。

一つの例は、環境内の複雑なパターンを検出する能力である。すでに見たように、非意識的システムは迅速で正確なパターン検出に長けている。第2章で触れた、パウエル・レヴィッキ、トーマス・

ヒル、エリザベス・ビゾーの研究を思い出してほしい。課題を進めるにつれて成績が上昇し、規則を変えると成績が低下したという事実に示されるように、参加者はコンピュータ画面に文字「X」が呈示される場所を予測する複雑な規則を学習した。だが参加者は誰一人として、規則を意識的には学習していなかった。このケースでは、明らかに適応的無意識の方が意識的システムよりも優れていた。

変数間の共変関係（たとえば、髪の色と性格に関係があるか）を見つけ出す能力を調べた多くの研究から、意識的システムはこれがきわめて苦手であることが示されている。関係を取り出すためには、共変関係が非常に強くなければならず、また、この共変関係を誤って解釈させる理論を事前にもっていてはならない。たとえば、多くの人が冬の日にコートなしで外出すると風邪をひくと頑固に信じているが、寒い気候に触れることが風邪をひくことと関連するという証拠はない。たいていの人は指で自分の目鼻にさわることと風邪をひくことの関係には無自覚であるが、これがライノウイルスが体内に侵入する主な感染ルートであるという十分な証拠がある。適応的無意識も完璧ではなく、この共変関係を認識していないのかもしれない。あるいは認識していて、私たちが本来してしまう以上に、目にさわらないようにしているのかもしれない![17]

適応的無意識は否定的な情報により敏感だろうか

おおかた推測ではあるが、脳は非意識的処理と意識的処理を分業していて、意識的自己に比べて、無意識は否定的《ネガティブ》な情報により敏感に働く。

前述したように、動物も人間も環境をきわめて迅速に判断する前意識的な危険検出器をもっていることをジョセフ・ルドゥーは示した。感覚視床は入力情報が意識的な自覚に達する前にそれを評価する。情報が脅威的だと判断すると、恐怖反応を引き起こす。進化的にも、脳が危険な（すなわち否定的な）刺激に対してできるだけ速く恐怖反応を始動させることは適応的であろう。

アントワン・ベシャラたちの実験を思い出してほしい。参加者は意識的にカードのどの束が最善かを自覚する前に、どれがより儲けが大きいかを知らせる直感を発達させた。AとBの束は大きな利得をあげるが損失も大きく、ゲームを続ければ総体として損をする。一方CとDの束は利益も小さいが損失も小さく、ゲームを続けると利益が得られる。実験の参加者はすぐに、AとBの束を回避するように警告する直感的反応（皮膚伝導反応として示された）を発達させた。

しかし、適応的無意識はどうやってこれがわかったのだろうか。一つの可能性として、束ごとに心的に集計して、AとBの束の収支が純損失になることを見抜いたのかもしれない。しかし、大きな損失を避けるという、より単純な方略も可能である。もしも非意識的システムが特に否定的な情報に敏感であれば、A束にしばしば生じる大きな損失に注目するはずである。この考え方の興味深い点は、非意識的システムは常に正しい選択をするわけではないということだ。たとえば、もしもしばしば大きな損失を生むにもかかわらず、AとBの束がより高い収支を得られたなら、適応的無意識は最大の利得を生む束を敬遠してしまうことになる。[18]

肯定的な情報と否定的な情報が異なる脳部位で処理されることを示す証拠が蓄積されつつある。もっとも、それが意識的処理、無意識的処理とどの程度対応しているのか、その点はまだ明らかではない。だが少なくとも、適応的無意識が環境内の否定的な事象の見張りとして進化したという可能性はある。[19]

適応的無意識は賢いのか愚かなのか

ともかく、どちらの心の方が賢いのだろうか。何人かの研究者がこの問いを考えてきたが、社会心理学者アントニー・グリーンワルドもその一人だ。グリーンワルドは、無意識的認知は制限された方法でしか情報を分析できない原始的システムだと結論づけた。また近年の研究によって、フロイトの言う無意識とは異なる種類の、あまり賢くない無意識の存在が明らかになったと主張している。

グリーンワルドは意識的に知覚できないほどの速さで単語を呈示する研究に焦点を絞っている。いくつかの研究では、そのようにサブリミナルで呈示された単語が参加者の反応にある程度影響しうることが示されている。たとえば、ドレインとグリーンワルドはコンピュータ画面上に単語（たとえば「悪」、「平和」）を呈示し、その意味の良し悪しを素早く判断するように求めた。参加者には知らさずに、これらの単語に先行して、やはり良いもしくは悪い意味をもつ「プライム」単語が、非常に短い時間呈示されていた。プライム単語は素早く瞬間呈示されたから、参加者はそれを意識的に見ることはできなかった。それにもかかわらず、それは次に呈示されたターゲット単語への反応に影響していた。プライム単語の方向がターゲット単語と逆だった場合、たとえば、「平和」に先行して「殺人」がサブリミナル呈示されていた場合、「平和」を悪だと判断するような誤りをおかす傾向があった。プライム単語がターゲット単語と同じ方向であった場合、たとえば、「平和」に先行して「夕焼け」がサブリミナル呈示されていた場合、「平和」を良いと判断するのに誤りをおかすことはほとんどなかった。ほとんどの心理学者は、この結果を参加者が非意識的にサブリミナル単語を見てその意味を処理した証拠であり、それが次に呈示された単語の判断を阻害、あるいは促進したと考えている。[20]

しかし、グリーンワルドは非意識的な心がサブリミナル呈示された単語を認識して処理する能力は限られていると指摘する。たとえば、二つの単語それぞれの意味と、その組み合わせが示す意味とが異なる場合、それを知覚できるという証拠はない。「敵の負け（Enemy loses）」というフレーズを考えてほしい。全体として読めば肯定的な意味だが、個々の単語としては否定的な意味をもつ。このような二単語の連続がサブリミナル呈示された場合、単一体としての意味ではなく、単語ごとの意味（上記の例では否定的）が取り出される。つまり、無意識の心の認知能力は限定されているのではないか。

しかしこの結論は、これまで見てきたことの多くと矛盾している。たとえば、非意識的な心が環境内の共変関係の検出において意識的な心よりも優れていることを示す研究と一致しない。たぶん、私たちの心が数百分の一秒しか見ていない情報に対して制限された判断しかおこなえないとしても当然なのだ。むしろ驚くべきことは、それほど速く呈示された単語から何らかの意味を検出できることの方だ。実際、しばしば見過ごされるのは、無意識の心は意識的な心よりもこういう課題に優れた能力を発揮することである。サブリミナル呈示された単語に対して初歩的な判断しかできなかったとしても、何かを見たということにすら気づかない意識的な心よりは優れた仕事をしている。このような課題においては、無意識の心は意識的な解釈器よりもずっと賢いといえるだろう。

入力情報を分析して処理する時間がもっとある場合はどうだろうか。これまで見てきたように、その場合でも非意識的な心は共変関係の検出などのいくつかの課題においては、意識的自己を凌いでいる。たとえばある研究で、呈示される刺激が七試行も前に呈示された刺激に対応しているというような複雑な規則を学習できることが示された。しかし、それほど前に呈示されたものを意識的に想起することはできなかった[21]。

確かに、柔軟性のある意識的な心とは対照的に、適応的無意識は固執的で融通がきかない場合があり、たとえ反証されても既有の概念やステレオタイプに執着する。それぞれのシステムがいかに賢いか愚かかという問いに対する一義的な答えはない。何を求めるかに依存する。適応的無意識はいくつかの点で意識的な心よりも賢いが（たとえば共変関係の検出）、他の点では愚かだ。少なくともこれらは異なるシステムなのであり、その違いに「賢い」とか「愚か」とか言うのは、時と次第によるだろう。もっと有用なアプローチは、違いを明確にして二つのシステムの機能を理解することである。適応的無意識は環境を迅速に読み取り、特に生体にとって危険となりうるパターンを検出するためにデザインされた、より古いシステムである。容易にパターンを学習するが、その消去は苦手だ。それはかなり固執的で、柔軟性を欠いた推論産出器なのである。早い時期に発達し、成人期に入っても行動を導き続ける。

意識的自己は、最高責任者の役割を担っているというよりは、むしろゆっくりと発達し、パターン検出などいくつかの側面においては適応的無意識に追いつくことはない。しかし、非意識的学習の速度と効率性を抑制し均衡をとることによって、将来についてより深く考え、計画することを可能にする。

非意識的思考と意識的思考の二段構造を、最適に働く優れたデザインとみなしたくもなる。しかし、そうとるのは誤りだろう。第一に、そもそもグランド・デザインが存在したわけではない。現実の工学においては古いデザインを完全に捨て去って新しくゼロから始めることも可能だ。たとえばライト兄弟は、飛行機械を作るにあたって馬車に翼を付けたりはしなかった。最終目標（飛ぶこと）を心に描いて、飛行機のすべての部品を最初から組み立てることができた。対照的に、自然淘汰は生体の現状に作用して、新しいシステムは古いシステムから進化する。誰かが前もって腰を据えて、人間の心のグランド・デザインを設計したわけではないのだ。進化はそれまで獲得してきたものに対して作用する。

人間の心は驚くべき達成であり、おそらく地球の歴史上最大の驚異だろう。しかし、だからといって、これが最適に、また完璧にデザインされたシステムだというわけではない。やっかいなことに、私たちの意識的な自己知識はきわめて限られたものなのである。

第4章　自分を知る

われわれの最も大きい錯覚は、われわれ自身がさうだと信じてゐる通りだと信じてゐることである。

――H・F・アミエル『アミエルの日記』（一八八九）

私たちは生きるためにみずから物語を作り……私たちは、とくに私たちが作家であればなおさらだが、まったく共通点のないばらばらなイメージを、むりやり一つの物語でつなぎ合わせることでしか、生きていないのである。つまり私たちの現実はめまぐるしく変化する走馬燈のようなものなのだが、これらを凍結してしまう「思想」を案出して、その「思想」によってかろうじて生きているのだ。

――ジョーン・ディディオン『ホワイト・アルバム』（一九七九）

戯曲『ピグマリオン』で、ヘンリー・ヒギンズは、粗野な花売り娘イライザを洗練された美しい淑女へと変えることに成功するが、一方で、彼自身のかんばしくない性格をどうすることもできない。ヒギンズは、自分は上品で、公正で、高邁な目的をもつ教養ある英国紳士だと思い込んでおり、粗野で、女性嫌いで、支配的で、小難しい人間とは思っていない。彼が口悪くののしったり、ナプキンがわりに部屋着で口を拭いたり、ポリッジ[訳注1]の鍋を真新しいテーブルクロスの上にじかに置いたりするのを家政婦のピアス夫人がとがめると、ヒギンズは本当に困惑するのだった。彼は、友人のピッカリング大佐にこう言うのだった。「どうだい、ピッカリング、あの女はぼくのことを、とんでもなく誤解しているんだ。ごらんのとおり、ぼくは、内気ではにかみやだ。自分が、人なみの大人で偉いなんて、思ったこともない。それなのに、あの女は、ぼくのことを、とんでもない、手のつけられない暴君かなんぞのように思い込んでいる。まったく、変な話さ。[1]」

ヒギンズはどうしてそんなに自分の性格にうといのだろうか。フロイト派のいう抑圧が張本人かもしれない。鏡を見てありのままの自分を知るかわりに、洗練された英国紳士と思い込むことで、相当な精神的苦痛を避けているのかもしれない。

しかし、もっと簡単明瞭な説明がある。人々の習慣的な傾性、特性、気質の多くは、適応的無意識によるものであって、直接アクセスできないのだ。結果的に、人は、両親、文化、そして自分がこうありたいと思う考えなどの他の源泉から、自分の性格に関する理論を作り上げざるをえない。それは、抑圧や不安を避けたいという欲求よりも、非意識的な性格に直接アクセスしないで、自分自身に関する首尾一貫した物語を作らなければならない、という単純な必要性によるところが大きい。ヘンリー・ヒギンズのように、人は、しばしば、自分自身の非意識的な特性や能力とあまり一致しない物語を作り上げる。

これは驚きである。というのも、自分自身について知りたいと思う、主なことの一つが自分の性格の核心は何かということなのだから。「私は本当に正直な人間だろうか?」「優れた教師となるのに必要な資質を備えているだろうか？」「良い親となれるだろうか？」これは、人が「私は誰？」と尋ねるときに明らかにしたい自己である。また、古代ギリシアにおけるデルポイの神託が、人々に知るように求めた自己であるし、シェイクスピアによれば、私たちがすべて忠実であるべき自己である。

しかし、適応的無意識と意識的な自己のそれぞれが社会的世界へ系統だった反応パターンをもっていることを考えると、単一の「自己」について議論してもあまり意味がない。この区別は、パーソナリティに関する心理学理論が大きく見落としてきたところである。

パーソナリティ心理学の現状

ゴードン・オルポートは、パーソナリティを、その人の「特徴的な行動と思考」を決定する心理過程、と定義した。これは、オルポートが提案した当時と変わらず、今でも通用する定義である[2]。人のパーソナリティの本質に関することほど、根本的で、多くの注目を集めてきた問題はないだろうし、また、これほど激しい議論を呼んだ問題もないだろう。パーソナリティ心理学の領域は、対立する考え方の断片が集まってできあがっている。これらの考え方は、人の行動を決定する単一の核となる自己が存在するのか、もしそうなら、どのようなもので、どのように測定できるのか、といった基本的な問いについてすら合意に達していない。

人のパーソナリティに対する主要なアプローチについて簡単にみてみよう。古典的な精神分析理論では、パーソナリティの決定的な特徴は、人が性衝動や攻撃衝動など、抑圧すべき動因をどのように処理するのかにあると考えている。これによると、イド、自我、超自我の三者間の争い、和解、調停が、私たちが何であるかを定義する。この理論は、パーソナリティに対する主要な考え方の中で、人がどのようなものかを形づくる際の無意識の力を重視した唯一のアプローチである。精神分析理論のような意識主義《メンタリズム》の対極にあるのが行動主義で、行動を予測したいときになぜその人の内面を見なければならないのかと疑問視する。数は少なくなったとはいえ、内的な心理的構成概念よりもむしろ、行動を決定する外的随伴性にのみ注目する行動主義者もまだ存在する。

上記二つの流れの中間に位置するのが、現象学的アプローチである。これは、その人の行動理由を理解するためには、その人の目を通して世界を見なければならず、その人独自の自己に関する構成概念と、その人自身が社会的世界に見いだす意味とを検討しなければならないと主張する。多くの社会心理学者がこの考え方に則っていて、自分が何であるかの信念からなる自己概念を研究している。多くの場合、このアプローチの研究者は、人がこの構成概念を自覚していることを前提としているが、基本的には意識に関する問題を避けてきた。

近年、パーソナリティ研究の主流では、特性論的アプローチをとっていて、すべての人に共通する少数の基本的パーソナリティ特性を抽出しようとする。このアプローチは、特性がどこから生まれるのかに関する理論にはほとんど関心を払わず、自分や他者のパーソナリティを評定するパーソナリティテストの結果を定量的に分析することに重きをおいている。洗練された分析によって、外向性、情緒安定性、調和性、誠実性、経験への開放性の五つの基本的特性が抽出されている。これらの特性は、誰もがある程度はもっているパーソナリティの基礎素材のようなものと考えられている。これらの特性におけるその人に特有の型が、その人の核となる「真の」自己を定義する。この特性論的アプローチは、行動遺伝学者にも採用されている。行動遺伝学者は、（多くの場合、異なる家庭で育った一卵性双生児のパーソナリティを比較することで）人のパーソナリティ特性がどのくらい遺伝で決まるかを研究している。一般的には、遺伝的要因はパーソナリティ特性の二十～五十パーセントの分散を説明することがわかっている。[3]

これらすべての考え方と対照的に、ポストモダン主義者たちは、単一の首尾一貫したパーソナリティや自己は存在しないと考えている。この主張によれば、今日の複雑な世界では、人は多くの矛盾する影響にさらされており、単一で一義的な「私（me）」の感覚をもつことが困難になっている。自己は流動的で、文化や役割や文脈の変化によって変動するかもしれず、人に備わる中核的特性を測定したり、定義したり試みることにはあまり意味がない。[4]

ミシェルと王様の服

これらの主要な考え方には共通するところがほとんどなく、パーソナリティの特徴に関して根本的に異なる仮定をおいている。さらには、一九六八年に刊行されたパーソナリティ研究のレビューでウォルター・ミシェルは、どのアプローチも、パーソナリティ研究の基準を十分に満たすものではないことを見いだした。すなわち、実際に人がすることを多少なりとも確実性をもって予測するものがパーソナリティであるとする、オルポートの規準である。外向的な人は内向的な人よりも友人をつくりやすいはずだし、誠実な人はそうでない人よりも締切を守るはずである。しかし、ミシェルは、一般的にパーソナリティ特性と行動との相関関係は中程度でしかないことを見いだしたのである。この報告はこの領域を震撼させた。なぜなら、パーソナリティ心理学者が測定している特性は、行動を予測するのに星占いよりもわずかに優れているだけだと、はっきり告げたからである。

ミシェルは、単に問題を指摘しただけではなかった。彼はその理由を調べた。まず、社会的状況がパーソナリティとは関係なく人々の行動を形づくる程度を、パーソナリティ研究者が過小評価していると彼は指摘した。たとえば、ある人が締切に間に合うかどうかを予測する場合、誠実さ測定で何点取るかを知ることよりも、状況を知ることの方が有用かもしれない。つまり、どれくらい時間に余裕があるか、どれくらいの仕事量が残っているか、締切に間に合わなかった場合どうなるか、などである。状況の影響は非常に強力で、場合によってはパーソナリティの個人差を帳消しにしてしまうことすらある。[5]

この主張は、個人差こそ行動を最も良く予測すると主張するパーソナリティ心理学者と、社会的状況の性質と人がそれをどう解釈するかを重視する社会心理学者との論争を引き起こした。この争いは時にばかげたものとなり、それぞれの陣営の研究者が、互いの相関係数と効果サイズを振りかざして、自分たちのものは相手よりも大きいと主張しあうこともあった。それにもかかわらず、この争いは、いくつか重要な教訓を明らかにした点で有意義だった。伝統的に考えられていたように、パーソナリティ変数だけが人の行動を予測するわけではなかったのだ。[6]

特性論の研究を批判し、社会的状況の重要性を指摘したことで、ミシェルは、しばしば、パーソナリティ理論の反対論者とみなされた。しかし、特性と行動との相関が低いことに対する、彼の第二の説明が見落とされている。実際のところ、パーソナリティは人の行動をうまく予測する。ただ概念化がうまくいかなかっただけなのだ。皮肉なことに、行動の分散の大部分を説明できるように、どのように個人差を概念化し測定したらよいかを示したのは、他ならぬミシェルと共同研究者であった。

ミシェルによると、パーソナリティは、人を区分するときに用いる安定的特性の集まりというよりも、むしろ、人がその状況をどのように解釈するかを決定する独特の認知的・感情的変数の集まりである。人には、さまざまな状況を解釈し評価するのに日頃使いやすい方法がある。行動に影響するのは、この解釈なのだ。バーバラの認知的・感情的パーソナリティシステムが、勉強で遅れをとったときに脅威を感じさせるのであり、彼女が攻撃的に振舞うのはそういうときだ。サムの認知的・感情的パーソナリティシステムは、重要な他者に無視されていると知覚したときに脅威を感じさせる。彼が攻撃的に振舞うのはそういうときだ。この見方によれば、単一の特性次元でバーバラやトムがどのくらい攻撃的かを区分しようとすることにはほとんど意味がない。そうではなく、それぞれの人が社会的状況をどのように解釈し理解し、その結果どのように振舞うのかを理解しなければならないのである。

人が自分の認知と感情のシステムの働きにどのくらい気づいているのかについて、すべてが明らかになっているわけではない。実際、精神分析を例外として、意識的処理と無意識的処理の役割について詳しく述べたパーソナリティ理論はないに等しい。パーソナリティ心理学に関する最先端の学術文献を集めた最近の著作は九六七ページもあり、「このテーマに関してこれまでで最も包括的な一冊」と出版社は宣伝している。しかし、その索引には意識についてわずか二ページしかあげられておらず、無意識も六ページしかあげられていない。精神分析についてはもう少し項目があるが、新しい概念である適応的無意識（もしくはその類義語）についてはーつもない。[7]

パーソナリティとその行動との関係に関する混乱の多くは、意識的システムと無意識的システムの区別をしていないことに原因がある。ミシェルの認知的・感情的パーソナリティシステムは適応的無意識の一部だと考えられるが、他のパーソナリティ理論は、自分自身に対する意識的解釈により焦点を合わせてきたのである。

二つのパーソナリティ——適応的無意識と意識的自己

私の議論の中心は、人のパーソナリティが適応的無意識と自己の意識的解釈の二ヵ所に存在する、ということにある。適応的無意識は、オルポートによるパーソナリティの定義を満たす。それは、社会的環境を区別し、特徴づけて解釈する方法と、行動を導く安定した動機を備えている。これらの特徴と動機は、間接的手段によって（つまり、質問への自己報告によらないで）測定しうる。これらは、幼児期に形成され、部分的には遺伝的に決定されており、簡単には変化しない。

しかし、意識的自己もまた、オルポートの定義を満たす。人は、無意識的な特性や動機に直接アクセスできないので、他の源泉から意識的自己を作り出さなければならない。このように構築された自己は、ライフストーリー、可能自己、顕在的動機、自己理論、感情や行動の理由に関する信念などからなる。ジョーン・ディディオンが言うとおり、「私たちは生きるために自ら物語を作る」のだ。

奇妙なことに、これら二つの自己は比較的無関連らしい。意識的に構築された自己がその人の無意識的自己とほとんど一致しないという証拠が増えている。この事実がもたらすことの一つは、二つのパーソナリティが性質の異なる行動を予測するということである。適応的無意識は統制されていない暗黙の反応により影響を与えるが、他方、構築された自己は熟慮の上の明示的な反応により影響するのである。たとえば、同僚と口げんかするかどうかについての素早く自発的な決定は、権力や親和に対する非意識的な欲求に操られているだろう。他方、同僚を夕食に招くかどうかについてのより熟慮した決定は、人の意識的で自己帰属的な動機にもとづいていることが多い。

人は、自分の非意識的な特性を直接観察できないので、自分自身の行動の良き観察者になって、間接的に推論を試みなければならない（たとえば、自分は同僚とどれくらい口論しているだろうか？）。この種の洞察はどれくらい重要だろうか。完璧である必要はない。なぜなら、肯定的《ポジティブ》幻想の中には役立つものもあるからだ。しかし、自分の適応的無意識の性質をおおむね正確に推論することも利益につながる。

適応的無意識のパーソナリティ

適応的無意識が、環境に対して安定した特徴的反応を備えていて、オルポートによるパーソナリティの定義を満たすというかなりの証拠がある。[8]ジョナサン・ミラーのことばを借りると、「人間は、認知的行動的能力の驚くほど大きな部分を、意識的な知識をもたず自発的な統制もできない『自動的自己』の存在に頼っている。[9]」

非意識的「もし～なら」判断

これまで見てきたように、ウォルター・ミシェルと共同研究者たちは、人はそれぞれ社会的世界にどう反応するかを決定する認知的・感情的変数の独特な集合を備えている、と主張した。彼らは、行動を導くこの「パーソナリティ媒介システム」の五つの構成要素について述べている。それらは、符号化（自分自身、他者、状況の解釈）、自分自身と社会的世界に対する期待、感情と情動、目標と価値、コンピテンスと自己制御プランの五つである。彼らの主張を端的に言えば、人々は特定の状況にどのように反応するかについて決定する自分なりの「もし～なら（if-then）」規則をもっているのである。たとえば、「もし無視されたと感じたなら、怒って、攻撃的になる」などである。

状況の習慣的な符号化などの、ミシェルの認知・感情システムの五要素それぞれは、適応的無意識の特徴そのものである。たとえば、これらの符号化がどのように測定できるかを考えてみよう。方法の一つは、単純に解釈を報告するよう求めることである。誰かに無視されていると知覚したときの独特な反応を測定するには、次のような問いかけをする質問紙を作ることができる。

あなたは、ここ数週間上司があなたに注意を向けていないことに気づいたとします。次の選択肢のうちどれが、あなたが考える理由を最もあらわしていますか？

(a)　上司は、私の能力をとても信用している。
(b)　上司は、私の能力を信用しなくなった。
(c)　上司は非常に忙しかった。そのことは私とは関係がない。

このような質問への回答から、回答者の意識的な信念システムに関して興味深いことがわかる。しかし、無視されたと感じた状況を適応的無意識がどのように解釈しているのかは、この回答からはほとんどわからない。どのように情報を選択、解釈、評価するかを直接知ることができないことが、適応的無意識の基本的性質であることを思い出してほしい。そのため、非意識的な反応を報告するように求めることにはほとんど意味がない。人は自分がどのように反応するのかわからないのだから。

そのかわりに、人々の行動を詳細に観察して、その人たちの適応的無意識の「もし～なら」パターンを推理してみることはできる。この方法は簡単ではないが、意識的な説明システムを回避して、非意識的な符号化に直接たどりつけるかもしれない。これこそが、ミシェルと共同研究者たちが採用した方法である。ある研究で彼らは、長時間にわたって研修キャンプにおける子どもたちを組織的に観察し、子どもたちがさまざまな状況でどう行動するかを注意深く記録した。彼らは、子どもたちの解釈における「もし～なら」パターンを推論可能にする「特徴的行動指紋（distinctive behavioral signatures）」を発見した。たとえば、彼らは、子どもたちが五つの状況でどれぐらい言語的に攻撃するか観察した。同世代の子どもが近づいてきた場合、同世代の子どもにいじめられた場合、大人にほめられた場合、大人に注意された場合、大人にしかられた場合である。ある子どもたちは、大人に注意されたときに攻撃的になったが、他の状況ではそうでもなかった。また、ある子どもたちは、同世代の子どもが近づいてきたときに非常に攻撃的になったが、他の状況ではそうでもなかった。このような子どもたちの「行動指紋」はどれも、時間を越えて安定していた。これらは、いろいろな状況に対する特徴的な解釈方法を反映していたようである。[10]

この結果は非常に単純明快で、あたり前とすら見えるが、多くのパーソナリティ心理学者が個人差を研究するときに用いる方法とは非常に異なっている。特性論者なら、子どもたちに標準化された質問項目を与え、攻撃性の特性で区分するだろう。そこで前提とされているのは、状況の性質とは関係なく行動予測を可能にする、ある一定レベルの攻撃性をそれぞれの子どもがもっているということである。しかし明らかに、特性論の考え方はここでは意味をなさない。なぜなら、次の事実を考慮していないからである。（1）子どもたちの攻撃性は状況解釈のしかたによること（たとえば、その状況をどれくらい脅威と感じるか）、（2）すべての子どもが状況を同じように解釈するわけではないこと、（3）彼らの解釈は時を越えて安定していること、（4）その解釈は適応的無意識によってなされること、の四点である。この四点のそれぞれを考慮することで、子どもの行動をうまく予測できるようになる。それは、質問紙を渡して単一の特性次元上の値を割り当てる場合よりも優れている。

走査パターン――習慣的アクセス可能性

適応的無意識が情報判断に用いるルールに、アクセス可能性、くだいて言えば、あるカテゴリーや解釈にどのくらい「エネルギーを与えられて」いるかがある。シャルロッテとサイモンの二人について考えてみよう。シャルロッテにとって「知性」のカテゴリーは「親しみやすさ」のカテゴリーよりもアクセス可能性が高いのだが、他方、サイモンにとっては逆である。これは、次のことを意味する。サイモンとシャルロッテが新しい同僚マーシャに会ったときに、サイモンは、彼女がどのくらい親しみやすいかに注目して、それを記憶しやすくなり、シャルロッテは、彼女が知性的であるかに注目して、それを記憶しやすくなるのである。ジョージ・ケリーは、このようなアクセスしやすいカテゴリーを、私たちの社会環境の解釈を方向づける「走査パターン」としている[11]。

このような走査パターンが、社会環境からの情報を素早く十分に抽出できるようにしていることを、数多くの実験結果が示している。ある研究では、他者に関する二十四の文章を二秒に一文という非常に速いスピードで、実験参加者に呈示した。実験に参加したと想像してみよう。他者に関するある文、たとえば「ばかなことをしたと白状した」を読んだらすぐに、「友人の財布からお金を盗んだ」といった文章が表示されるのだ。あなたは、情報過多を経験し、すべての情報を把握し、この人物がどんな人物か理解するのは困難だと感じるだろう。

もし情報の組織化を助ける非意識的な走査パターンがなければ、そのとおりだろう。最初の方でおこなったテストで、ある実験参加者では「正直さ」が習慣的にアクセス可能なカテゴリーであることがわかっていた。すなわち、正直さは、他者を判断するときに真っ先に考慮される特性の一つだったのだ。他方、残りの実験参加者にとっては、正直さは習慣的にアクセス可能ではなかった。他者を判断するときに普段用いられる特性ではなかったのだ。正直さが習慣的にアクセス可能な実験参加者は、文を読んだ後、先ほどの人物の印象形成を容易におこなった。なぜなら、多くの文は正直さに関することで、この人たちは、文を処理する準備が十分にできていたからだ。対照的に、正直さが習慣的にアクセス可能でない実験参加者は情報過多を経験して、印象形成が困難になった。さらには、文章をよく思い出せなかった。これは、アクセス可能なカテゴリーにもとづいて、他者に関する特定の情報にアンテナを張っているようなものだ。そして、素早く起こり、意識的に自覚されない[12]。

しかし、そもそもどうして、（正直さのような）カテゴリーが一部の人には習慣的にアクセス可能となったのだろうか。ジョージ・ケリーは、人は環境から意味を見いだし予測するために概念を発達させると指摘している。背景条件や学習経験の結果、世界を解釈する規則的かつ個性的な方法が発達する。ある人にとっては正直さの概念が役に立ち、別の人には親しみやすさの概念の方が役に立つかもしれない。概念の中でもある形式のもの、つまり重要な他者について蓄積された表象は、特に習慣的にアクセス可能となりやすく、新しい人と出会ったときに用いられやすい。

転移――新しいものの中に古いものを見る

ジャネット・マルコムの著作『精神分析――不可能な専門職』で、ある分析家がもう一人の分析家に次のように問いかける。「こういった人間関係を君はどう言うのだろう……その関係にある人たちは、お互いを、客観的に何であるかではなく、幼少期の欲求と葛藤で見るんだ。」問いかけられた分析家はこう答える。「それが人生だと思うがね。[13]」

フロイトによる転移の発見、すなわち幼少期における親への感情を新しい関係に重ね合わせることの発見は、彼の「最も独創的で過激な発見」だと言われてきた。[14] フロイトは、エディプス葛藤のような無意識的な性衝動と攻撃衝動が分析家との関係においてあらわれる、そのあり方にとりわけ注目した。ハリー・スタック・サリヴァンと、メラニー・クラインは、転移をより広くとらえ、過去の関係が新しく出会う人物の知覚にどのように影響するかを論じた。

社会心理学者でありパーソナリティ心理学者でもあるスーザン・アンダーセンは、転移は、精神分析の用語ではなく、非意識的な社会的情報処理システム、特に適応的無意識の一部として理解されるべきだと主張した。なぜ無意識が存在するのかに関する本書の第1章の議論とよく似ているのだが、アンダーセンは、転移が無意識的な動機づけから生じると考えなくて良いと主張した。これまで、無意識的な動機づけによって、人々は不安を引き起こす思考や感情を覆い隠そうとするのだと考えられていた（たとえば、「彼は父親に似ているから、私は彼のことを好きなんだわ」）。しかしそうではなく、転移は日常生活における通常機能の一部なのであって、近年の社会的認知研究によって最も良く理解される。彼女は、他者に関する私たちの心的表象は、他の習慣的にアクセス可能なカテゴリーと同じように記憶に保持されると考えた。重要な他者との関係についての表象は、自己との関連性が高く、頻繁に思い出されるので、習慣的にアクセス可能となり、しばしば、新しく出会った人の解釈と評価に用いられる。要するに、「正直さ」や「親切さ」の概念が活性化し新しい人物に適用されるのと同じように、「私の母親」とか「ヘンリーおじさん」といった特定の人物に関する構成概念も用いられるのだ。

　ある代表的な研究で、アンダーセンは、まず重要な他者の名前を尋ね、その人物がどんな人か答えてもらった。その後、名目上違う研究で、実験参加者は、これまで会ったことのないさまざまな人物の記述を渡された。アンダーセンは、これらの新しい人物のうちの一人が実験参加者の重要な他者の特徴をもっているようにしておいた。たとえば、もしあなたがこの実験に参加したなら、何人かの人物の情報を与えられ、その中の一人は、あなたの人生で重要な人（たとえば、あなたの母親）の特徴を備えている。

アンダーセンと共同研究者たちは、人が、自分の重要な他者に似た新しい人物に対しては、そうでない人とは非常に異なる反応をすることを見いだした。実験参加者たちは、この人物のことをより覚えていて、重要な他者と同じようにその人物を評価する傾向にあった。たとえば、もしあなたが母親に愛情を感じていれば、母親に似た新しい人物に対して肯定的な反応をするだろう。もしあなたが母親に否定的な感情を抱いていれば、その新しい人物のことを嫌うだろう。

どの程度この過程に人は気づいているだろうか。アンダーセンは、この過程が素早く、非意識的に生じることを見いだした。つまり、「うーん、スーは母親にすごく似ているな。だから、彼女は温かくて、世話好きなのだろう。」と考えるのではなく、適応的無意識が、新しい情報を非常に素早く選択し、解釈し、評価するのである。そして、アクセス可能なカテゴリーにもとづいてそれらはおこなわれるのだ。この場合では、人生における重要な人物に関するアクセス可能な表象である。この解釈を支持するように、ターゲット人物が重要な他者と似ていることを示す情報がサブリミナルで呈示された研究でも、転移過程が生じた。たとえターゲット人物が重要な他者と似た特徴を備えるかどうかに無自覚であったとしても、実験参加者は、重要な他者に関する感情を、ターゲット人物に「転移」した。[15]この転移過程は自覚されずに生じ、新しい人に会ったときどう反応するかの個人差の重要な源泉となる。

精神分析を擁護する人にとって、アンダーセンの研究は、転移とその対象との関係性についてすでに知られていることとまったく同じに見えるかもしれない。確かに、ある意味でそのとおりである。しかし、実験的手法をより重んじる適応的無意識の研究者にとって、アンダーセンの研究は次の二点において新しい。第一に、彼女は、統制された実験で組織的に転移を研究する新しい方法を開発した。第二に、彼女は、転移が最近の社会的認知理論（たとえば、重要な他者の概念を含むさまざまな概念がどれくらい習慣的にアクセス可能であるかということが、人の判断や行動に影響するという考え）で簡単に説明でき、抑圧や抵抗や不安の管理といった理論的構成概念を付け加える必要がないことを示した。これらは、適応的無意識の通常機能の一部なのであって、力動的な無意識による情動の争乱状態の結果では必ずしもないのである。

愛着の内的作業モデル

過去の関係が非意識的に影響することへのさらなる証拠が、愛着関係に関する研究からも得られる。この研究は、最初に子どもが親に対して形成する愛着の内的作業モデルに着目した。このモデルは、実験室の中で幼児が親や見知らぬ人とどのように関わるかを観察することで測定される（この手続きはストレンジ・シチュエーション法として知られている）。親は何度か部屋を去り、また戻ってくるように求められる。そして、この分離と再会に対する子どもの反応を観察する。これらの反応にもとづいて、子どもは、「安定」「回避」「アンビヴァレント」のいずれかの愛着の作業モデルをもつとされる。「安定」の愛着モデルをもつ子どもは、親が去ったときには悲しみ、帰ってきたときには慰めを得ようとする。この子たちには、彼らの欲求に敏感に反応する親がいる。「回避」の愛着モデルをもつ子どもには、多くの場合、子どもたちが親密にしようとするのを拒絶する親がいる。この子どもたちは、実験状況で親が去ってもほとんど悲しんだりせず、親が戻ってきても慰めを得ようとはしない。「アンビヴァレント」な愛着モデルをもつ子どもには、無反応と過剰な愛情とを繰り返す親がいる。この子どもたちは、他の人が親密さの欲求に答えてくれないことを恐れ、実験状況で親が近くにいるかどうかを常に気にしている。四番目の愛着スタイルが最近見いだされ、「無秩序型」と名づけられた。このスタイルの子どもは、親と離れたときには泣くけれども帰ってきたときは親を無視するといった、矛盾した反応を示す。この愛着スタイルを備えた子どもには、抑うつ的ないしは投げやりな親がいることが多いと示唆する研究者もいる。

これらの愛着スタイルは、内在化され、親と子の関係を越えて他者への反応形式を導くと考えられている。たとえばある研究では、生後二年目のときに子どもの愛着スタイルを測定し、その後、十歳、十一歳のときのサマーキャンプにおける行動を観察した。愛着スタイルが「回避」や「アンビヴァレント」である子どもと比べて、「安定」の愛着スタイルをもつ子どもは、サマーキャンプで同世代の子どもと、より多くの時間を過ごし、友情をはぐくみ、他の子どもたちを肯定的に評価する傾向にあった[16]。

近年、研究者は成人における愛着の内的作業モデルに注目している。彼らは、過去の重要な関係（すなわち、親との関係）をどのように見ているかが、現在の関係、特に恋愛関係における行動の知覚に影響すると考えている。成人の愛着モデルを測定する方法の一つは、恋愛関係についての感情を報告してもらうもので、自分の感じていることには簡単にアクセスできて報告できると考えている。たとえば、成人における三つの愛着に関する記述を与えて、最も自分に当てはまるものを選択してもらう。もし次の文章を選択したならば、あなたの成人としての恋愛関係は「アンビヴァレント」に分類される。「他の人は私が思うほどには親密になりたがらないようだ。私のパートナーは、本当は私のことを愛していないのではないか、一緒にいたいと思っていないのではないかと心配になる。私は他の人と完全に同化してしまいたいと思うが、この欲求は時折、相手を遠ざけてしまう。[17]」。

成人の愛着を測定する第二の方法は、成人愛着面接（Adult Attachment Interview : AAI）で、親との関係について尋ねる非常に長いインタビューが含まれている。面接者は、被面接者が何を言うかだけでなく、話し方や非言語的反応にも注意を配る。この手法を用いる研究者は、人が自分の愛着の内的作業モデルを十分に自覚していないと仮定している。それゆえ、モデルが何であるかは面接時の行動から推測する必要がある。この成人愛着面接は、成人の愛着モデルの妥当な測定で、興味深い予測をする。たとえば、青年期における問題行動（たとえば、非行、薬物濫用、退学、未成年の妊娠）や、自分の子どもとの絆などである。

ここまでの話は非常に明快だ。成人の愛着モデルを測定する方法は二つあり（自己報告質問紙と成人愛着面接）、いずれも興味深い社会行動を予測するという意味で、十分意義がある。しかし、問題もある。二つの指標はそれほど相関しないのである。もし一方の測定で「安定」の愛着スタイルであることがわかっても、他方の測定では、わずかに偶然を上回る程度にしか「安定」と判定されない[18]。

なぜ相関しないかに関する説明の一つは、これらの手法が、単に愛着の異なる側面を測定しているからというものだ。たとえば、成人愛着面接は親との関係の記憶に焦点を当てているが、自己報告測定は現在の恋愛関係に関する彼らの概念に注目していると説明できる。しかし、この領域の研究者の多くが、親との関係の記憶と恋愛関係への観点は同じ愛着の内的作業モデルから影響を受けていて、それゆえに互いに関連しているはずだと考えている。

おそらく、成人愛着面接は、適応的無意識の行動指紋となる、習慣的状態の愛着を測定しているのだろう。他方、自己報告質問紙は、愛着関係に関する意識的な信念を測定しているのだろう。しかし、そんなことがありえるのだろうか。愛着関係に関する内的作業モデルと同じように、基本的なことで一致しない、関連のないシステムを私たちはもっているのだろうか。おそらくもっているのである。愛着の分野だけでなく、パーソナリティに関する他の基礎領域においても、また同じなのである。

二重の動機と目標

人生において最も大切な目標のリストを作るとしたら、親密な関係への欲求、人生における成功への欲求（たとえば、職業）、権力への欲求の三つが多くの人の候補だろう。パーソナリティ心理学では、長い間、これらの三つの動機を研究してきた。実際、H・A・マレーやデビッド・マックレランドのような心理学者は、親和と達成と権力への欲求の強さがパーソナリティの主要な構成要素であると主張してきた。

これらの動機が適応的無意識のパーソナリティの重要部分であるという証拠が集まりつつある。マレーとマックレランドは、これらの基本的動機が必ずしも意識的ではないとし、それゆえ、間接的に測定されなければならないと考えた。彼らは、主題統覚検査（ＴＡＴ）を使うことを提唱した。ＴＡＴでは、標準的な絵を何枚か見て物語を作成してもらう。そして、これらの物語を、親和や権力や達成の欲求をどれくらい反映しているのか、符号化するのである。

他の研究者は、動機を明示的に自己報告してもらう質問紙を開発した。これには、人は自分の動機を自覚しており、自由に報告しうるのだという仮定がある。そこで、どの動機測定法が最も妥当なのかという論争が生じた。ＴＡＴか、自己報告質問紙か。答えは、いずれも妥当な測定だが、異なる水準の動機を測定しているのだと私は思う。一方は適応的無意識における動機であり、もう一方は人々の意識的な説明システムの一部における動機なのである。

デビッド・マックレランドと共同研究者たちは、影響力の大きいレビュー論文でこの主張を展開している。第一に、彼らは、自己報告質問紙とＴＡＴは互いに相関していないことを指摘した。もしサラが質問紙で自分には高い親和欲求があると報告したとしても、ＴＡＴで非意識的に表出する親和欲求の水準については、ほとんどわからないのだ。第二に、彼らは、いずれの手法も動機づけの妥当な測定法なのだが、異なるタイプの動機づけに関するものだと主張した。ＴＡＴは潜在的動機について査定するが、これに対し顕在的な自己報告測定は自己帰属的な動機を査定しているのだ。

潜在的動機とは、子どものときに獲得し、自動的で非意識的になった欲求のことである。自己帰属的な動機とは、自らの欲求に関する意識的な見方のことであり、しばしば、非意識的な欲求とは異なっている。たとえば、マックレランドはある研究で、ＴＡＴと自己報告質問紙の両方を用いて親和欲求を測定した。ＴＡＴで測定された場合の親和欲求は、参加者が数日の間にランダムな時間間隔で呼び出されたときに他の人と会話していたかどうかを予測したが、自己報告で測定された場合の親和欲求はそれを予測しなかった。自己報告で測定された親和欲求は、一人でおこなうのと他者と一緒におこなうのとのどちらを好むのかといった選択（たとえば、美術館に行く）のような、熟慮の上の行動反応をより予測した。マックレランドのモデルは、二つの独立したシステムが同時並行で稼働し、それぞれ違ったタイプの行動に影響するというものである。私たちのことばでは、適応的無意識と意識的な説明システムが、異なる形態の行動に影響するそれぞれの欲求と動機を備えているということになる。

この非意識的動機と意識的動機の区別は、私たちが見てきた非意識的な愛着スタイルと意識的な愛着スタイルの区別と大変良く似ている。これはまた、依存欲求（他者と関係し相互作用したいという欲求）のような、他の動機の特徴でもある。依存欲求に関するテストは数多く開発されており、明示的な自己報告質問紙もあれば、暗黙の投影的な手法もある。この二種類の手法には中程度の相関関係しかなく、それぞれ異なる行動を予測する傾向にある。さらには、女性は明示的、意識的に依存を測定したときには得点が高いが、男性は非意識的な測定で高い傾向にある。依存に関する間接的な測定は非意識的な動機に関するものだが、自己報告質問紙は意識的で自分がそうであると認識した動機を測定しているようだ[19]。

他人が見るように自分を見るのだろうか

もしパーソナリティに非意識と意識の二つの側面があって、それぞれが独自の行動を生み出すのだとすると、他の人々が私たちのことをどのようにして知るのかを考えるのは興味深いことだ。私たちの潜在的動機と特性（たとえば、潜在的な親和欲求）を反映する、自動的で統制できない行為から印象を形成することもあるだろうし、顕在的動機を反映するよく考えた上での統制のきいた行為から印象を形成することもあるだろう。人は、多少とも他者の適応的無意識から生じる行動に注意を向けているようだ（たとえば、「ジムは自分のことをシャイだと言うけれど、しょっちゅうパーティに燃えてるよね」）。もしそうなら、他の人たちは、私たち自身が知っているよりも私たちのことを知っているかもしれない。リチャード・ルッソの小説『まともな男』の登場人物が言うように、「本当のところ、自分自身についてはよくわからないんだよ……何かをしてしまって初めて、何をしようとしていたかがわかるんだ……だからこそ、僕たちは、結婚をし、子どもをつくり、両親や同僚、友人とつきあうんだよ。誰かが自分よりも自分のことを知ってなきゃならないからね。」[20]

この驚くべき結論を支持する証拠がある。第一に、自分自身のパーソナリティに関する自己評定と他者からの評定との間の相関関係はそれほど高くない。これは特性によって異なる。たとえば、その人物が外向的であるかどうかについては合意が得られやすいが、他のパーソナリティ特性に関する一致レベルは中程度（０・40程度の相関）である。それゆえ、スージーが自分で人当たりがよく良心的だと思っている程度と、友人たちが彼女に対して思っている程度とは中程度にしか相関しない。

さらに、周囲の人たちは、その人物自身とよりも、周囲の人たち同士で、判断が一致しやすい。ジェーン、ボブ、サム、デニシャは、スージーの人当たりのよさや良心的かどうかについて、スージー自身とよりも彼ら同士の方がずっと合意しやすいのだ。

しかし、誰がより「正しい」のだろうか。スージー本人こそが、どのくらいスージーが人当たりがよいのかを最もよく知っているのだろうか。それとも、彼女の友人の方が、彼女自身よりもよく知っているのだろうか。この疑問に答えるため、ある人物が実際にすることをより予測できるのは誰かを調べた研究がある。その人物のパーソナリティに関する自己評定と他者からの評定とを比較したのだ。もし新しい人と会うときスージーがどれくらい神経質になるのか予測したいとき、外向的と人当たりのよさに関して、スージー自身の自己報告を用いるべきなのだろうか、それとも、彼女の友人の報告を用いるべきなのだろうか。他者報告（スージーの友人の評定）の方が自己報告（スージー自身の評定）よりも行動をうまく予測するという証拠がいくつかある。たとえば、大学生を対象にしたある研究では、新しい人と話をするときに自分自身が神経質になるか、積極的に話をするかに関する予測は、そのとき初めて会った相手がおこなった予測よりも正確ではなかった[21]。

他の研究でも、他者がどのように行動するかを予測するよりも、自分がどのように行動するかを予測する方が、成績が悪いことがわかっている。翌週におこなわれる大学チャリティのとき花を買うかどうかを尋ねたとき、八十三パーセントの人が、自分は購入するだろうと予測したが、実際購入したのはたった四十三パーセントであった。他の学生が花を買うと思うか尋ねたときはもう少し正確で、五十六パーセントの学生が購入するだろうと予測したのだが、これは実際に購入した四十三パーセントに近いものであった。また別の研究で、実験参加者は、自分の実験参加報酬の中から平均して二・四四ドル寄付するだろうと予測し、他の人は一・八三ドルしか寄付しないだろうと予測した。この場合も、他者に関する予測の方が正確であった。実際に寄付された金額は一・五三ドルだったのである。

自分の行動をそれほど正確に予測できない理由の一つは、自分は「汝より高徳」で、平均的な人よりも慈愛に満ち、道徳的に振舞うと信じているからである。もう一つの理由は、自分自身の行動を予測するときと他者の行動を予測するときとでは、用いる情報の種類が違っているからである。他者の行動を予測するときは、直面する状況的制約（「花を買おうと思っていても、なかなか花売りとはすれ違わない」）に関する直観も含めて、平均的な人がどう振舞うかについてのそれまでの経験の蓄積に頼る。自分自身の行為を予測するときは、自分のパーソナリティに関する「内部情報」（たとえば、「私は他者に救いの手を差し伸べる慈悲深い人間だ」）に頼る。これは二つの理由で問題である。内部情報のみに頼ると、自らも花売りとすれ違わないかもしれないといった状況の制約を見落としてしまうことにつながる。第二に、これまで見てきたように、私たちがもっている内部情報は、パーソナリティについての物語として完全ではなく、正確とは言えないのである[22]。

　しかし、自分や他者のパーソナリティについてより良い判断を下すのは誰かと考え、誰がより正確なのかを検討することには意味がないかもしれない。スージーのパーソナリティについて、スージーと彼女の友達は違う見方をしているが、どちらもある意味で「正しい」のかもしれない。彼女の友人は、彼女の適応的無意識により焦点を合わせていたのかもしれない。彼女の適応的無意識は、彼女の行動、特に、彼女が意識的に監視、統制していない行動、たとえばスージーが新しい人と会ったときにそわそわして、髪の毛をもてあそぶ程度にあらわれる。他方、スージーは、自分が新しい社会的な状況ではいつもあがってしまうという、自分への見方から評価しているかもしれない。

　スージーの友人は、スージーが初めてのデートのときにどれくらいあがっているように見えるかという、自発的で監視されない行動の予測をより正確におこなうだろう。しかし、スージーの自己観は、お見合いデートに応じるかどうかという、もっと統制された、熟慮にもとづく行為をより正確に予測するだろう。スージーは、構築された自己をもっていて、彼女の適応的無意識と対立することがあるかもしれないが、それでも、意識的に監視し統制している行動を予測することができるのである。

構築された自己

適応的無意識におけるパーソナリティと独立して存在する、意識的自己はどのような性質をもっているのだろうか。自己概念については、たとえば、自分自身に関する情報の組織化、曖昧な情報の解釈、行動の生起に自己概念がどう役立っているかに関する研究など、非常に多くの研究がある。また、自己のさまざまな機能やその感情的意味合い、自己概念が文化によってどのように異なるのかなどについても検討されている[23]。

しかし、自己について研究してきた理論家も、自己概念がどの程度意識的なのか、もしくは非意識的なのかに関して、多くを語ってこなかった。この問題に注目することは重要だと思う。なぜなら（すでに見てきたように、パーソナリティの潜在的測定と顕在的測定が別の種類の行動を予測するといった）、多くの混乱した知見を明確にできるかもしれないのだ。私たちは、自己概念に関して、適応的無意識に属する側面と、自己に関する意識的信念からなる側面とを区別する必要がある[24]。

ダン・マクアダムスは、意識的自己概念の重要な一部、すなわち、人々が自分自身に関して作り上げるライフストーリーを研究した。彼によれば、ライフストーリーとは、自分自身の過去、現在、未来についての連続した物語である。マクアダムスは、ライフストーリーの主な働きは、自分自身のさまざまな側面を、長期にわたって安定しながらも書き換え可能な首尾一貫したアイデンティティにまとめ上げることにあると主張する。彼の研究によると、この熟慮的なシステムの重要な役割とは、異なるさまざまな自己の側面を一貫したストーリーにつなぎ合わせることである。

ライフストーリーは、外的な現実と完全には対応していない（そして対応している必要もない）と、マクアダムスは主張する。それらは、客観的な歴史家による事実にもとづいた報告というよりもむしろ、自分の人生に関する解釈なのだ。しかし、ライフストーリーは、まったく作り事であってはならない。現実の人生と何の関連のないライフストーリーの持ち主は、しばしば精神病棟に入ることになる。マクアダムスによると、良いストーリーである基準の一つは、少なくとも何らかの現実にもとづいていることである。[25]

ライフストーリーはパーソナリティ研究にとって魅惑的なアプローチだが、どの程度行動の重要な決定因なのか、それとも行動に付随する後づけの説明なのか、疑問に感じている人もいる。パーソナリティ心理学者のロバート・マックレーは、この問題をうまく表現している。「私は、それをどう理解したらよいのかまだよくわからない。ライフストーリーは、ジェット気流が天候システムを導くように、われわれの人生を導き統合する主題なのだろうか。それとも単なる副産物、そのときどきにふさわしいかたちで人生の要点を伝える、多少は適切な合理化であって、副次的説明なのだろうか。[26]」

マックレーの疑問は、第3章で議論した意識の役割についての問題の核心に迫る。意識は、ビデオゲーム機にお金を入れずにレーシングカーのハンドルを回し、実際にはデモ画面を見ているだけで、意識的な意図や目標は何の影響も及ぼしていないのに、そのことに気づかない子どものようなもので、行為を統制しているように思っているが実際にはそうではない主体なのだろうか。

しかし、確かにこの立場はあまりにも極端だ。「ロナルド・レーガンとしての意識」のアナロジーと一致して、自分の特性や動機についての意識的な信念が（自分で思うほどではないにしても）因果的役割を担っていることは明らかだ。意識的自己システムは、すべてが随伴現象というわけではない。私たちが見てきたように、愛着や動機づけに関する明示的信念は、いくつかの重要な社会的行動に影響するのである。

たとえば、多くの理論家が、かくあるべきだと思う、もしくはこうなるかもしれないと思う、自分について意識的に作り上げる概念の重要性を指摘する。精神分析理論によれば、子どもは、親の道徳的立場に関する概念化にもとづき、超自我の一部として自我理想を発達させる。これらの自我理想は、道徳的ジレンマに直面したときの意思決定や情動経験に影響する。社会心理学者も、代替的な自己概念の重要性を論議してきた。人は、こうなりたい自己（たとえば、成功した弁護士）、かくあるべき自己（たとえば、親）、こうなりたくない自己（たとえば、ホームレス）をもっている。これらの「可能自己」は、自分自身に関する希望や恐れが意識的にあらわれたものであって、これらの構成概念が、少なくともある程度は私たちの行動を形づくるのである[27]。

少なくともこう言えるであろう。人は、自分のパーソナリティについて話すとき、意識的な考えや構成概念を語る。それは適応的無意識の傾性や動機と対応していることもあれば、そうでないこともある。

非意識的なパーソナリティと意識的パーソナリティの起源

もし、無意識的自己と意識的自己の二つがあって、これらには緩やかな関係しかないのだとしたら、これらのシステムはどこからやってきたのだろうか。気質のような適応的無意識の一部の特性には遺伝的基盤があることがわかっている。また、文化や経験が影響していることも明らかである。適応的無意識の特徴は自動性で、瞬時に、非意識的に、無意図的に情報を処理する。ある構成概念が自動的になる理由の一つは、大量の反復である。人は、ミシェルが議論したような「もし～なら」形式の解釈、あるいは社会心理学者がいう習慣的にアクセス可能な構成概念を備えて生まれてくるわけではない。これらの構成概念は、子どもの頃の経験に根ざしていて、頻繁に用いられることによって自動的になるのである。

どのような経験だろうか。デビッド・マックレランドと共同研究者たちは、非意識的な動機は幼児期にもとづいていて、自分のものとして意識的に自覚される動機は、より明示的な親の教育によっているという仮説を提出した。この考えを検討するため、マックレランドと共同研究者たちは、三十代前半の成人に面接をおこない、非意識的な動機（すなわち、ＴＡＴ図版への反応）と、意識的で顕在的な動機（自己報告質問紙への回答）の両方を測定した。この研究のおもしろいところは、二十五年前、実験参加者の母親に子育てに関して面接をしてあったことである。これにより、成人期における潜在的動機と顕在的動機が、二十五年前の母親の養育態度と関連しているかどうかが検討可能となる。

言語習得前の乳児期における養育経験は、顕在的動機ではなく、潜在的動機と関連していることがわかった。たとえば、母親がどれくらい規則的に食事を与えていたかは、成人期における顕在的動機とよりも、潜在的達成動機と関連しており、子どもが泣いたときに母親がどのくらい無反応であったかは、顕在的欲求とよりも、潜在的な親和欲求と関連していた。言語習得後の幼児経験は、潜在的動機ではなく、顕在的動機とより関連していた。たとえば、子どもが挑発されてもやり返してはならないとどの程度教わったかは、潜在的欲求とよりも、顕在的な親和欲求と関連しており、親が学習すべき明示的な課題を与えていた子どもは、潜在的ではなく、顕在的な達成動機をより備えていた。[28]

このように、非意識的自己も意識的自己も文化と社会的環境からの影響を受けるが、その過程は異なっている。養育行動が文化によって著しく違っていることを考えると、子どもの適応的無意識を形成する初期の感情経験は、確かに文化にその基礎がある。しかし、自分自身についての意識的理論の発達も、文化や社会的環境によって形づくられている。

自己洞察にとっての意味

私たち自身の非意識的パーソナリティ特性をより理解しようとしても、私たちの目を覆っているベールを簡単に取り払うことはできない。直接見る目をもっていないのだ。かわりに、非意識的な特性について、知識にもとづいてよく考えるほかないのである。

しかし、意識的概念が非意識的なパーソナリティと対立しうることに、なぜいつまでたっても私たちは気づかないのだろうか。時が経つにつれて、私たちは、私たちが考えているような人間ではないことに気づくのではないのだろうか。なぜヘンリー・ヒギンズは、いつまでたっても、自分が不敬を嫌う、洗練された、慈愛に満ちた紳士ではないことに気づかなかったのだろうか。私たちはそんなに無能なのだろうか。

理由の一つは、人は実際以上に肯定的な自己観をもつように、また欠点や弱点をそれほど見ないように動機づけられている点にある。人は自分のことをバラ色のメガネを通して見ていて、ある程度そうすることは健康的であることがわかっている。自分が実際よりもほんの少し人気者で外向的であり、親切だと考えることに、どんな不都合があるというのだろう。

もう一つの理由は、おそらく親から明示的に教えられて、いったん自分自身について意識的見方を形づくると、否定するのが難しくなる点にある。意識的な考えに沿って行動しているときの方が、そのように行動しないときよりも注意を向けやすい。たとえ非一貫性に気づかされたとしても、それを簡単に例外だとして忘れてしまうかもしれない。ピアス夫人が、ヘンリー・ヒギンズに、その日の朝、「長靴《ブーツ》にも、バターにも、褐色のパン《ブラウン・ブレッド》にも」口汚いことばをはいたと指摘すると、ヒギンズは答えるのだった。「ああそりゃ、たんなる頭韻法だ、ピアス夫人！　詩人ならあたり前ですよ。」[29] 悪態をつく不作法な人間は彼の自己物語には存在せず、それゆえに自分の物語にそぐわない事例を簡単に無視したのである。

しかし、実際のところ、私たちは、意識的な概念がでたらめなものになってほしくない。自分たちの限界や能力や見込みをはっきりと認識した方が良い場合がたくさんある。たとえば、職業を選ぶとき、自分の非意識的なパーソナリティが、弁護士、販売員、サーカス芸人のいずれに適しているかどうかを知るのは、とても有用だろう。

調和していない別々の意識的「自己」と無意識的「自己」をもつとどうなるかについては、ほとんど研究がない。例外が、ヨアキム・ブランスタインとオリバー・シュルトハイスの研究である。いくつかの研究で彼らは、非意識的な主体動機（達成と権力への欲求）と共同動機（所属と親和への欲求）を、TAT図版を用いて測定した。彼らはまた、同じ動機を自己報告でも測定した。これまでの研究のように、全体として、非意識的動機と意識的動機の間には、ほとんど対応がなかった。

しかし、非意識的な動機と意識的な動機が対応する人もいて、そのような人たちは、対応していない人よりも情動的に健康であった。ある研究では、学生の非意識的目標と意識的目標を学期初めに測定し、その後数週間にわたり、情動的健康を追跡調査した。意識的な目標と無意識的な目標が一致していた学生では、学期が進むにつれて情動的健康が増していった。意識的目標と無意識的な目標が一致していなかった学生は、同じ期間に情動的健康が減退していった。少なくともある程度、適応的無意識のパーソナリティに対応した意識的理論を作り上げることには意味がありそうだ[30]。

これがどういう経緯をたどるのか知る前に、パーソナリティ以外の、人々が見落としがちな適応的無意識の他の側面を見る必要がある。たとえば、感情や判断や行動の原因を、私たちはどのくらいきちんと認識しているのだろうか。

［訳注1］　ミルク粥の一種。

第5章 なぜかを知る

まったく、どういうわけだか、おれは憂鬱なんだ、だがどうしてこんなものにとりつかれ、背負いこんだか、こいつがなんでできており、どこから生まれたか、見当もつかない。とにかくおれは、自分がなにものであるかさえわかりかねる始末だ。

——シェイクスピア、『ヴェニスの商人』第一幕、第一場（一五九六）

大人の生活ではたえず自分の意志を発揮するものと思い込まされてきたけれど、実際にはそんなものじゃない、とジーンは思った。なにかをやるとして、たとえそれが何ごとかをやったことになるとしても、なぜそんなことをやったのかを知るのは、やった後になってからのことにすぎない。

——ジュリアン・バーンズ『太陽を見つめて』（一九八六）

どうしてそう判断したのか、感じたのか、行動したのかを、私たちはどのくらいわかっているのだろうか。心理学の研究文献には、自分がなぜそのように反応したのかが皆目わからず、説明をひねり出さなくてはならない人の例が載っている。神経学者オリバー・サックスの患者、コルサコフ症候群のトンプソン氏がそうだった。コルサコフ症候群というのは新しい経験の記憶を形成する能力を失う器質的な健忘症の一つである。悲しいことに、トンプソン氏は次の瞬間にはもう何も覚えていない。彼に自己紹介してからその部屋を離れたとしよう。数分後に戻ったときには、彼にはもう会ったという意識的な記憶がない。

トンプソン氏の身になったらどんなふうだろうか。意識が、何百もの映画のシーンが継ぎはぎになったフィルムのようなものだと想像してみよう。毎秒ごとに、新しいシーンが前後のシーンと何のつながりもなくあらわれる。トンプソン氏には前のシーンの記憶がないから、すべてのシーンが新しく、登場人物、場面、会話も皆真新しいものに思われる。

人生を織り成している記憶の糸をなくすなんて、ファウストの悪夢さながらの悲劇だ。ただし一つだけ例外がある。トンプソン氏は自分の悲劇的な状態をほとんど認識していなかったのである。彼は前の「シーン」についての記憶がないから、連続していないという感覚がない。彼の意識は失った過去について知ることもなく、固く現在に根ざしていた。さらに彼は、刻々新しい世界の各シーンに意味を与えることにも大いに成功していた。彼は、「新しい」経験の一つひとつを説明する筋立てを作り上げたのである。

あなたが部屋に入ると、彼は以前所有していたデリカテッセンに入って来た客だろうと決めて、パストラミとハムサンドイッチのどちらが欲しいか尋ねるだろう。しかしすぐさまシーンが切り変わる。彼はあなたが白い上着を着ていることに気づき、通りを隔てた肉屋だという新しい話を作り上げる。「カチャッ」、新しいシーン。肉屋の上着にはいつも血痕がついていた。だからあなたは医者に違いない。トンプソン氏には、たえず変化するストーリーが一貫していないことがわからない。彼は瞬間ごとに説明が変わっていることに気づかずに、現在の状況に対する完璧な説明を見つけ出していく。サックスはそれをこのように記述している。「(しかしトンプソン氏が)無意識のうちにしゃべりまくって一つの世界をこしらえあげると、それはそれなりに、ある種不思議な調和があることも事実だった。それは、まるでアラビアンナイトの世界だった。まぼろしの世界、夢の世界である。いつもちがう人物があらわれ、場面はさながら万華鏡のように千変万化した。しかしトンプソン氏にとっては、それは、変転きわまりない束の間の幻想や幻影ではなく、ごく正常な、確固たる現実の世界だった。彼にとっては何の問題もなかったのである。[1]」

トンプソン氏のジレンマは、後催眠暗示の状態にある人々の振舞いと驚くほど似ている。少数ではあるが、催眠の暗示にかかりやすいタイプの人がいる。そういう人たちは催眠状態で暗示を与えられると、理由に気づかずにそのとおりに行動してしまう。G・H・エスタブルックスは、そのようなとき、その人は「自分の行為に対する説明を見つけ出し、不思議な話ではあるが、それらの説明はまったく誤りであるにもかかわらず、正しいと信じることが多かった」と述べている。彼は次の例を紹介している。

施術者が被験者を催眠状態にし、鳩時計が鳴ったらホワイト氏に近寄り、彼の頭の上にランプの笠をのせ、彼の前でひざまずいて、「クックー」と三回唱えるという暗示を与えた。ホワイト氏は悪ふざけをされるようなタイプではなかった。事実、彼は気難しく、そういうことにはまったく似つかわしくない、ユーモアの感覚を持ち合わせない人であった。しかし鳩時計が鳴ったとき、被験者は暗示として与えられたことを文字どおりにおこなった。

「いったい君は何をしているんだ？」とホワイト氏は尋ねた。

「ええと、つまりですね。奇妙に思われるかもしれませんが、これはちょっとした心理学の実験なのです。私はユーモアの心理学について勉強中で、非常に趣味の悪いジョークにあなたがどう反応するか知りたかったんです。どうかお許しください、ホワイトさん。決して悪気はありません。」そして被験者は座ったが、そのとき彼は、自分が後催眠暗示によってそのように行動したとは夢にも思っていなかった。[2]

作話についての最後の例は、マイケル・ガザニガとジョセフ・ルドゥーが研究した分離脳患者である。これらの患者は、他の治療では対処できなかった重篤な発作を緩和するために、左右の大脳半球をつなぐ神経線維（脳梁）が切断されていた。左脳と右脳の処理の相違について知られていることの多くは、こういう分離脳患者に関する研究から得られたものだ。二つの大脳半球が同じように情報を処理しているのかどうかを知るために、心理学者たちはそれぞれの大脳半球に別個に絵や単語を瞬間呈示するという巧妙な実験をおこなった。患者にスクリーンの中心を見るように目を固定してもらい、それからそのポイントの左、または右の位置に絵を瞬間呈示する。視覚系の構造上、視覚の固定点より左の位置に瞬間呈示された絵の情報は右半球のみに伝達され、反対に右に瞬間呈示された絵の情報は左半球のみに伝達される。

記念碑的な研究の一つが、PSと名づけられた十五歳の分離脳患者に対しておこなわれたもので、研究者たちは彼の一方の大脳半球に絵を瞬間呈示した。その後、右手か左手で絵に最も関連するカードを一枚選択するように頼んだ。たとえば、研究者が雪景色の絵を彼の右半球に呈示し、その後にシャベル、ドライバー、缶切り、のこぎりのカードを彼に見せた。すると彼は難なく左手でシャベルのカードを取った。左手は右半球によってコントロールされており、右半球で雪景色を見たからである。右手でカードを選ぶよう指示されたときには、彼は偶然の確率以上には正しく選択できなかった。右手は左半球によってコントロールされており、左半球は雪景色を見ていなかったからである。

特に興味深かったのは、二つの大脳半球に対して同時に違う絵を瞬間呈示した場合だった。たとえば、一回の試行でＰＳの右半球には雪景色を、左半球には鳥の爪の絵を瞬間呈示した。彼は左手でシャベルのカードを、右手でニワトリのカードを取り上げた（シャベルは右半球で見た雪景色に最も関連があり、ニワトリは左半球で見た鳥の爪に最も関連があったためである）。

次に研究者たちは、ＰＳになぜそのカードを選択したのか尋ねた。たいていの人と同様に、ＰＳの言語中枢は左半球にあった。そのため彼の左半球はなぜ右手でそのカードを選択したのかを知っていた（左半球は鳥の爪を見たから）。しかしなぜ左手でシャベルを選択したのかはわからなかった（雪景色を見たのは右半球だけだったから）。しかし問題なかった。左半球はすぐさま答えを作り出したのである。「爪を見て、ニワトリのカードを選びました。そして、ニワトリ小屋はシャベルで掃除しなくてはなりません。」おそらくＰＳの反応で最も特筆すべきことは、彼が自分の答えに満足し、作り話とはまったく思っていなかったことである。ガザニガとルドゥーのことばを借りれば、「左（半球）はそのカードを選んだ理由を推測ではなく、真実の言明として伝えていた」[3]。

分離脳患者と、器質的健忘症者、後催眠暗示のとおりに振舞う人には、興味深い類似点がある。どのケースも、彼らはたやすく自分の行動や状況を説明する物語を作り出し、その説明が作り物だという認識がない。たとえ気難しいホワイト氏にランプの笠をかぶせるといった奇妙な行為であったとしても。

こういう例は、私たちについて何を語るのだろうか。さいわい、たいていの人はＰＳやトンプソン氏やエスタブルックスの催眠研究の被験者ではない。私の知る限り、私は左右の半球間の情報伝達を可能にするちゃんとした脳梁をもっている。確かに私の記憶は完璧ではないが、トンプソン氏と比べればはるかに優れている。また知る限り、催眠をかけられて、後で奇怪な行動をするような暗示を与えられてもいない。

ＰＳやトンプソン氏、催眠にかけられた人は私たちとはずいぶん異なっている。だから彼らの作話を、奇抜な精神病歴の一つとして片づけたくなる。しかしガザニガとルドゥーは、誰もが作話的説明をする傾向をもち、意識的で言語的な自己はしばしば自分がしたことの理由がわからず、それゆえに最も意味の通る説明を作り出しているという、ビックリするような指摘をしている。

少数の脳損傷患者や外科手術をされた患者のケースをもとにして、すべての人間が自分自身の行為の原因に気づけず、それゆえに理由をでっち上げる「作話装置」をもつと結論づけるのは、ずいぶんな飛躍だと思えるかもしれない。しかし、脳に損傷を負った人の能力やその欠如はときとして、脳が損傷したときに何らかの能力が失われることを教えてくれるのに加えて、人間がどのようなものかを垣間見せてくれる窓ともなる。ガザニガとルドゥーは、右脳と左脳の連結が切断されたことがＰＳの作話の原因ではないだろうと見抜いた。むしろ彼の症例は、作話するという人間に共通する傾向の理解を容易にしたのである。[4]

日常生活でなぜかを知る

人の行動は、しばしば潜在的な動機や世界に対する無意識の解釈によって規定される。私たちは自分自身のパーソナリティにおけるこういう側面に意識的にアクセスすることができないから、それらがどのように行動に影響しているのかを知ることができない。たとえば誰かに、新しく知り合いになった人についてなぜそのような第一印象をもったのかと尋ねても、「私にとっては攻撃性が習慣的にアクセスしやすい特性なので、彼に攻撃性を感じたんですよ」とか、「私は両親とアンビヴァレント型の愛着関係があるので、私に対する気配りが足りないことにイライラしたんです」などと答えることはまずない。私たちは適応的無意識のパーソナリティには通じていないのである。

しかし、パーソナリティが行動の原因のすべてではない。感情や判断、行動も、パーソナリティと同じように、そのときの社会的状況の性質によっても大いに影響される。もちろん、パーソナリティがしばしば環境をどうとらえるかに影響するので、パーソナリティと社会的環境の区別は人為的なものにすぎない。上司が週一回のプロジェクトの会合をキャンセルしたとき、ジョーは上司が彼の仕事を軽視しているあらわれだと解釈するかもしれないし、サラは上司が彼女の能力を大いに評価していて、監督の必要を感じていないあらわれと解釈するかもしれない。

そうは言っても、社会的状況の影響が非常に強力で、個人差など「ないがごとく」にしてしまい、ほぼすべての人が同じように状況を解釈するという場合もある。これが明らかなのは、たとえば押し込み強盗が銃口を向け、「有り金をみんなよこせ」と言ったら、どんなケチだろうが、両親との愛着スタイルの型がどうだろうが関係なく、まず全員が従うだろう。社会的影響力は、それほどあからさまではないこともある。たとえばスタンリー・ミルグラムの実験では、人が仲間に対して限界に近い電気ショックをいとも簡単に与えることが示されている[5]。

要は、パーソナリティだけが行動の原因ではないから、その場の社会的環境の要因がどのように感情や判断、行動に影響を与えるのかについて、もっと知っていた方が良いということである。私たちのパーソナリティの根深い側面がどのように行動を導いているのかを見極めるのは難しいかもしれない。しかし、ジョンがディナーの約束を忘れていたことに対する怒り、祖母が病気だと聞いたときの悲しみ、クラム・ディップをまるまる一皿平らげて吐き気がするなどは説明しやすい。明らかに、直接的な環境が自分にどのような影響を与えているのかを理解することには利点がある。そうでなければ、次のパーティでクラム・ディップを控えようとはしないだろう。

しかし、感情や信念の根拠を理解するとなると、うまく説明できないことがある。シェイクスピアが『ヴェニスの商人』の冒頭で記しているように、自分自身を知るには大変な苦労が伴う。ガザニガとルドゥーの予感が正しかったことを示す証拠はさらに増えている。意識的自己には自分の反応の原因がわからないことがたびたびあり、それゆえ理由を作り出さなくてはならないのである。

赤ちゃん命名ゲーム

日常的な例から始めめよう。なぜ親たちはある名前がいいと思い、自分の赤ちゃんにつけるのだろうか。誰でも赤ちゃんの名前には流行り廃りがあることを知っている。祖父母の名前の多くは、今は流行っていない。たとえば私の祖母の名前はルースとマリオンだが、近頃誕生のお知らせでこれらの名前を見かけることはめったにない。年齢にもよるが、あなたの名前だってすでに流行遅れとなっているか、近いうちにそうなるだろう。

名前の流行は奇妙だ。なぜなら赤ちゃんの名前を決めるとき、親たちはなるべく独創的に、ユニークにと思うものだからである。誰も他人の真似をしようとはしない。独創的な響きのブリアナとかマディソンといった名前を女の子に、テイラーとかライアンといった名前を男の子につけたいと思う。しかし、同じ「独創的な」名前が、結局のところ非常にありふれたものとなる（ここで挙げた四つの名前は、皆二〇〇〇年のアメリカ合衆国における赤ちゃんの名前トップ十二位までに入っている）。なぜ、多くの人が独創的でユニークだと思ってつけた赤ちゃんの名前が、皆同じになってしまうのだろうか。

一つの理由としては、私が思うに、人々はなぜマディソンやテイラーといった名前を思いついたのか、わからないことが多いからである。名前が思い浮かぶにはいくつか理由があるだろう。テレビ番組で聞いたという事実や、まさに他の人々がその名前をつけているといった理由などだ。もし、これから親になる人たちが、その名前を思い浮かべたのは流行しだしているからとわかったら、その名前をつけないだろう（「ねえあなた、このごろジェシカっていう名前が多いのよ」）。もしその名前を思い浮かべたのは人気が高まりつつあるからだと気づかなければ、その名前がとても良くて、独創的だと思うだろう。

たとえば数年前、私の妻はアシュレイ＝ニコルという名前が地方新聞の誕生欄にびっくりするほどよく載ることに気づいた。毎週少なくとも一人か二人の女の子の赤ちゃんがこの名前の組み合わせだったのだ。ある日、学科の共同研究室でスタッフと雑談をしていたときに、私は「アシュレイ＝ニコル」という名前が人気だということを話した。ちょうど妊娠中だった一人の秘書がショックを受けたようだった。「あら、やだ」と彼女は言った。「それって、私が赤ちゃんにつけようと思っていた名前よ！」結局彼女と夫は、別の名前をつけた。

心理学者でも、なぜある名前を思い浮かべたのかがわからず失敗することがある。私と妻は最初の子をクリストファーと名づけた。もちろん私たちは、この名前が男の子の名前としてありふれていることは知っていた。だがいい名前だし、ありふれすぎているわけでもないと思えた。まず、マイケルやジョセフほどありふれた名前ではないだろう。後になって、その年に男の赤ちゃんに一番多くつけられた名前は、ご推察のとおり、クリストファーだったことがわかった。（まあ、いいさ。今でもその名前が好きなんだから！）

赤ちゃんの命名に関するとっておきの例を紹介しよう。一九八〇年代の後半から一九九〇年代の初めにかけて、ヒラリーという名前は非常に人気があった。しかし突然、一九九二年以降に生まれた赤ちゃんには、めったに見られない名前になった。一九九二年はビル・クリントンが初めてアメリカ合衆国大統領に選ばれた年である。ヒラリーという名前はもちろん、ミセス・クリントン（今は上院議員）のファーストネームである。さて、「ヒラリー」の名前が急に減少したのは、ミセス・クリントンに人気がないからだろうか。嫌いな人の名前を自分の子どもにつけたいと思う人はいないだろう。しかし、ヒラリーの名前がつけられるのが減ったのは、ミセス・クリントンの支持者やファンの間でも同じだった。その理由については別の説明ができると私は考えている。ミセス・クリントンが国中の注目を集めるようになった今、もはやヒラリーという名前は自分自身が思いついた名前だという感覚をもてなくなったためだろう。その名前になじみがあるのはミセス・クリントンのゆえだと気づきやすい。そのため、赤ちゃんにブリアナとかマディソンなどの、より「独創的な」名前を与えることにしたのだろう。

橋の上の愛

このように自分で自分のしたことの理由がわからないというのは、決して命名に限ったことではない。あなたが独身だとして、魅力的な異性に出会ったとしよう。あなたはその人のことをもっと知りたいと切に思い、そして相手からも同じように思われたいと願う。なぜその人にまさにそのような思いをもつのかと、私が尋ねたとしよう。あなたはどれだけ正確にその質問に答えることができるだろうか。

その人の美しさや、カリスマ性、愛嬌のある笑顔を引き合いに出しながら、きっとある程度は正確に答えることができるだろう。しかし、社会心理学者は、なぜ人がある相手に魅力を感じるのか、その理由がわからないことがあることを明らかにしている。そういう研究の一つが、ブリティッシュ・

コロンビア州の公園でおこなわれた。公園に居合わせた男性に魅力的な女性アシスタントが近寄り、授業の一環として風景の美しさが創造性に与える効果に関する調査をしているのだが、質問紙に答えてくれないかと尋ねた。質問紙に回答を終えると女性はお礼を言い、時間があるときにこの研究の詳細について説明させてほしいと言った。そして質問紙の端を切り取って自分の電話番号を書き、話を聞きたくなったら連絡してほしいと言った。男性がアシスタントの女性に魅力を感じた程度の指標として、その後アシスタントの女性に電話をしてデートに誘った人数を研究者は記録した。

研究者たちは、女性が声をかけるときに男性がいる場所を変えた。彼らの半分は、深い渓谷にかかっている、渡るのに勇気がいる吊り橋の上にいた。強い風で橋が横に揺れているため、渡るには身をかがめ、頼りない手すりを強く握り締めなくてはならなかった。残りの半分はすでに橋を渡り終え、公園のベンチで休んでいた。どちらのグループの男性が、女性をより魅力的と思っただろうか。橋の上で女性に会った男性だろうか、それともベンチで休んでいるときに会った男性だろうか。

きっと、ばかげた質問だと思うだろう。実際のところ、どちらの場合も会ったのは同じ女性だし、橋の上、あるいはベンチの男性のどちらに近づくかはランダムだった。女性が橋の上の男性に電話番号を渡したとき、男性の心臓は早く打ち、息を切らし、汗をかいていた。研究者たちは、この男性たちが生理的にそういう状態になった理由を取り違えるのではないかと予測した。きっとある程度は、その状態が危なっかしい吊り橋の上にいるためだとわかっていただろう。それでも、男性たちは生理的な喚起状態の一部が女性に感じた魅力にあると誤って考えるだろうと、研究者たちは推測した。まさにそれが起こったと思えるのである。橋の上で女性に話かけられた男性のうち六十五パーセントが彼女に電話をし、デートに誘った。それに対し、ベンチで女性に話しかけられた男性で、彼女に電話し、デートに誘ったのはたった三十パーセントだった。なぜ生理的に喚起しているのかわからなかったために、生理的に喚起していない場合よりもいっそう相手に魅力を感じたのである。[6]

パンティーストッキング、電気掃除機、そしてなぜかの理由

こういう、自分の反応の原因がわからないという例は、いつものことというより例外かもしれない。日常生活では、そのように反応した原因の説明はどれだけ正確なのだろうか。そして、その説明はどこから引き出されるのだろうか。

何年も前になるが、リチャード・ニスベットと私は簡単な実験をして、こういう質問の答えの探索に乗り出した。一、二個の鍵となる特徴を変えた以外は、すべて同じ状況に実験参加者をおいた。これらの鍵となる特徴が人々の判断や行動にどのような影響を与えるかを観察し、それから、なぜそのように反応したのか説明を求めて、実験で操作した特徴を挙げるかどうかを調べたのである。

私たちの実験の一つは、ミシガン州アナーバーの郊外にあるマイヤーズ・スリフティ・エーカーズという大型ディスカウント店でおこなった。ニスベットと私は、とあるにぎやかな土曜日の朝、陳列テーブルの上に掲示を出した。その掲示には、「消費者評価調査――どの商品の品質が最も高いですか？」と書かれていた。それから私たちは、四組のナイロン・パンティーストッキングがテーブルの上にきちんと置かれていることを確認した。そして最初の通行人が来て、このテーブル前で立ち止ま

り、商品を吟味するのを待った。私たちは市場調査員として副業をしたのでもなく、パンティーストッキング会社のアルバイトをしたわけでもなかった。これは社会心理学の現場研究であった。そのストッキングを選んだすべての理由を、人々は正確に説明できるだろうか。

この問いに答えるためには、実際に好みに影響を与えるものの見当をつけておく必要があった。ここでは偶然が私たちに味方した。前におこなった研究で、私たちはディスプレイの右側に置かれた商品が著しく好まれることに気づいた。このパンティーストッキング研究でも同様の位置効果がみられた。ストッキングは左から右に、A、B、C、Dとラベルが貼られていた。Aを選んだ実験参加者はたったの十二パーセントだったのに対し、Bは十七パーセント、Cは三十一パーセント、Dは四十パーセントと、統計的に有意な位置効果が確認された。Dが位置効果によって選ばれたのであり、他よりも優れていたからではないことを私たちは知っていた。すべてのストッキングが同じ商品だったからである。だが、その事実に、ほとんどの実験参加者は気づかなかった。

選択をしてもらった後で、私たちはなぜそれを選んだのか尋ねた。たいていの人は編地が優れているとか、透け具合、伸縮性など、選んだストッキングの特徴の一つを指摘した。ストッキングの位置が選んだことに関係していると自分から言った人は、一人もいなかった。私たちが直接的に、ストッキングの位置が選択に影響したと思うかを質問すると、一人を除いてすべての実験参加者が怪訝な様子で見返し、もちろん影響していないと言った。ただ一人の例外は、三つの心理学の講義を受講していた女性で、ちょうど順序効果について勉強したところで、ストッキングの位置もたぶん影響しているだろうと返答した。しかし、彼女は、ほとんど位置効果を示さなかった。Bを選択したのだ。

間もなくニスベットと私は、人は自分の感情や判断、行為の理由がわからないという仮説を検討するための、別の方法を考えついた。ある晩、私たちはディックの研究室で新しい研究案をあれこれと議論していたが、なかなか進展しなかった。何も良い案が浮かばないように思えたのである。しばらくして、その理由がはっきりとわかった（あるいは私たちはそう思った）。研究室の外でビル清掃業者が掃除機をかけている騒音に邪魔されていたのである。突然、ひらめいた。私たちは議論が進展しないことにイライラしながら数分間もディックの研究室にただ座っていたが、その時、掃除機の騒音が邪魔していたことには気づかなかった。これはまさに、私たちが探し求めていた状況ではないだろうか。判断に影響を及ぼしている刺激（迷惑な雑音）を見逃しているという状況である。

私たちは、この経験を次のような研究に「仕込む」ことにした。大学生にドキュメンタリー映画を見せ、そのおもしろさを評定してもらった。ディック・ニスベットが建設作業員のふりをして、映画が始まった約一分後に部屋のドアの外で電動のこぎりを使った。騒音はときどき途切れながらも続き、実験者役の私がドアへと向かい、作業員に映画が終わるまで、電動のこぎりを使うのをやめてほしいと頼みに行って、やっと止んだ。その後実験参加者にはどれだけ映画がおもしろかったか、また騒音がどれだけおもしろさに影響を与えたかを評定してもらった。騒音が実際に効果をもっていたかどうかを知るために、まったく騒音に邪魔されることなく映像を見る統制条件も設定した。仮説は、騒音は映画のおもしろさを減らしはするが、たいていの人は騒音が否定的評価の原因だということに気づかないだろうというものだった（ちょうど、私たちが最初、電気掃除機がミーティングの邪魔をしていることに気づかなかったように）。

私たちの予測は完全に外れていた。騒音のある状態で映画を見た学生も、騒音がない状態で見た学生と同じくらい映画がおもしろいと評定した。実際、彼らの方がわずかに得点が上回っていた。けれども、実験参加者にどれだけ騒音が評定に影響を与えたと思うか質問したところ、彼らは私たちの仮説と同じことを考えていた。つまり、ほとんどの人が、騒音が映画のおもしろさを低めたと考えていた。最初の仮説は間違っていたものの、実際には影響のない刺激が判断に影響するとされる例を、私たちは見つけることができたのである。これは、日常生活における反応の原因を洞察できないということの、さらなる証拠である。

なぜ人は自分の反応の原因を誤解するのか

こうした研究にもとづいて、ディック・ニスベットと私は論文を発表して、人がたびたび自分の反応の原因を正確に報告できないことがあるのは、「高次の認知過程に対する内観によるアクセスがほとんど、もしくはまったくない」ためであると主張した。パンティーストッキングや電動のこぎりの研究から、何と大胆な主張をするものだと思ったとしても、それはあなただけではない。私たちの論文の主張は極端すぎるという批判を、数多く受けた[7]。それへの答えは、この結論は、私たちのおこなった実証研究以外のことにもとづいているということだ。私たちは理由に気づかないことや因果関係の説明が不正確なことに関して同じ結論に達しているいくつかの有名な研究文献も調べた。その中には、ダットンとアロンの「橋の上の愛」実験をはじめ、多くの研究が含まれていた。それでも、私たちの主張は批判を免れなかった。

おそらく私たちの論文の中で最も議論を呼んだ部分は、自分自身の心的過程に対する内観によるアクセスが制限されているという主張だろう。鋭い人であれば誰でも、この主張の極端なかたちは誤りだとわかるだろう。自分の反応の原因を誤解してしまうという事実は、人間の内的世界がブラックボックスだということを意味するわけではない。私は自分以外の誰も知ることができない非常に多くの情報を思い起こすことができる。私の心を読むことができない限り、他人が私の頭に浮かんだ特定の記憶について知る手だてはないだろう。たとえば、高校時代、私は三階の窓から弁当包みを落とし、下を通りかかった体育教師に危うくぶつかりそうになった。これは私が特権的な「高次の認知過程に対する内観によるアクセス」をもっているという一例ではないか。

そう、ニスベットも私も、確かに人は自分に対する多くの情報、たとえば現在の思考や記憶の内容、注意の対象などへの特権的アクセスをもっていると論じている。しかし、これらは心的内容であって、心的過程ではない。心の中で実際におこなわれているのは、感情や判断や行動を生じさせる心的処理である。こういう処理過程の結果、たとえば弁当包みを落とした出来事の記憶にはしばしばアクセスすることができても、それらを生じさせた心的過程にアクセスすることはできない。たとえば、私にはなぜ特定のこの記憶が思い浮かんだのかは実際わからない。パンティーストッキング研究の実験参加者たちが、ＡよりもＤを選択した理由がきちんとわからないのと同じである。たぶん私は、あの体育教師に似た誰かを見たか、当時人気があった歌を聴いたか、私の研究室の窓をかすめてピーナッツバターとジャムサンドイッチのような何かが飛んでいったのを見たかもしれない。誰にそれがわかるだろう。

とはいえ私たちへの批判のいくつかが指摘したように、心的内容と心的過程の区別はそれほど明確なものではない。私がラジオである歌を聴いたとき、そのことで弁当包みを落としたことを思い出したとしよう。その出来事を思い出したことで、そのとき危うく当たりそうになった体育教師がレスリングのコーチでもあったことを思い出し、レスリングということでプロレスラーのハルク・ホーガンを思い出し、そしてハルク・ホーガンからミネソタ州知事のジェシー・ヴェンチュラ[訳注1]を思い出したとしよう。この一連の連想は心的内容なのだろうか、それとも連鎖全体が歌を聴いたことからジェシー・ヴェンチュラのイメージへと至る心的過程なのだろうか。

もっと良い区別のしかたは、今ではおなじみの適応的無意識と意識的自己の区別だと思われる。ニスベットとウィルソンの主張は、次のように改訂することができるだろう。

・人間の判断、情動、思考、行動の多くは、適応的無意識によって生じる。
・人は適応的無意識に対して意識的にアクセスすることができないので、PSやトンプソン氏やエスタブルックスの催眠にかけられた被験者がしたのと同じように、意識的自己が反応の理由を作り出す。

言い換えれば、ニスベットと私が主張するように、適応的無意識によって反応が生じている限り、私たちは原因に対する特権的アクセスをもっておらず、原因を推測するしかない。しかし、意識的自己が原因となって生じた反応については、その原因に当人は特権的アクセスをもっている。つまり、この場合にはニスベットとウィルソンの主張は誤っていることになる。

意識的因果関係の問題

それでは私たちの反応はどの程度適応的無意識、あるいは意識的な思考の産物なのだろうか。私たちの行動の大部分は、明らかに適応的無意識によって生じている。そして、その場合には反応の理由に直接アクセスすることができない。しかし、少なくとも私たちは、時に行動を導く意識的自己をもっている。

たとえば、ファストフードのレストランでチキン・サンドイッチを注文した客に、なぜそれを注文したのか尋ねたとする。彼女はおそらくこんなふうに答えるだろう。「ええと、私はいつもハンバーガーとポテトフライとシェークを注文するんだけど、今日はチキン・サンドイッチと甘くないアイスティーがいいなあと思って。こっちもおいしいし、ちょっとだけ健康にもいいから。」それはまさにサンドイッチを注文する前に彼女が考えていたことであり、注文の理由である。明らかに意識的因果関係の例だ。

本当にそうだろうか？　その日ファストフード店に来る前に、すごく太っている人に出会ったと仮定してみよう。そのために体重や自己イメージの問題が活性化されて、ハンバーガー、ポテトフライ、シェークよりも脂肪やカロリーの低いものを注文させたのかもしれない。客は注文した理由の一部、すなわち注文する前の意識的思考についてはわかっている。しかし、何がこの思考を生じさせたのかはわかっていない。この例は、意識的因果関係の問題に答えることが非常に難しいことを示している。反応が適応的無意識と意識的思考のどちらか一方だけで生じている場合というのは、ほとんどないのかもしれない。

ここでもまた、別のやっかいな問題がある。ここに挙げた例もそうだが、行為に先行する意識的思考が何らかの因果的役割を果たしたのかどうか、まったく明らかではないのである。第3章でも述べたが、ダニエル・ウェグナーとタリア・ウィートリーは、意識的意志という経験は、しばしば相関データにおける「第三変数」の問題にも似た幻想だと主張する。思考に続いて行為が生起することを経験するので、意識的思考こそがその行為を生じさせているのだと思い込む。実際は第三の変数——非意識的な意図——が、意識的思考と行為の両方を生じさせているのかもしれない。たとえば、太った人を見たことが原因となって健康に良い食べ物について考えさせ、チキン・サンドイッチを注文させたのかもしれない。意識的思考が行動を引き起こすという幻想はあるものの、意識的思考が行動の原因ではないかもしれない。

ウェグナーとウィートリーの挑戦的な理論は、意識的意志の感覚があっても、それは意識的思考が本当に行動を引き起こすことの証拠とはなりえないかもしれないことを示している。意識的思考の因果的役割はずいぶん過大評価されてきた。だが意識的思考の多くは、適応的無意識から生じた反応に対する、事後的な説明なのである。

他人にも当人と同じくらい、反応の理由がわかるのだろうか

お話作りはどこから生じるのだろうか。誰かがあなたに、日頃のムードに影響を与える主なものを挙げてくださいと言ったとしよう。適応的無意識がムードに影響している限り、そうした影響について直接調べることはできない。そのかわりに、四種類の情報をもとにして説明を作り出すことはできる。

・**共有された、因果関係についての見方**　どうしてそう反応したかの理由については、文化的な見方が数多くある。たとえば、「会わないでいると、人の心はいっそう愛情が深くなる」、「月曜日は憂鬱だ」など。もし、ある反応を説明するための出来合いの考えをもっていなくても、しばしば文化的知識の倉庫からその行動をした理由を作り出せる。（「なぜジェーンはトムと別れたのだろうか。おそらく、いつも前の彼女の名前でジェーンを呼んでいたことが関係しているんだろう。」）

・**反応とそれに先立つ条件との共変関係の観察**　人は自分の反応を観察して、何が原因なのかを推測することができる。たとえば、消化過程を直接調べるのでなく、ある食物（たとえば、ピーカンナッツ）を食べることと、アレルギー反応（たとえば、じんましんが出る）の共変関係を観察して、アレルギーを誘発したものを見つける。同じように、ロバート・デニーロが主演している映画だから好きだとか、睡眠時間が七時間より少ないと気分がすぐれないとか、寒い日に上着を忘れると風邪をひくなどと推測するのである。

・**その人に特有の見方**　たとえば、大きなパーティへ行くとたいてい気分が悪くなるというよう

に、反応の原因に関して文化的に広く共有はされていないけれども、その人に特有の見方というものがある。こういう見方は共変関係の観察から生まれるのかもしれない。たとえば、ジムは最近出席したいくつかのパーティの後で、気分が悪くなったことを自覚したのかもしれない。または、他者から教えられてその人に特有の考えをもつようになることもある。たとえば妻がこう言うかもしれない。「あなた、ジョーンズの園遊会でも、グリーンバーグの記念パーティでも、サムの誕生日パーティでも元気がなかったわよ。大きなパーティだと何か変ね。」

・プライベートな知識（思考、感情、記憶）　自分の心へのアクセスは完璧ではないとしても、人は自分の意識的思考、感情、記憶については豊富な特権的知識をもっていて、その知識を使って自分がそのように行動した原因が何なのかを推測することができる。もしジムが悲しいと感じ、彼の飼い猫がお気に入りの金魚を食べてしまったときのことを考えていたとわかっていたとしたら、金魚が死んでしまったという記憶が悲しい気持ちにさせているのだと推測するだろう。

おそらく、ニスベットとウィルソンの主張で最もラディカルなのは、自分について非常に多くの情報をもっているにもかかわらず、自分の反応に対する原因を説明するとなると、同じ文化圏に住む見ず知らずの他人程度にしか正確にできないという部分だろう[8]。この主張が正しいなど、ありえるのだろうか。電話帳からランダムに選び出した見ず知らずの他人が、私たちと同じくらい私たちのしたことの理由をわかっているなどということが、実際にありえるだろうか。自分に関してもっている膨大な「内部情報」が、有利に働くはずだ。仮に私たちが熱心なプロ野球ファンで、プロ野球シーズン中、お気に入りのチームの勝ち負けに一喜一憂しているとしよう。他人には、私たちが野球ファンなのか、毎晩テレビの「クロスファイア」を欠かさず見る政治おたくなのか、ｅＢａｙウェブサイトでよくオークションに入札しているのかはわからない。それなのに、どうしたら他人が私たちのムードに影響するものを、私たちと同じくらい正確にわかるのだろうか。

まさに、私たちは自分自身についての情報を他人よりもはるかに多くもっている。けれども、この情報が私たちの反応の原因について正確な推論をいつでも導くわけではない。先に挙げた四種類の情報の中で、他人がもっているのは、一つ目に挙げた共有された文化的な見方だけである。私たちは共変情報、個人に特有の考え、プライベートな知識ももっているが、その事実は、有利に働くこともあれば足手まといになることもある。

一つには、こういう特権的情報の中には、見た目ほど正確ではないものがあるからである。人は反応とその先行条件の共変関係を意識的に観察することがそれほどうまくないという証拠が数多くある。時には共変関係があまりに際立っているので、嫌でも目に入ることもある。たとえば、初めてピーカンナッツを食べた直後にじんましんが出たというような事実がそうである。もっと一般的には、私たちの反応に対する先行条件がたくさんあって、どれが原因なのか見分けるのが難しい。そういう難しさがあるので、共変関係についての信念は、自分自身の行動に対する綿密な観察にもとづく推論というよりも、共有された文化的な見方を反映していることが多い。たとえば、私たちの文化では、上着を着ないで外に出かけると風邪をひきやすいと考えられているが、それを示す証拠はない[9]。

さらに、私たちのもつ膨大な特権的情報は、文化的見方をもとに考える他人にはすぐわかる行動の原因を、かえってわかりにくくさせることがある。たとえば仮に糖尿病について勉強したばかりの医学生が、急に立ち上がったときに目眩を起こしたとしよう。その学生は「ああ、血糖値をチェックしてもらった方がいいわ。糖尿病の初期症状で血液の循環が悪くなっているのよ」と思うかもしれない。だがその学生が何を勉強し、考えているのかをまったく知らない他人は、こう言うだろう。「彼女は急に立ち上がったから、目眩を起こしたんだろ。」このケースに関しては、他人の方が正しいだろう。まさに、内部情報（糖尿病についての学生の知識）によって不正確な因果関係に至った例である。

自分のムードを予測するものを、どれだけよく知っているか

一般論としては反応の原因を理解する上で内部情報が役立つことが多いから、糖尿病のケースは例外だと思えるかもしれない。そこで私はパトリシア・レイザーとジュリー・ストーンと共に、自分のいつもの反応、すなわち日々のムードを何が予測するかを人々がどれだけ理解しているか、またこの理解が他人の推測と比較してどれほど適切かを検討した。大学生に、五週間、自分のムードを毎日観察するよう依頼した。また、自分のムードを予測すると思われるいくつかの変数について評定してもらった。たとえば、天気や友達との関係、前の晩どのくらい睡眠をとったかなどである。実験参加者ごとに、予測変数（たとえば、睡眠時間）と日々のムードとの相関を算出した。五週間後に、その関係がどれくらいだと思うかを評価してもらった。たとえば、日々のムードに睡眠時間の長さがどのくらい関係していると思うか、などである。そして実際の関係性と実験参加者による関係性の見積りを比較して、どれだけ正確に自分のムードの予測因子を理解しているかを確認した。

実験参加者は友達との関係のあり方など、いくつかの予測因子については正しい評価をした。たいていの人はこの因子がムードと相関していると正しく認識していた。しかし全体としては、評価の正確さはそれほど高くなかった。ほとんどの人が睡眠時間が翌日のムードに関係していると信じていたが、そんなことはなかった。睡眠時間はほとんどすべての実験参加者のムードと無関係だったのである。

次に、ムードの予測因子に関する実験参加者自身の理解が、他人による評価と比較してどのくらい正確かを検討した。私たちは別のグループの学生に、予測変数と彼らの大学の「一般的な学生」の日々のムードとの関係について評価してもらった。これらの学生は個々の参加者については何も告げられておらず、個々の習慣や特異性、個人的な考えなどについては何も知らなかった。自分の見方で判断しなければならなかったのである。

驚くべきことに、これらの「観察者」の推測は、実験参加者自身が自分のムードの予測因子を推測した場合と同じくらい正確であった。自分自身で推測した参加者の場合と同様に、他人の推測でも他者との関係のあり方がムードの重要な予測因子であると推測しており、それは正しかった。また実験参加者と同じように、睡眠時間もまたムードの予測因子であると推測したが、それは誤りだった。自分のムードについて推測した実験参加者は、自分特有の考え方、ムードとその先行条件の共変関係の観察、個人的な知識など、自分自身について非常に多くの情報をもっていた。しかしだからといって、他人以上に正確な推測をすることはなかったのである。

この結果が得られた理由の一つとして、参加者も他人も同じ情報、すなわち共有された文化的なもの見方を使っていたということが考えられる。つまり、参加者は個人的な考えや感情など、自分がもっているその他の情報を使わなかった可能性がある。しかし、参加者が個人的情報を使用したという証拠がある。たとえば、他人の評定者間にはムードの予測因子についての意見が非常に一致しているが、このことは、同じ共有された情報、すなわち共有された文化的ものの見方を使っていたことを示唆している。それに対し、先の実験の参加者の間では、ムードの予測因子に対する一致度がずっと低かった。すなわち、彼らはもっと個人的な知識に依存していたということを示している。

この研究（そして他の同様の研究）から導き出される明白な結論は、ムードといった自分の反応の原因や予測因子について推論するとき、他人にはアクセスすることができない個人的な考えや感情の情報を使用するということである。そしてそれほど明白ではないにしろ、個人的情報が助けとなることもあれば、妨げになることもあるという結論も導かれた。個人的な情報によって観察者よりも正確になることもある。私のムードがあるプロ野球チームの勝ち負けに大いに左右されているというのは、たぶん正しいだろう。しかし、内部情報のためにかえって誤ることもある。お気に入りのチームの勝敗で自分のムードが実際以上に影響されているように思えるかもしれない。私が野球ファンだと知らない他人の方が、ムードを予測するものについての共有された文化的見方を使うので、かえって正確かもしれない。いくつかの研究を通してみると、自分自身についての特権的な情報をもっていることが実質的に有利になるというわけではないようだ。自分の反応の原因に対する正確さの程度は、他人が見積もる程度と大差ないのである。[10]

結局のところ、他人もあなたと同じくらい、あなたの感情や判断や行為の原因を知っている、という主張は、納得しがたいかもしれない。私だってそうである。それはこういうことになるからだ――自分がこういうムードにある原因は何だろうかと（おそらくはムードをもっと良くしたいと思って）考えるとき、自分自身と過去についての膨大な情報に頼るのも、赤の他人に質問するのも同じだ。

この領域に関する研究はそれほど多いわけではない。そしてどの領域も同じであるが、個々の研究には欠点もある。たとえば、ウィルソンとレイザーとストーンのムードの測定が不適切だったかもしれない。また、他人よりもムード予測が正確になると思われる、いくつかの重要な予測因子について尋ねなかったのかもしれない。さらに、この実験における反応や影響が、日常生活で人々が関心をもつものをどの程度代表しているのかわからない。もしもっと幅広いさまざまな反応について研究したら、他人の因果関係の判断は本人のものほど正確ではないことが明らかになるかもしれない。

しかし、はっきりしているのは、他人の判断以上に本人の方が優れているということを見つけることが難しかった、ということである。さらに、第４章で見たように、自分のパーソナリティを判断するときには（特定の反応の原因を判断するのとは反対に）、時には他人の方が本人よりもずっと正確なことがある。とは言っても、自分がなぜそのように感じたのかを教えてもらうために、電話帳ででたらめに選び出した人に電話しなさいとまではお勧めしないが、因果関係についての自分の判断の正確さに、もう少し謙虚になる必要はあるだろう。

本物だという錯覚

さらに、自分の反応に対する説明についての最後の難問がある。なぜ自分の説明が作り上げたものであって、他人の因果関係の説明以上に正確ではないことに気づかないのだろうか。この章の重要なポイントの一つは、自分の反応に対する推論が、他人の反応に対する推論と同程度の憶測でしかないということである。ではなぜそう思わないのだろうか。

一つの説明は、自分が自分という船を熟知している船長で、そのように行動した理由がわかっているという感覚が重要だということである。赤の他人と同程度にしか自分の反応の原因をわかっていないことを認めてしまえば、自分の人生をコントロールしているという感じも減るだろう。それは抑うつに結びつくことが示されている感情である。

指摘したいもう一つ重要な点は、もっている内部情報の多さが、確かだという誤った感覚を生じさせていることである。つまり、実際には正確でないときでも非常に多くの情報をもっているのだから、きっと反応の原因について自分は正しいはずだという感覚である。たとえば、今後同じように上昇が見込まれる二つのインターネット関連株への投資を考えているとしよう。アルファドットコムに対する信頼は、会社訪問と社長との長い話し合いにもとづいている。ベータドットコムには、新聞で読んだ記事をもとに信頼を寄せている。アルファドットコムに関する判断は直接的な多くの知識にもとづいているので、そちらへの判断の方が確かだと思うに違いない。しかし、直接経験によって得た情報が必ずしもより正確な判断につながるという保証はない。事実、社長の熱意や誇張された発言で、判断が誤った方向に導かれるかもしれない。同じように、自分自身についての膨大な量の内部情報が、自己知識に対する確信を高めはしても、いつも正確性を高めることにはならないのである。

もしそうであるなら、自分に関してもつ内部情報の量と他の人に対してもつ情報の量を同じにすることで、本物だという錯覚は減るはずだろう。親友と、彼女が毎年過ごす海辺での休暇の経験について立ち入って会話したとする。そして私があなたに、彼女が海辺での休暇についてなぜそのように感じるのか、質問したとする。あなたは人々が海辺を好んだり、嫌ったりする一般的理由だけでなく、友人についての多くの特定の情報を使うことができる。その友人は海辺で夫と出会い、塩味タフィーと風になびく髪を愛し、サーフィンが大好きだという事実だ。彼女が海辺を愛する理由に、あなたはとても確信があるだろう。私たちは自分に対してもつのと同じくらいの情報を他人についてももつことは決してないから、自分についての理由ほどには確信がないかもしれない。そうだったとしても、きっとあなたは、他人が海辺を好む理由よりも、あなたの友人が海辺を好む理由の推測の方により確信をもつだろう。

あたり前だと思うかもしれないが、あなたがおこなう友人の感情についての推測の方が、あなたがおこなう他人の感情についての推測よりも正確だという保証は何もないということを忘れないでほしい。なぜなら、情報が多いからと言って、いつでも正確になるとは言えないからである。ＰＳの左半球はシャベルやニワトリ、ニワトリ小屋の知識を使って、右半球の行った行為を説明することができた。ＰＳは答えを生み出すための多くの情報をもっていたが、どれ一つとして、右手がシャベルを選んだ本当の理由とは関係していなかった。

本物だという錯覚を減らすためのもう一つの方法は、自分自身についてもっている内部情報の量を制限して、自分の推論に対する確信を低めることである。もちろん、心は現在の情報を全部消去して再び初期化できるハードディスクのようなものではない。しかし個人的な情報をもっていることが役立つ判断もあれば、そうでない判断もある。あなたに次のような質問をしたとしよう。「この本のカバーにそう感じた理由は何だと思いますか?」海辺の休暇についての情報に比べて、「他の人がこの本のカバーにそう感じた理由は何でしょう?」そして、特定の本のカバーといった難しい判断についての個人的情報はそれほど多くないだろう。そのため、あなたは本のカバーの良さの理由についての、一般的な見方に頼ることになりやすい。すなわち、他の人の反応を説明するときと同じ見方である(「わからないけれど、ミステリアスで目を引くからいいんじゃないかな」)。もちろん、およそ何ごとについても個人的情報を加えることができる。本のカバーからヘンリーおじさんやアンティーク・ショップで見た写真を思い出すということはありえる。それでも、ある反応を説明するのに他の反応を説明するときよりも個人的情報をあまり使わないということはある。そういうとき、推測はやや説得力に欠けるように思え、他人の反応に対する推測といっそう似かよったものになるだろう。

つまり、本物だという錯覚は理由づけをするときに使う個人的な情報の量によって変わるのである。しかしこれまで見てきたように、説明の正確さは、使用する個人的情報の量によってそれほど大きく変わるわけではないようである。

嬉しい話ではないが、私たちがそのように反応した本当の原因について、他人も私たちと同じくらいよくわかっているかもしれない。さてこれから、さらに攻め込むのが困難な自己知識の砦、すなわち感情や情動の問題に移ることにしよう。自分の感情の原因はわからないとしても、確かにその感情があることはわかっている。そうではないだろうか。

〔訳注1〕　ジェシー・ヴェンチュラは悪役として知られたプロレスラーだった。

第6章 どう感じるかを知る

如何程正直であっても、或る人が何をも感じなかったというその人の証言を、何らの感じがなかったという確実な証拠として取り上げてはならぬ。

――ウィリアム・ジェームズ『心理学原理』（一八九〇）

ベンは、自分は自分のでっち上げで、どんなものにも人にも、本当はどう感じているのかまったくわからないんだ、と好んでうそぶいた。私はなぜ彼が、さまざまな感情をいろいろと試しにでっち上げて問題の解決を試みないのか、彼を苦しめる疑いに決着をつけようとしないのか、疑問に思っていた。

――ルイス・ビグレー『遅れて来た男』（一九九二）

古い決まり文句に言うように、「なぜだかわからないけれど、好きなものはわかる」。情動に関する現代の理論のいくつかは、情動を生み出す心的過程は無意識的でも、情動それ自体はそうではないと論じる。評価、ムード、情動のような感情的反応は、もっぱら意識のなわばりだ。しかし上記の引用が示唆するように、話はそれほど単純ではない。感情はしばしば意識的だが、心の領分の別のところにもまた存在しうるのだ。

感情の訂正不可能性［訳注1］

この本で述べるすべての問題の中でも、無意識的感情という概念はおそらく最も論議を呼ぶものだろう。事実、哲学者や心理学者の中には「無意識的感情」を矛盾する表現だと論じて、即座にしりぞける人もいる。私は左膝に鋭い痛みをたった今感じていると正直に告げたとしよう。あなたは私を信じるだろうか。「なんて変なことを聞くのだろう」と思うかもしれない。「ジョークを言ったり嘘をついたりしているのでない限り、もちろん言ったとおりの痛みを感じているに違いない」と。もしこのように考えたのであれば、あなたには良い仲間がいる。デカルトやウィトゲンシュタインなど多くの哲学者たちが、感覚や感情の報告は間違いのないものだと論じた。端的に言うと、感情に対する人の信念は疑いようがないのである。もし膝が痛いと私が言えば、そうなのだし、それ以外ではないのだ。私は自分の感覚や感情の決定的な権威者であり、あなたが私を疑う理由はない。

いや、そうだろうか。マリー・キーステッドの短編を例に考えてみよう。二人のいとこが、子どものとき家族の農園で過ごした夏を回想している。そこにいた子馬のトッパーのことを思い出したとき、

「ねえ、三十歳くらいになってやっと、あの子馬がいつだって大嫌いだったってことに気づいたよ。気性が悪いし、太って甘やかされてた。いつも上に乗りかかってきて、起き上がるよりも前に足を踏んだんだ。」

「おまけにあなたが角砂糖をあげようとすると噛みついたのよね」とケイトが付け加えた。ブレイクのことばで、初めてケイトも自分がトッパーのことをずっと嫌いだったことに気づいたのだった。何年もの間、彼らはトッパーを愛していると思い込んでいた。なぜなら、子どもというのは自分の子馬や犬、両親、ピクニック、海、おいしいチョコレート・ケーキが大好きなものだからだ。[1]

ブレイクとケイトが十二歳のときに、トッパーのことを大好きかどうか聞いたとしたら、彼らは心から「もちろん大好き」と答えただろう。しかし今では、二人ともその子馬を決して好きではなかったと確信している。彼らは好きだったと信じていたけれども、実際は憎んでいた。もしそうなら、デカルトやウィトゲンシュタインの言う訂正不可能性は誤りである。人は正直に感情を告げるときにも、正しくないことがある（「トッパーが大好き」）。

訂正不可能性の問題をめぐる長い哲学的論争の過程で、しばしば興味深い難問に焦点が当てられる。たとえば、机の角にぶつけて私の膝が二時ちょうどに痛み出したとする。二時五分に電話がかかってきて、その会話の最中には膝の痛みに気づかない。電話を二時十分に切るとまた膝が痛み出した。電話中、痛みには何が起きていたのだろうか。痛いけれども、それを知らないということはありうるのだろうか。それとも、電話中には痛みは止まっており、その後でまた痛み出したのだろうか。[2]

感情を訂正不可能とする主張は誤りだと私は思うのだが、その主張が続いてきたのには二つほど、それなりの理由がある。すなわち、測定の問題と理論の問題である。測定の問題とは、私たちは自己報告とは別の感情へのルートをもっていないため、たとえ原理的に自分の感情を誤ってとらえることがあるのだとしても、本当にそうなのか、またそれがどういう場合なのかを知ることができないということである。理論の問題とは、なぜ、またどのようにして、心は自らの感情に対して誤ったりするように作られているのか、という疑問である。いったいなぜ、人はそのように作られているのだろうか。測定の問題も理論の問題も非常に難しいが、解決不可能ではない。

測定の問題

誰かを愛しているとか膝が痛いということばを確かめるのに必要な別の基準とは、どのようなものだろうか。内的自己検出器があればよいが、私がどれだけ膝が痛いと感じているか、あるいはブレイクとケイトがどれだけトッパーを愛しているかといった内的状態に対する完璧な、そして独立の測定器は存在しない。たとえば、膝に感じる正確な痛みを目盛が示してくれる、生理的「痛み検出器」はないのである。

しかし、自己報告された感情が不正確だと証明するのが難しいからといって、感情の訂正不可能性の主張を認める理由とはならない。それは、太陽系外の惑星を観察できる高倍率の望遠鏡が（最近まで）なかったから、それらは存在しないと言うようなものである。もしくは眼鏡を外したときに見えるわずかな距離の先には何もないと言うようなものである。測定の問題によって、理論の問題が左右されてはならない。

さらに、「内的自己検出器」のような、人の内的状態に対する誤りのない独立の測定器はないとはいっても、感情に対する報告の正確さを疑う根拠は大いにある。非意識的感情をもっているかどうかは、その人の行動や、他者にその行動がどう解釈されるかからも明らかであろう。このトピックについては多くの研究者が嫉妬を例に挙げている。サムは妻が魅力的な男性とパーティで話しているのを見る。その男性は妻をダンスに誘い、彼女は承諾する。帰り道、サムは妻に対してぶっきらぼうでよそよそしい態度をとる。彼女がどうしたのかと尋ねると、彼は「いや、疲れただけだよ」と心底答える。彼の行動を観察した人がたとえそうではないと言っても、サムは自分が嫉妬などしていないと心から信じている。そして翌日、他の男性に対する妻の関心に、脅威を感じていたと悟るのだ[3]。

この例は、他者の感情の報告を疑う、別の道も浮き彫りにしてくれている。それは、人が自分の感情を誤ってとらえていたことを後から認めるときである。サムが嫉妬していたことを後になって認めたという事実や、また何年も後になってから、トッパーのことがずっと嫌いだったことにブレイクとケイトが気づいたという事実は、彼らが感情を正しくとらえていなかったことの決定的な証拠ではない。結局、感情の再解釈が誤っているかもしれない。しかしこういう例は、私たちが「強い疑い」と呼ぶ基準を満たす。本人と観察者で感情に対する意見が違うという事実（たとえば、サム以外のパーティ出席者は彼が嫉妬していると確信していた）、そしてサムが後で自分が嫉妬していたことを認めたという事実は、初め彼が嫉妬を否定したことの信憑性を強く疑う根拠となる。

最後に一言。天文学者が遠い宇宙を探索するためにますます強力な道具を開発しているように、心理学者も人の内的状態を測定するより良い道具を開発している。確かに、私たちは内的自己検出器をまだもっていないけれども、情動や感情の神経学的関連性の測度など、高度な技術が次第に開発されている。

理論の問題

最適な人間をデザインするという仕事を（暇なときに）与えられたとしよう。感情や情動をその人間に与えるべきだろうか。与えるべきだとして、そうした感情を意識、もしくは無意識のいずれにするべきか。「よし、人間よ、感情をもちなさい。ただしお前はそれを意識しないこともある」と言うのはかなり奇妙だろう。いったいそうすることが、どんな役に立つというのだ。

このような、機能を見ていこうとするアプローチには危険がある。なぜなら、人の心のすべての側面には有用な目的があるはずだと考える罠におちいりやすいのである。とはいえ、意識的な感情がなぜ適応的であるかを説明するのは簡単な一方、無意識的な感情がなぜ適応的なのか説明することが難しいという事実は、訂正不可能性の主張を支持するように思える。

この理論的な問題に対しては、一つは古くもう一つは新しい、二つの解決策がある。古い方は精神分析理論であり、感情が無意識的でありえる理由は抑圧だと論じる。新しい方は、おなじみの適応的無意識である。それは意識によって作り上げられる感情とは独立して、感情を作り出すのかもしれない。

精神分析と抑圧された感情

フロイトによると、たとえば親に性的魅力を感じることを認めないなど、不安を喚起する感情が意識から閉め出されることがある。抑圧された感情の最も劇的な例は反動形成で、無意識的な欲望があたかもその反対であるかのように装われる。たとえば同性に性的魅力を感じるのはかなり脅威となるかもしれず、それゆえそうした欲望を無意識的に同性愛恐怖に転化する。[4]

抑圧された感情に対する精神分析的な見方は、厳密に検証することが難しい。研究者は、人には意識されない感情があるということを示さなくてはならないばかりか——すでに見てきたように、それは容易なことではない——意識されないのはそれが抑圧されたためだという理由も示さなくてはならない。多くの研究者たちが抑圧の証拠とされるものを吟味したが、十分ではないことが明らかになった。[5]

しかし、最近とても示唆に富む研究がおこなわれた。同性愛恐怖が非常に強い人は、同性愛的な欲望を抑圧しているという精神分析の考えを検討したのである。つまり、同性愛への恐れは、同性に性的魅力を感じることを隠蔽する手段というわけである。研究者たちは同性愛恐怖の程度を調べる質問紙で、高得点か低得点をとった男子大学生を実験参加者とした。そして性的な内容のビデオを見てもらい、男性器がどれくらい勃起したのか測定した。研究者がどうやって測ったのか、またどうやって参加者の承諾を得たのか、疑問に思うだろう。一つ目の疑問に対しては、研究者たちは、周囲長の変化を測るゴム製リングを男性器につける、プレチスモグラフと呼ばれる装置を用いた。この装置は男性器サイズの変化に対して非常に感度が高く、男性の性的喚起の測定器として広く使用されている。また二つ目の疑問に関しては、参加者は部屋の中で一人でビデオを視聴し、自分でプレチスモグラフを装着した。もちろん、公衆の面前でズボンを下ろせと要求するような、常軌を逸した科学者はいなかった。

参加者が視聴したすべてのビデオは、二人の成人間の同意のもとでの性的行為を映したものだった。

一つのフィルムは異性間、一つは女性間のレズビアン、一つは男性間のホモセクシャルの性行為だった。二つの群の参加者は異性とレズビアンのビデオに（プレチスモグラフによる測定で）同じ程度の喚起を示した。ホモセクシャルのビデオに対して、同性愛恐怖の男性はそうでない男性と同じように、興奮してはいないと主張したものの、精神分析の反動形成仮説と一致して、そうでない男性よりも有意に大きく勃起した。

この研究は同性愛恐怖の男性が意識しない感情（他の男性に対して性的魅力を感じる）をもつという、完璧な証拠とは言えない。研究者たちが述べているように、不安が性的喚起を高めるという証拠もいくつかある。すなわち、勃起が大きかったのは性的興奮のためではなく、同性愛恐怖の男性の不安によるものかもしれないのだ。しかし決定的ではないものの、この研究は反動形成についての精神分析の見解と少なくとも一致しており、意識的な感情（同性愛恐怖）が非意識的な感情（ホモセクシャルの魅力）を隠す目的を果たしていたと考えられる[6]。

情動は機能的であるとしても、意識的である必要があるだろうか

たとえ抑圧が存在するとしても、理論の問題が完全に解決されるわけではない。訂正不可能性の提唱者は以下のように答えるかもしれない。「まれな神経症の症例では、つらい感情を意識から閉め出す可能性もあることを認めよう。しかしそれは非常に例外的なものだ。多くの場合、人は自分の感情、評価、情動を十分に意識している。実際、感情を意識しているということは大変に機能的である。新たに知り合いになった人に魅力を感じているのか嫌悪感を抱いているのかわからないとしたら、生殖を保証するには都合が悪いだろう」。この主張は、人がなぜ自分の感情を意識しないことがあるのか説明する強力な理論がないだけでなく（抑圧は異例なので別として）、感情を意識することがなぜ利益になるのか説明する強力な理論ならあると指摘している。

情動が重要な機能を果たすという見方は昔からあり、多くの支持者がいる。たとえばチャールズ・ダーウィンは情動の社会的、伝達的機能を指摘した。嫌悪の表現は、同じ種の他の成員に対して、ある食物を回避するよう伝える。恐れの表現は、危険が迫っていることを仲間に伝える。情動はまた、それをもつ個体の生き残りを促進する。怒っている、もしくは恐れている動物は、敵にとってより危険に見えるような反応を示す。たとえば猫は歯をむき出し、背をまるめて毛を逆立てる。恐怖によって人は危険から逃げ出し、痛みがあるから熱いストーブには触らないことを学ぶ。[7]

しかしながら機能についての議論をよくよく考えてみると、これまでめったに問われたことがなかったある疑問が生じる。機能的であるためには、情動は意識されなければならないのだろうか。ほとんどの理論家は、出来事が以下の順番で起こると考えて、そうだと答えてきた。環境の中で凶暴な熊のように危険なものに遭遇する→熊の知覚が、恐怖といった情動を引き起こす→情動の意識的な経験が、反対の方向に走るなど、適応的なやり方で行動をとらせる。

この順番は合理的であるように見えるものの、これが情動反応の唯一可能な説明というわけではない。一つ問題なのは、情動は、危険な出来事に対処する行動を開始した後まで、なかなか喚起されないということである。数年前、私は嵐の中、レンタカーを運転していた。知らなかったのだが、その車のタイヤは擦り減っていて、つるつるだった。高速道路にかかる橋の下に入り、乾いた路面から雨で滑る道路に戻ったとき、タイヤがグリップを失い、車の後部が危険なほど左右に振れ出した。緊張の一瞬ののち、私は車のコントロールを何とか取り戻してガードレールに激突せずにすんだ。さいわいにも、事故を起こさずスリップを乗り切り、運転を続けた。

興味深いのは、私がいつ意識的な情動を経験したかである。標準的な機能についての見方では、危険にさらされているという知覚が恐怖を引き起こし、それから車のコントロールを取り戻す行為をとらせることになる。実際には、車が滑り出したことを感じて必死にブレーキをコントロールしていたとき、私はいかなる情動も経験していなかった。「ヒヤー」とする情動を経験したのは、車の尻の揺れが止まり、もう危険がなくなってからだった（「なんてことだ、もう少しで死ぬところだった！」）。危険が回避されるまで恐怖が生じなかったのであれば、どうやって命を救う行動のシグナルとなりえたのだろうか。

ウィリアム・ジェームズはこういう例に詳しく、出来事の生起する順序は、通常の進化的な情動の説明とは異なると唱えた。ジェームズは、環境の中の出来事の知覚が身体的反応を引き起こし、その身体的反応が意識的な情動を引き起こすと論じたのである。「泣くから悲しい、殴るから怒る、震えるから怖い」というわけである。彼の有名な例に、熊に遭遇して走るのは、怖いからではないというのがある。熊に遭遇し走る、それから事後的に恐怖を感じるのであって、怖いという感情は逃亡に何の因果的な役割も果たさないのである。レンタカーのコントロールを取り戻した後で私が経験した、「ヒヤー」とする恐怖と同じだ。

身体的反応と情動の関係に関するジェームズの理論は、今日にまで至る論争を巻き起こした。私たちの趣旨に照らすと、意識的な情動の経験が環境の脅威に対する適応的な反応に必要かどうか、ということになる。ジェームズの理論は、そうではないことを示唆しており、情動の機能に関する問題全体をくつがえす。おそらく意識的な情動はどんな機能も果たしておらず、むしろ状況を評価して適応的行動を引き起こす非意識的認知プロセスの副産物なのである。化学変化の副産物として熱が放出されるが、それが反応を引き起こしたわけではないのと同じだ〔8〕。

同様の議論が、情動の社会的機能についても言える。猫がお隣りのドーベルマン、レックスに出くわしたときに、背中を持ち上げウーと唸るのは非常に適応的であるが、おそらく、意識的に恐怖を経験せずにそうできる。猫は意識的な経験はまったくなしに、危険（レックスがまた鎖から抜け出した）を知覚し、適応的に反応したのかもしれない。

しかし適応的行動を引き起こすのが意識的な情動ではないとしたら、何がそうしているのだろうか。情動的反応が介在することなく、いかにして熊の知覚が逃亡を導くのだろうか。情動に関するジェームズの理論が論争を巻き起こしたのは、その理論では周囲の出来事の知覚がどのように直接その出来事に対する行動へと結びつくのかが説明されないからである。可能性の一つは、情動と感情が適応的行動に先行するものの、人は必ずしもそうした情動や感情を意識しないということである。

適応的無意識が感じる

これまで考えてきた非意識的な心的過程から、適応的無意識がそれ自体の信念と感情をもつことができると論じるのはちょっとした飛躍でしかない。それは、こういう信念や感情が非常に脅威となるため、抑圧の力がそれを覆い隠しているからではなく、適応的無意識が意識とは別に作用するからである。

定義によると、情動とは意識を満たした状態である。それはしばしば、心拍数の増加や息苦しさなどの無視できない身体的変化を伴う。このような状態が、どうしたら意識の外に存在しえるだろうか。感情をもちながら、どうしてそれを感じずにいられるのだろうか。その答えは、それに気づかずに感情をもつ可能性を許すように、感情の定義を調整する必要があるということだろう。

非意識的な初期警報システム

そのような非意識的感情の一つの例が、ジョセフ・ルドゥーが記している危険検出システムである。進化により、哺乳類（たとえばヒトやネズミ）は脳に環境からの情報を異なる方法で処理する二つの経路を賦与された。ルドゥーはそれらを情動の低位の経路・高位の経路と呼んでいる。いずれの経路も同じ場所を起点とする。すなわち、環境からの情報が感覚受容器に到達し、そこから感覚視床に向かう。また両経路とも、前脳のアーモンド形の領域である扁桃体（amygdala ギリシア語で「アーモンド」の意味）を終端とする。この領域は、情動的反応の統制に関係すると長い間考えられてきた。扁桃体は、心拍数や血圧、その他情動と結びついた他の自律神経系反応を制御する、いろいろな脳領域への経路をもっている。

しかし二つの経路は異なるルートを通って扁桃体に到達する。低位の経路は感覚視床から扁桃体に直接向かう神経経路から構成されているため、情報は最低限の処理がなされただけで非常に高速に伝達される。高位の経路は情報処理と思考をつかさどる脳の領域である皮質にまず向かい、それから扁桃体に到達する。高位の経路はゆっくりではあるが、皮質で情報のより詳細な分析ができるようにする。

なぜ哺乳類はこのような二つの情動の経路をもっているのだろうか。一つの可能性は、低位の経路は洗練された皮質をもたない生物においてまず進化したということである。皮質が発達すると、それが情動処理の役割を担うようになり、より素朴な低位の経路に取って替わったのであろう。ルドゥーの言い方では、低位の経路はすでにどのような機能ももたない「脳の中の虫垂」なのかもしれない。しかしながらルドゥーはこの考えをしりぞけ、低位の経路と高位の経路は、非常に適応的な方法で共に働くと論じている。低位の経路は危険の兆候を素早く警告する初期警報システムである。他方、高位の経路はよりゆっくり、そして徹底的に情報を分析するため、情報をより考慮した環境についての判断が可能になる。

ルドゥーの述べている例に従って、森の中を歩いているときに突然長い、蛇のようなものが道の真ん中に横たわっているのに気づいたとしよう。すぐ立ち止まり、「蛇だ！」と思い、心臓は速く打ち始める。そしてその後で、形からそれは蛇ではなく、ヒッコリーの落ち枝であることに気づき、また歩き始める。

ルドゥーによると、そこでは枝の像が感覚視床から扁桃体に直接送られ、「蛇がいる！」という大雑把な分析がなされた、ということになる。この「低位の経路」処理により、急に立ち止まった。その間、像は皮質にも送られ、より詳細な分析がなされ、対象には樹皮と節があることがわかった。この「高位の経路」処理は低位の経路による最初の処理を無効とし、それが誤った警報であったことを明らかにした。初期警報システム（低位の経路）は前方の危険を見るという方向に誤りをおかす。ルドゥーが論じるように、「枝を蛇と取り違えるコストは、結局は、蛇を枝と取り違えるコストよりも小さい」。高位の処理はまるで「さあ、落ち着いて。蛇には樹皮も節もないはず」と言うかのように、（少なくとも多くの場合）私たちの恐怖を鎮める役割を果たす。

情動処理における低位の経路は、意識的に自覚されることなく作用する。私たちは何の意識的な感情や思考をもたずに、枝を見て動けなくなる。しかしながら、これは人が非意識的情動をもつということを証明するのだろうか。それとも、単に意識しない心的過程をもつということだろうか。これは主としてことばの意味の問題だと思われる。もし恐怖ということばが、息苦しさや心臓が喉までせり上がるような感じとともに、それをどう意識的に経験するかということを意味しているのであれば、こういう感情を意識せずにもつことは非常に困難だ。しかしもし「何か危険なものが前にひそんでいるという非意識的な評価をしている」ということを意味するのであれば、答えはイエスであろう。すなわち、何か怖いものがあると思い、それに従って行動するのである。このことは、人が意識しない評価や情動を経験するということと非常に近いように思われる。ルドゥーは後者の見方をとり、「脳の状態と身体反応は情動の基本的な事実である。そして意識的感情は、情動で作られたケーキの砂糖飾りである」と述べている[9]。

ルドゥーは、彼の情動処理の低位の経路／高位の経路という概念と一貫する、膨大な証拠を集めている。しかしながら非意識的感情の理論としては、以下の三つの点で限界がある。第一に、すべての研究が、恐怖という単一の情動を扱っている。人間が初期警報システムを備え、わずかな危険の兆候にもそれを見て動きを止めさせるのには意味がある。しかし他の情動や感情についてはどうなのだろうか。それらも同様に、非意識的に存在しているのだろうか。第二に、基本的な低位の処理と複雑な高位の処理という二分法によって、すべてが説明されるわけではない。「高位」処理の種類の区別、すなわち適応的無意識による処理と意識的なシステムによる処理を区別することが有用だと思われる。

第三に、彼の理論は、一つが意識的でもう一つが非意識的な異なる感情の並存を許していない。トッパーの例では、ブレイクとケイトは子馬を憎みながら、愛していると信じていた（もしくは、ここではそう論じてきた）。ルドゥーの初期警報システムのモデルは強力ではあるが、こういう例を説明することができない。いったん高位の経路が状況を分析する時間をもてば、たとえば「枝は単なる枝」として、低位の経路は無効になる。対照的に、適応的無意識はある方向で環境を評価しても、その一方で（意識的には）違った感じ方をしているということがありえる。

トッパーへの愛憎

なぜブレイクとケイトは子どもの頃トッパーを愛し、また憎んでいたのだろうか。これを精神分析的抑圧の例と考えることもできる。愛すべきペットを憎んでいるのを認めることは、たとえば親からの承認への不安をもたらし、抑圧のメカニズムを引き起こしたかもしれない。しかしそのような説明が可能だとしても、この種の意識されない感情にはもっとシンプルな説明がありそうだ。

適応的無意識は、環境の能動的な評価者であり、子馬が噛みつき、また足の上に乗ったりすれば、嫌なやつだと推論し否定的に評価する。しかしながら、人はまた同時に、推論や評価を形成する能動的で意識的な自己をもっている。しばしば意識的システムも状況を正しくとらえる。ずっとトッパーを避けていたことや、側にいると不安になったことに気づき、我慢できないと正しく推論する。

けれども、意識的なシステムはときには誤りをおかす。一つは、自分の感情が変化したことに、注意を向けるまで気づかない場合である。ウィリアム・カーペンターは一世紀以上前に、「異性との間に強い愛情の結びつきを育てながらも、二人ともその事実に気づかない」という、「気づかれない」感情の存在について論じた。「お互いの愛情の存在は、実際しばしば身近にいる他者によって認識される……お互いがそのことを発見する前に……脳の状態はそれを行為の中に表出するが、そうした状態ははっきりと意識されない。それは、すべての注意が今の喜びに方向づけられており、内観する傾向は残されていないためである。[10]」

この例は、非意識的感情に対する私たちの「強い疑い」の基準を満たす。人が自分では気づかない感情を抱いているかのように振舞い、それを見ている人は、その人が認識されない感情を抱いていることを確信している。そして人は後になって、自分がその感情を抱いていたことに気づくのである（カーペンターの恋人たちが、お互いに魅かれていたことに気がついたとして）。確かに、そのような強い感情を自覚しないのは一時的である。いったん内側を探る時間があれば、他者に魅かれていることがわかる。カーペンターのことばでは、感情は「燻る火が燃えさかるように、突然大きな炎となって躍り出る[11]」。

しかしたとえ自分の内側を探っても、適応的無意識によって生じた感情を認識することが難しい場合もあるだろう。意識的なシステムは、人がどのように感じるべきかという、個人的、文化的な規範に非常に敏感だ。たとえば「子どもは子馬や犬、両親、ピクニック、海、おいしいチョコレート・ケーキが好きだ」というように。自分の感情がこういう規範に合致していると思い込んで、そうでない場合には気づかないのかもしれない。こういう「感情ルール」は、その問題に対して適応的無意識がどのように感じているのか知覚するのを難しくする。なぜなら誰もが「子どもは子馬が好きである」と知っており、トッパーが嫌なやつだということに気づくのは難しい。そのことがとりわけ不安を喚起するからではなく、文化的・個人的な感情ルールの煙幕のため、見るのが難しいからである[12]。

第1章の私の友人、スーザンを覚えているだろうか。スチーブンが理想の男性像の定義にピッタリだったので、彼女は彼を愛していると思い込んだ。彼は彼女と多くの興味を分かち合い、親切で、彼女のことを愛していることは疑いようもなかった。しかしスーザンのことを知っている私たちの誰にとっても、彼女が彼を愛していないのは明らかだった。なぜ彼女だけそのことがわからなかったのだろうか。彼女の意識的な「感情ルール」が邪魔をしたようだ。愛するべき男性のイメージに彼が一致していたという事実が、愛していないことを気づきにくくさせたのである。

逸話を超えて

こういう例は大いに説得的ではあるものの、単なる逸話でしかない。自分がある感情を抱いていると思いつつ、別の感情も抱きうることを示す、実証的証拠はあるだろうか。さいわい、社会心理学にはこの考えを支持する証拠がかなりある。その一つが自己知覚と帰属理論の研究である。これらの研究で、人は自分の行動や、行動が起きる状況を観察することによって、新しい態度や情動の存在を推論することが示されている。

こうした理論によると、自分がどう感じているのか不確実なときは、手がかりとして自分の行動や身体的反応が用いられる。たとえば、多くの研究において、人は経験している生理的喚起の程度や社会的状況の性質から、自分の情動を推論することが示された。その例の一つが、第5章で述べた「橋の上の愛」研究である。男性は自分の生理的喚起を、接近してきた女性の魅力によるものと解釈した。彼らは、少なくとも一部は怖い橋のせいで生理的に喚起していることに気づかず、女性の魅力を実際よりも過度に見積もった。

他の実験で、スタンリー・シャクターとラッド・ホイーラーは実験参加者に、ビタミンが視覚に及ぼす効果に関する研究への参加を依頼した。参加者は注射をされた後、コメディ映画を十五分間視聴した。彼らには知らされていなかったが、「ビタミン」は実際には、一つの条件ではエピネフリン、別の条件では擬薬、第三の条件ではクロールプロマジンであった。エピネフリンは心拍数の増加や手足のわずかな震えなど、交感神経系の生理的喚起を引き起こす。クロールプロマジンは交感神経系を鎮静する効能をもつ薬剤である。参加者は薬を投与されたことを知らないから、映画が身体的反応を引き起こしていると推論するだろうと研究者たちは考えた。仮説と一致して、エピネフリンを注射された参加者が、映画を最もおもしろいとみなしたようだった。彼らは観ている間、一番笑ったり微笑んだりしていた。クロールプロマジンを注射された参加者は、映画を最もおもしろくないとみなしたようだった。彼らは映画を観ている間、ほとんど笑ったり微笑んだりすることがなかったのである。[13]

リチャード・ニスベットと私は、こういう研究をたくさん調べ、態度や情動が変化したことがその行動からよくわかるときでも（たとえば、映画を観ながら笑っている）、こうした新しい態度や情動を抱いたことがめったに報告されないということを発見した。たとえばシャクターとホイーラーは参加者に、映画がどの程度おもしろかったか、また彼らがどのくらいそれを楽しんだかを評定してもらった。そして、条件間に差がないことを見いだした。平均すると、エピネフリン条件（たくさん笑い、微笑んだ参加者）は、クロールプロマジン条件（ほとんど笑わず、微笑まなかった参加者）よりも、映画をおもしろいとは評定しなかった。この結果のパターン、すなわちまるで何らかの情動や評価を抱いているかのように振舞うのに、それらが存在すると報告しないのは、シャクターとホイーラーの実験のようなタイプの研究によく見られる。[14]

これらの結果は、いくつか興味深い問いを導く。自分の行動から感情を推論するとき、何が推論しているのか、また推論される感情には何が起きるのだろうか。最初の問いに対する答えは、第5章でみたとおりである。すなわち、自分の行動を観察し、その理由について推論する過程は、たいてい適応的無意識において起こる。もちろん、この過程は意識的にも起こりうる。意識的自己は能動的な分析者・計画者であり、しばしば自分がしたことについて、なぜそうしたのかあれこれ考える（たとえば「どうして締切に遅れないように研究課題をすぐに始めなかったのだろう」）。しかしながら、シャクターとホイーラーによって研究されたこの種の自己帰属は、一般的には素早く、そして非意識的になされる。エピネフリン条件の参加者は、頭を掻きながら「どのくらい映画がおもしろいかって？

ええと、心臓が速く打っているし、手が少し震えているからすごくおもしろいのだろう」と考えながら座っていたわけではなかった。そのかわり、映画がおもしろかったことを素早く、非意識的に推論し、たくさん笑ったのである。同様に、「橋の上の愛」研究でも、男性は「うーん、なぜ心臓がどきどきしているのかな？　ええと、三十七パーセントの恐怖と六十三パーセントの愛、いや待てよ、三十四パーセントの恐怖と六十六パーセントの愛を感じているぞ」と自問自答してはいない。むしろ、彼らは自分たちの生理的喚起が、少なくともその一部は、女性の魅力によるものだと素早く、非意識的に推論したのである。

しかしこういう非意識的な推論の結果として生じる感情は、どうなるのだろうか。なぜシャクターとホイーラーの実験におけるエピネフリン条件の参加者たちは、他の参加者よりも映画をおもしろいと評定しなかったのだろうか。ともかくも、これらの参加者たちはまるでその映画がすごくおもしろいと思ったかのように、観ている間一番笑ったり微笑んだりしていたのだ。シャクターとホイーラーは一つの答えを示唆している。映画を評定する段になると、そういう反応よりも、観た映画のタイプ（ジャック・カーソンのドタバタ喜劇）に対して抱いていた好みの方にもとづいて反応したのである。参加者の一人が「なぜ映画の最中に笑っていたのかまったくわかりません。いつもはジャック・カーソンやこの種のナンセンスが嫌いだし、質問紙にもそのように答えました」と述べたように[15]。

つまり、適応的無意識はその映画がおもしろいと推論したので、人は大いに笑った。しかし映画がどのくらいおもしろかったか聞かれたときは、この種の映画に対する日頃の好みについての個人的な考え方にもとづいて反応した。適応的無意識の感じ方と、意識的自己のそれとが異なっていたのだ――ちょうどトッパーに対するブレイクとケイトの態度や、スチーブンに対する私の友人スーザンの感情がそうだったように。

同じトピックに対して、二つの感情――一方が他方よりも意識的――をもつ現象を、私は「二重態度」と呼んでいる。最も興味深い例の一つが、マイノリティ集団に対する態度である。こういう集団に偏見をもっているかどうか、人は知っていると考えられている。たとえば米国公民権法第七条では人種、肌の色、性別、国籍、宗教にもとづく雇用差別を禁じており、このような差別は意識的、計画的、意図的なものだと想定されている。法律は、目に余る意識的偏見を防ぐために制定されており、「無意識的偏見」や「無意図的差別」などが存在するかもしれないということは想定されていない[16]。

しかしながら、顕在的レベル（他の集団に対する意識的な信念や感情）だけでなく、潜在的レベル（他の集団に対する、意識されない自動的な評価）の偏見もあることが、次第に明らかになってきている。偏見などもっていないと心から信じていながらも、潜在的なレベルでは否定的な態度をもっているということがありうる。この点を示すために、社会心理学者は潜在的偏見を測定する、非常に巧みな方法をいくつか開発してきた。これについては第9章で述べる[17]。

このような素早い、潜在的で否定的な反応が無意識的なのかどうかは、まだ解明されていない問題である。こういう感情はしばしば意識されないが、状況が適切であれば意識することができると私は考えている。白人で自由主義者のジョンは、偏見などまったくもっていないと心から思っており、黒人に対して否定的な感情を抱いていることを自覚せず、白人に接するのと同じように接していると思っているかもしれない。そのような善意の人が否定的な感情をもち、そのことに相手の黒人は気づくのに自分は気づかず、黒人に対して否定的に振舞うという証拠がある[18]。しかし、このような否定的な感情を人が自覚しなかったとしても、注意深く目を向ければそうした感情を認識できるかもしれない。もしジョンが自分の感情を正直に見つめ、そして黒人にどのように対応しているかを観察すれば、自分の潜在的な否定的態度を認識できるかもしれない。

この例は、非意識的な感情と態度についての重要な問いを提起する。これまでの章では、適応的無意識はどんなに観察しようとしてもアクセスできない心的過程のシステムだと述べてきた。しかし、見えないところにある感情と態度が、自覚されるかもしれない可能性が大いにあるようである——もし、自分の感じ方についての意識的理論という煙幕の向こうに、それらを見ることに成功するならば。これは、心の中を覗き込んで自分の感情を内省するというよりも、自分の振舞い（たとえば、アフリカ系アメリカ人がいるところでの応対のしかた）に対する、優れた観察者であるかどうかの問題である。

非意識的感情と態度の理論に向けて

第1章の初めに、適応的無意識とはどのようなものかについて一般的な見方を述べた。それは感情となりうる心的過程の大きな流れから構成されており、その感情は意識にのぼる。たくさんの音楽を自在にサーチして演奏するようプログラムできるＣＤプレーヤーを想像してほしい。曲を選択して演奏するハードウェアやソフトウェアは、見えないところで作動している。私たちが聴く（意識に達する）のは、最終的に生み出されたもの、たとえばビートルズの初期のメロディーだ。同様に、心的な選択や解釈は非意識的であっても、生み出された感情は意識にのぼるのである。

対照的に、適応的無意識の産物――メロディそれ自体――であっても、意識に届かないことがあるとも述べた。それでも、意識に届く可能性という点で、感情は他の適応的無意識とは異なると思われる。第3章、4章、5章で適応的無意識の特徴を詳しく述べたが、感情を生み出す心的過程は、CDプレーヤーのハードウェアやソフトウェアのようにアクセス不可能だ。しかし、生み出された感情を人が意識する状況もある。

感情が意識にのぼるのがデフォルトで、意識にのぼらないのは特別な状況だということさえあるだろう。すでに三つ、そういう状況を見た。第一は抑圧で、（同性愛恐怖症の例で見たように）脅威となる感情を隠蔽するために力が働く。第二の状況は、（カーペンターの挙げている恋の事例に見られるように）感情の変化に対する不注意もしくは気づきの失敗である。第三は、意識的理論や作話という煙幕によって、感情が覆い隠されてしまう場合である。文化的な感情ルール（「自分の子馬なら好きなはず」「結婚式の日は、人生で最高に幸せなときだ」）や、個人的な基準（「私はアフリカ系アメリカ人に対して偏見などまったくもっていない」）、いかに人が感じるかについての意識的理論や推論（「彼は私の理想にピッタリだから、彼を愛しているに違いない」）と感情や評価が葛藤するとき、人はそれらを認識することができない。

こういう例のように、適応的無意識がもたらす感情を認識できない場合というのは、それほどよくあることではないかもしれない。アメリカ文学のクラスで三列目に座っている人に恋心を抱き、飼い猫が死ぬと悲しみを感じ、ビック・サンダー・ローラーコースターに三回も乗ったら気持ち悪く感じるのが普通というものだ。それにもかかわらず、感情を認識できない状況は、おそらくそんなにまれなことではない。

さらに、感情に敏感な人、めったに気づかない人など、人によって気づく頻度にも違いがある。確かに情動的知性の一つの定義は、自分の望み、欲求、喜び、悲しみを認識する能力である。自分の感情が個人的理論や文化的基準と異なったときにも、そういう煙幕の向こうにそれを認識することに長けた人がいる。他方、こういう自己認識がうまくない人もいる。[19]

極端な例では、失感情症（アレキシサイミア、ギリシア語で「情動へのことばを失う」という意味）と呼ばれる精神病理的状態のように、最も基本的で強い情動ですら認識することができない。失感情症の人は情動をもってはいるが、そうした情動が何か、またどこから生じるのか述べることができない。ある女性は自分がしばしば泣くけれども、その理由がわからないと言った。「泣くと、ただ身体の調子が良くなるんです」。彼女は、八歳の子どもの母親が癌で亡くなるという映画を観た後、泣きながら眠りについたことがあると述べた。セラピストが、彼女自身の母親が癌で亡くなったという事実に悲しみや嘆きを感じているのでしょうと指摘したとき、その女性は当惑したように見え、そしてそういうつながりはないと答えた。[20]

失感情症は疑いもなく、無自覚の最も極端な例だ。自分の感情を理解しようとするとき、それほど混乱する人はまずいない。しかし私たちは、誰でもある程度は失感情症的である。適応的無意識が、認識されない感情をもっていることがある。将来自分がどう感じるか、またどのくらいの間そのように感じるか、ということについての知識はどうだろうか。将来の出来事に対してどのように感じるかわかることは（たとえば「もしスティーブがプロポーズしてくれたらどのくらい嬉しいだろう？」）、現在どのように感じているのかわかるのと同じくらい重要なことが多い。しかし、現在自分がどう感じているのか知るのがときに難しいのであれば、自分の感情を予測するのもまた難しいだろう。

〔訳注1〕　原文はThe Incorrigibility of Feelings. Incorrigibilityは論理的に誤りようがないという意味において、「訂正不可能性」と邦訳される（Armstrong（1968）鈴木登訳（1996）『心の唯物論』頸草書房　を参照）。本書では「訂正不可能性」とともに、「間違いのなさ」ということばを用いて訳出した。

第7章 どう感じるだろうかを知る

われわれはしばしば経験することであるが、不可能と思うようなことが起こったり、今まで夢のように思っていたことが実際にあらわれたりすると、歓楽または苦痛を予想してほとんど夢中になるような場合でも、かえって落ち着きが出て……

——ナサニエル・ホーソーン『ラッパチーニの娘』(一八四六)

たいていの人は、永遠の幸せの前に立ちはだかる唯一の障害は、自分が欲しいものを手にすることができないことだと考える。人はしばしば言う。「もし○○さえあったら、ずっと幸せなのに」。ある人にとっては、それは「真実の愛」だったり、またある人にとっては「百万ドル」だったり、また別の人にとっては「エルビス・プレスリーのそっくりさんとしてラスベガスに出演すること」だったりする。夢がどんなものであれ、私たちは誰しも、その夢がかなったら今よりずっと幸せになるだろうと考えがちだ。

しかし、長続きする幸せを得るためには、願いがかなうだけでは十分とはいえない。何を願うべきかについても知っていなければならないのだ。エルビスのそっくりさんとしてラスベガスで出演することが、また、ディズニーワールドに行くことが、私たちをより幸せにしてくれるだろうか。言うまでもなく、何を目指すべきか知るためには、この問いの答えがわかっていなければならない。私たちは、正しい感情予測、つまり将来の出来事に対する自分の情動的反応について、予測をしなければならないのである。

感情予測は自己知識の重要な一部である。誰と結婚するか、どんな職に就くか、子どもを持つか否か、エルビスのモノマネ道具一式に投資するか否かなど、大きな決定も小さな決定も、それらの出来事がどの程度嬉しいことであり、快いことなのかという予測にもとづいている。現在の出来事に対する私たちの情動的反応は特別で、しばしば意識に達する。同様に、将来の出来事に対する情動的反応も自己知識の重要な形態であって、私たちはしょっちゅうこれを経験している。たいていの人が、健康や百万ドル、そして幸せな結婚が、慢性的な痛みや貧困、そして面倒な離婚よりも自分を幸せにすることを知っている。何が自分の気分を良くさせるのか悪くさせるのか、何の手がかりもないような世界で生きていくことは難しいだろう。ネズミでさえ、不快な結果（電気ショック）をもたらすバーを押すのを避け、快い結果（おいしいエサ）をもたらすバーを押すのを学習して、正しい感情予測ができるのである。

しかしながら、ある出来事に対する自分の最初の反応がどのようなものかを知るだけでは十分とはいえないときが、しばしばある。その反応がどの程度持続するのかについても、知る必要がある。誰と結婚するか、子どもを持つか否かといった人生の重大事を決定するとき、それらの決定は単なる束の間の喜びではなく、末永く続く幸せをもたらすだろうという想定にもとづいている。しかし、私たちの感情予測は、しばしば持続バイアスを伴っている。持続バイアスというのは、将来の情動的出来事に対する反応の持続時間を、過度に見積もる傾向である。このバイアスの研究から、幸せの本質は何か、そして、なぜ出来事が私たちが考えるほど長くは幸せに影響しないのかということについての問いが浮かび上がる。この研究は、永遠に続く幸せを手にする秘訣を明らかにするものではないが、確かにいくつかのヒントは示唆している。[1]

情動的反応のはかなさ

翌週起こるかもしれない、最高のことと最悪のことを想像してくださいと尋ねたとしよう。よくある答えは、「宝くじに大当たりすること」と「愛する人の死」である。このような極端な出来事に対する情動的反応は、どの程度持続するだろうか。多くの人はこう答えるだろう。「もし宝くじに当たったら、何ヵ月も、もしかしたら何年もずっと大喜びだろう」、そして「愛する人が死んだら、永遠に立ち直れないほどのショックを受けるだろう」。私たちの多くにとって、これらの感情予測は間違っている。

お金では愛や幸せは買えない

あなたが州営宝くじの最終当選候補者十人のうちの一人だと想像してみよう。他の候補者と一緒に、当選者の名前が出るのをステージ上で待っていて、その様子がテレビで生中継されている。司会者が大箱から封筒を取り出したときには、額に玉のような汗をかく。彼は、封筒を開け紙を広げるのに、永遠にも思えるほどの時間をかけているようだ。しかしそこで彼はいったん動きを止め、あなたをまっすぐ見つめる。そしてあなたの名前を読みあげる。そう、それは本当に起こったのだ。厳しい確率もなんのその、あなたは百万ドルを獲得したのだ。

あなたは、そのときどのくらい幸せだと思うだろうか。その後数ヵ月間どのくらい幸せだと思うだろうか。その後数年間は？　たいていの人が、自分が当選者だとわかったら大喜びするだろうと正しく推測する。一九七三年の七月、メリーランド州営宝くじの、最初の百万ドル当選者としてポール・マクナブの名が呼ばれたとき、彼は床に倒れこんで何度も「なんてこった」とつぶやいた。州知事のマービン・マンデルは、分割で支払われる賞金の最初の五万ドル小切手をマクナブに手渡すために、わざわざ腰をかがめなければならなかった。マクナブはおそらく、これで何不自由なく暮らせる、また、すべての問題が消え去ったと考えたことだろう。

一九九三年、毎年支払われる五万ドル小切手をマクナブが最後に受け取った後まで話を進めてみよう。ワシントンポスト紙の記者のインタビューを受けたとき、彼はラスベガスのバーでノーブランドのタバコをふかしながら、無料のソーダを大事そうにちびちび飲んでいた。彼は寝室が二部屋しかないアパートに住み、車を持っていなかった。記者が宝くじに当たるのをどう思っているか尋ねると、彼は笑って言った。「また当選したいかって？　とんでもないね。」

一九七三年にマクナブがテレビに出てからすぐ、彼は賞金の分け前を要求する人々に悩まされた。彼の娘を脅す者もいたし、家に押し入ってくる者もいた。「もしあんたが私が当選した最初の年に経験したことを経験したら、自分の母親だって信用できなかったろうさ」。彼は記者にそう話した。結局マクナブは、みんなの目から逃れるためにネバダ州に引っ越したが、そこでも永遠の幸せを見つけることはできなかった。「二十年間の社会生活、人間としての生活を失ったってことがわかりますか？　私は今でも警戒心が解けないのですよ。[2]」

あなたは思うかもしれない。皆が皆お金の扱い方を知っているわけではなく、お金で解決するよりも、お金が引き起こす問題の方が多くなってしまう人が確かにいるものだ。だが自分はお金をちゃんと扱えるから、大きなお世話だと。確かに、私たちにとって、お金によって広がるチャンスは、それがもたらすいざこざよりもずっと重要だろう。だが、おそらく私たちは間違っている。マクナブの経験は極端に思えるだろうが、決してまれなことではない。ある研究では、ニュージャージー州の百万ドル当選者のほとんど全員が、嫌がらせや脅迫を経験し、その多くが恐怖を抱きながら生活していたことがわかった。そして結局たいていの人が、鳴り止まない電話や望まない来客を避けるために、友人や家族と遠く離れた見知らぬ土地にしばしば引っ越していた。たとえばサルバトーレ・レノチは、見知らぬ人たちからの鬱陶しい電話攻撃に遭った。なかには、病気の妻と自分のためにと言って毎日金を要求する男もいた。レノチの子どもたちをナイフで脅す輩もいた。家族は彼の幸運に腹を立てるようになった。レノチは言った。「今、私は金を持っているが、では以前は今より恵まれていなかったのかというと、そうとは確信できない」。宝くじ当選者を面接したある社会学者は、次のように結論づけている。「彼らは貧困や窮乏には勝ったが、戦いには負けつつある。すなわち、宝くじ当選者は経済的には成功者であっても、社会的、そして心理的には犠牲者である[3]」。

宝くじに当選することで幸せになるわけではなく、それどころか大きな不幸さえ背負いかねないと知っていたら、苦労して稼いだお金を宝くじ券にどっさり費やすのをためらうだろう。それにもかかわらず、州営宝くじは何十億ドルもの利益をあげ続けている。多くの人が、お金で実際に愛情が（そして幸せが）買えると信じているということを裏付けている。

「私は決して立ち直れない」

数年前、私の友人キャロラインは、五十九歳の母親を心臓発作で突然亡くした。キャロラインは非常に落ち込んで、決して悲しみを乗り越えられないだろうと言った。ある意味、彼女は正しかった。五年後、キャロラインは母親がいないのをまだ寂しく感じ、彼女のことを思うとしばしば悲しくなった。しかし、母親の死後数日間に経験した、胃が痛くなるような激しい苦しみは、彼女の予想よりも早く、徐々に治まっていった。やがてキャロラインは、かつてのように、ユーモアにあふれ活発で社交的になり、喜んで職場の問題解決に乗り出したり、子どもたちと一緒に過ごしたり、テニスをしたりするようになった。

もしキャロラインが魔法の杖を振って母親を生き返らせることができたなら、間違いなくそうしたであろう。しかしまた一方で、彼女は、自分が予想したよりも早く母親の死から立ち直ったことを、真っ先に認めるだろう。また、母親の早すぎる死は確かに悲劇ではあったが、それが原因で父親とより親密になったというような、良い出来事があったことを認めるだろう。母親の葬式後、彼女は父親に電子メールの使い方を教え、現在は一週間に数回電子メールをやり取りし、以前よりもずっと親密に連絡を取り合っている。

キャロラインの経験は、死別の過程がしばしば予想しないかたちで進展することを明らかにした研究と一致している。多くの人は、愛する人の死にまったく影響を受けないか、もしくは深い悲しみから驚くほど早く立ち直る。ある研究では、乳幼児突然死症候群で赤ちゃんを失った両親の三十パーセントが、重い抑うつ状態を経験しなかったことがわかった。また別の研究では、配偶者と死別した人の八十二パーセントが、死から二年後には元気に生活していることがわかった[4]。

確かに、多くの人が愛する人の死に打ちのめされる。その死を予期しなかったときはなおさらである。ある研究は、配偶者の死後一週間で、自殺率が男性で七十倍、女性で十倍に増えることを示した。また別の研究では、配偶者や子どもを交通事故で失って四年から七年経過した人は、失っていない人に比べて、抑うつ状態にある率が高かった。一週間のうち少なくとも三、四日は「うつな気分を振り払う」ことができなかったと答えた人は、配偶者や子どもを失った人では三十二パーセントであったのに対して、失っていない人では十一パーセントであった[5]。

立ち直れない人たちがいる一方で、なぜ早く立ち直る人もいるのだろうか。一つの重要な要因は、その死に何らかの意義を見いだすことができるかどうかである。死は神のご意思であったとか、愛する人は死を受け入れていた、または、死は人生の自然な一部であると信じるなど、死に対して何らかの意義を見いだした人は、何も見いだせなかった人に比べてより早く立ち直る。もう一つの重要な要因は、その経験に何か肯定的なことを見いだすかどうかである。それは人として成長したとか、視野が広くなったという信念であったり、キャロラインのように、死によって残された家族がより親密になることであったりする。

たとえば、愛する人の死は、他の人を援助する新たな機会となりうる。キャンディ・ライトナーは、一九八〇年に十三歳の娘が飲酒運転の車に轢かれてこの世を去ったとき、その怒りと悲しみを飲酒運転の根絶を求める国民運動へと注ぎ、「飲酒運転に反対する母親の会」を設立した。一九八一年七月、六歳の息子アダム・ウォルシュをショッピングモールで誘拐され残忍な方法で殺害されたジョン・ウォルシュとレーヴェ・ウォルシュは、行方不明の子どもたちのための国民的活動家となり、コンピュータ化されたデータベースを備えたセンターを設立する法令の立役者となった。ジョン・ウォルシュは、テレビ番組「アメリカの最重要指名手配者」の制作に携わり、彼自身が司会を務めた。トラウマから最も早く立ち直る人は、他の人を救う力をもつ契機となったなど、死別が何か良いことにつながったと感じる人たちである[6]。

愛する人を失う前に悲しみに対して抱いている信念という観点からみると、最後に紹介したこの知見は特に興味深い。たいていの人は、愛する人を失う悲しみを、一様に否定的で悲惨な経験だと想像している。しかし実は、愛する人の死後、ほとんどの人が相当の悲しみを感じながらも、しばしば肯定的な情動も経験しているということを知って驚くだろう。また、死やトラウマが、彼らを価値ある方向へ変えるかもしれないと知れば、さらに驚くだろう。私たちの多くが「彼（または彼女）が死んでしまったら辛いだろう。だが結果的に、少なくとも私は人として成長するだろう」と考えたことがあるとは思えない。しかしながら、実際私たちの多くは成長するのである。ロニー・ヤノフバルマンは、愛する人の死やレイプ、衰弱性障害などを含むさまざまなトラウマの犠牲者について研究した。彼女が言うように、「確かに犠牲者になることを好んで選択したわけではない。しかし多くの人は最終的には、それを強力で、かなり価値のある、人生で最も重要なことを教えてくれる教師とみなすのである。[7]」

宝くじ当選や愛する人の死のような、人生の重要な出来事への反応だけでなく、日常的な情動的出来事に対する反応でも、人は驚くほどの回復力がある。[訳注1] ある研究で、二年間にわたって大学生の幸福感が測定された。その期間、参加者の身には多くの良いことや悪いことが起きた。約三分の一が身内を亡くし、半分以上が恋人と破局し、また半分以上が少なくとも十ポンド太った。八十パーセント以上が少なくとも二ヵ月間は誰かと恋愛関係をもち、ほぼ全員が親しい友人を新たに得て、四分の一以上が大学院への入学を許された。これらの出来事は重要であったが、彼らの幸福感に一時的な影響しかもたらさなかった。この研究の著者は、「最近の出来事だけが重要だ」と言っている。これは、成人よりも思春期の若者により当てはまった。ある研究では、思春期の若者が極度に良いムードもしくは悪いムードにあるとき、彼らが通常の幸福感のレベルに戻るのに、平均たった四十五分しかかからなかったことを見いだした（十代と暮らす人にとっては、驚くには当たらない結果だろう[8]）。

宝くじ当選者、死別、日常生活の出来事への反応に関する研究すべてが、人は自分が思っているよりも回復力があるということを示している。アダム・スミスが観察したように、「各人の精神は、その自然で普通の平静な状態に、長時間かかるか短時間かかるかいずれにせよ、戻るのである。繁栄のなかにあっては、一定の時間ののちに、それはその状態に後退するし、逆境にあっては、一定時間ののちに、それはそこに上昇する。[9]」

人はなぜそれほど回復力があるのか

私たちがこれほどの回復力を持つ原因として考えられるものの一つは、ラ・ロシュフコーが四世紀前に指摘したように、「人間の幸不幸は、運にもよるが、その人の気質にもよる」[訳注2]からである。どんなに曇っていても明るい希望の光を見ることのできる幸せな人もいれば、地平線上にいつも雨雲を見る不幸な人もいる。幸福感はパーソナリティ特性であり、遺伝的でもあるという証拠が実際ある。たとえば一卵性双生児は、たとえ違う家庭で育てられても、非常に似かよった幸福感のレベルをもっている[10]。

しかしながら、幸せな人もときに悲しくなるし、いつも不幸な人もときには笑顔を見せることは明らかだ。幸福感はいくぶん遺伝的なものでもあるという事実は、不変で一定したレベルの幸福感に縛られているということを意味するわけではない。問題は、なぜ人は、幸せな、もしくは悲しい出来事を経験した後に、比較的早く標準的な幸福感のレベルに戻るのか説明することである。ポール・マクナブは、百万ドル当選を知ったときに歓喜のあまり我を忘れた。しかしその大喜びは長くは続かなかった。なぜだろうか?

追求こそが重要だ

目標の追求は、目標の成就よりも楽しいとまではいかなくとも、同じくらい楽しいというのが一つの可能性である。私はしばしば、何ヵ月または何年も費やして、研究プロジェクトのデータを収集・分析し、その結果を報告する論文を執筆し、心理学雑誌へ投稿する。論文掲載が認められたと知らせる手紙が届いたときこそが、最高の瞬間のように思われるだろう。何と言ってもそれは多くの作業の成就であり、そのために何ヵ月も取り組んできたのだ。そして実際、そのような手紙を受け取ったら私は非常に嬉しい。確かに論文掲載を却下する手紙を受け取るよりはずっといい。しかしその喜びは長く続かない。思うに、目標に向かって前進しているときが、一番幸せなのだ。たとえば、大学院生の一人が、私たちの最新のデータがどうやらすごいようだと教えてくれたときや、論文の執筆がはかどったときである。いったんプロジェクトが完結して論文掲載が認められたら、私の注意は次のプロジェクトに向けられるのである。

人生において何か頑張る目標をもつことは重要である。そしていったん一つの目標を達成したら、照準を変え、次の新しい目標に向けて頑張る。事実、物事が本当にうまく運んでいるときは、自分だとか時間だとかの感覚を忘れる「フロー」状態になる。ある作曲家は曲を書くときの経験を次のように表現している。「まるで自分がほとんど存在していないように感じる、それくらい夢中の状態にいるんです。……私の手は存在しなくなったかのようで、今現在起きていることに、私はまったく関与していないんです。畏敬と驚嘆の状態で、ただ座して見ているだけなんです。そうすると音楽がおのずから流れ出てくるのです」[11]。このような経験をするのは芸術家だけではない。何をするときであっても、人はフローを経験しうる。

たとえば、必要なものはすべて提供してもらえる、壮大な実験の参加者になったと想像してみよう。

お金、食べ物、愛、セックス、名声など、欲しいものは何でも定期的に与えられる。唯一の難点は、これらの報酬を得る可能性を、自分で増やしたり減らしたりすることができないことである。実は、報酬を得るには、一日八時間、何もせずに部屋で過ごさなければならない。時間のかかる仕事もなく、話しかける人もなく、読む本もなく、描く絵もなく、作る曲もなく、つまり、することは何もない。たとえ望むがままに報酬を与えられたとしても、これは悲惨な生活だろう。この生活と、これとは非常に異なる、目に見えるほどの報酬はささやかにしか受け取れない生活とを比べてみよう。基本的欲求を満たすのに足りるだけのお金を得るが、贅沢品はほとんどない。しかし、自分の好きなことに没頭して毎日を過ごせる。

このような極端な例の場合、後者の生活よりも前者の生活を選ぼうという人はほとんどいない。しかし、日常生活では、人はしばしば前者のような生活を選択すると私は思う。学生が、大金を得られるかもしれないが退屈なルーティン・ワークに縛られるに違いない職業を求めて奮闘しているのをしばしば目にする（税務関係の仕事を思いつくが、私だけかもしれない）。後者のような生活は、売れない芸術家や、他の人々の生活を良くしたいと願う社会福祉士や、最近の個人退職年金制度の変更に一所懸命取り組んでいる税理士の生活である。給与が私たちの基本的欲求を賄う限り、毎日何かに没頭できることは、月末の給与よりも大事なのだ。

フロー体験や没頭することの重要性は、目指していた肯定的な出来事、たとえば論文が出版されることなどが、永続的な喜びをもたらさない理由を説明するのに役立つ。すなわち、目標が達成されると、私の思考は新しい問題に取りかかるのである。しかしながら、この没頭という考え方に従えば、目指していた目標の達成に失敗した場合には、長期の悲しみをもたらすと予測されるはずだ。失敗が原因で日々の楽しい活動に打ち込むことができなくなったりすれば、特にそうだろう。だが、このような失敗は辛いものだが、人が考えるほどその悲嘆は長くは続かない。たとえば、多くの大学の助教授にとって、終身在職権を獲得することは重大な人生目標だが、それに失敗したときの不幸の持続時間が過大に見積もられていることを、ダニエル・ギルバートと私は見いだした[12]。

また、人生における重要な出来事の中には、目標志向型の行動を促進するように思えるものもあるが、それもやはり永続的な幸せをもたらさない。百万ドルを得れば、旅行したり、ロースクールへ通って税法を学んだり、あるいは家でかぎ針編みを習ったりするなど、以前はできなかった多くの目標を追求することが可能になるはずだ。ではなぜ、それが人をもっと幸せにしないのだろうか。

比較によって痛手を被る

ある出来事に対する反応は、類似した出来事に対する以前の経験とどう比較されるかに依存している、ということからも、情動のはかなさは説明できる。この考え方によれば、私たちは、自分の経験と、それに似た他の経験をたえず比較し、「あれに比べてこれはどうか?」と自問しているのである。高級三ツ星レストランでの最初の食事は素晴らしくおいしい。しかしたくさんの高級レストランで食事した後、私たちは比較基準を変える。ちょっとした二つ星レストランの食事は、もはやそれほど特別なものと思えない。なぜなら、それはシェ・ミシェルのカスレドゥメール（魚貝の煮込み）ほどおいしくはなかったからである。悲しい事実だが、極端に快い経験には代償が伴う。そうした経験は、そのときは確かに素晴らしい。しかしそれらは、将来起こるすべての経験が比較される新しい参照点となる。そして、将来の経験のうちの多くが、その比較によって痛手を被ることになるだろう。たとえばある研究では、イリノイ州営宝くじで、五万ドルから百万ドル当選した人と、当選しなかった統制群とを比較した。当選した人と当選しなかった人は、幸せの程度は変わらなかった。また、当選者は、二年後にはもっと幸せになるだろうという回答もしなかった。さらに悪いことには、当選者は、友人と話したりテレビを見たりおもしろいジョークを聞くといったような、いくつかの日常的活動に対する楽しさを、当選しなかった人よりも低く評価したのである。生活の中のありふれた喜びは、大金の獲得という極端に大きな喜びと比較されて、見劣りしてしまったのである。[13]

確かにこの考えには一理ある。妻と私は、たいてい夕食の際に一本のビールを分け合うのだが、年を重ねるにつれて基準が上がっていると感じる。かつては安いブランドのビールでも、他と同じくらいおいしかった。ブラッツやファルスタッフも、ストローズと同じくらいうまかった。その後私たちはシアトルで研究休暇を過ごしたのだが、そこは地ビール天国だった。いろんなブランドをすべて試してみるという、素晴らしい時間を過ごした。そして、どんな種類の食べ物を出すかよりも、どのビールを出すかでレストランを選ぶこともしばしばあった。私たちの比較基準はかなり上昇し、今では夕食の際に安物のビールでは満足できない。しかし本当のところはおそらく、基準が上がる前にストローズを楽しんでいたときほどには、毎日の地ビールを楽しんではいないだろう。かつて特別だったものが、今では普通になってしまったのである。[14]

しかしながら基準の変化という考え方には、ある任意の時点で何を比較点として使用するかの理解に関する問題が伴う。私たちは、以前の最も極端な経験を比較点として用いることもある。シェ・ミシェルで食べた後は、ニックズ・ダイナーの料理は決して以前と同じではない。しかしまた私たちは、自分の経験を個々に切り離し、それらを極端な経験と比較しないこともある。美食家も、ニックズ・ダイナーでの食事に十分満足するかもしれない。なぜなら、彼はそれを昨日のマクドナルドでの食事と比較しており、先月パリで食べたシェ・ミシェルでの食事とは比較していないからである。

比較点の選択や、それが情動的経験に及ぼす影響のしかたは複雑なプロセスであって、どのようにカテゴリーを定義するか（「すべての食事」対「ギリシアレストランでの食事」）、経験が特定の領域でどの程度新しいものなのか（どのくらい前にシェ・ミシェルで食べたか）、そして、その特定の領域でその人が経験した量（シェ・ミシェルでの一回の食事か、百回の食事か）などによって決定される。重要なのは、比較基準の変化が、人がなぜ人生における出来事に順応するのかの説明に役立つということだ。つまり、バーが上げられ、以前は喜び（もしくは苦痛）に感じたものが、今はありふれた普通のものに思えるのである。しかし、話はこれだけでは終わらない[15]。

幸せは血圧のようなもの

情動のはかなさに対するもう一つの見方は、幸せを血圧のような生理学的システムにたとえることである。アロスタシスは、身体的システムが環境の変化に反応するプロセスを指す（これとは対照的に、ホメオスタシスは、システムが一つの設定値を維持しようとする）。たとえば、朝ベッドから出たときには、血圧は上昇せねばならない。気を失うのを防ぐため、脳へ向かう十分な血液がなければならないからである。朝刊を読もうと座るときに、血圧はまた下がる。私たちの体が維持しようとする、ただ一つの理想的な血圧のレベルは存在しない。同時に、血圧が下がりすぎたり上がりすぎたりするのも明らかに有益ではないから、それを限られた範囲に維持する機能をもつメカニズムも存在する。

人間の情動にもこれと似たプロセスが起こると考えられる。環境に対して情動的に反応することは利点であり、情動はそのときそのときで変化する。同時に、情動的に極端な状態から人を遠ざける機能をもつことも、利点である。

たとえば、一番最近経験した幸福の絶頂状態のことについて考えてみよう。それは結婚した日や、子どもが生まれた日かもしれない。あるいは、希望の大学に合格するなど、また別の人生目標を達成した日かもしれない。あなたはおそらく天にも昇るような気分で、喜びの波が体中をかけめぐるのを体験した。心臓は早鐘を打ち、血圧は上がり、呼吸は速まった。

さてここで、一時間、一日、または一週間ずっとこのように感じ続けたらどうか想像してみよう。ひどく疲れそうではないか。誰もこのような極端な情動状態を維持するスタミナはもっていない。もし血圧と心拍数が数日間も上がったままだったら、心臓発作で死んでしまうだろう。身体があまりに長い間張り切りすぎないようにする、適切なメカニズムがあるに違いない。

長期にわたる肯定的《ポジティブ》（または否定的《ネガティブ》）情動には、新しい情動的な情報に集中したり注目したりするのを困難にするというような、心理的な代償もあるかもしれない。情動がもつ機能の一つは、環境の中で、どれが危険で回避すべきものなのか、どれが好ましくて接近すべきものなのかを、素早く知らせることである。人は出来事に対して素早い情動的反応をするが、この情動的反応は、何をすべきか人に知らせる信号の役割を果たす。過去の出来事に対していつまでも情動的に反応することの問題点は、これらの信号が伝わるのをより難しくしてしまうことだ。もし昨日の成功でまだ至福の状態に酔っていたら、今日の危険や危機は、より認識されにくくなってしまう。

つまり、長い間抑うつ状態であったり、幸福感に満たされているのは、私たちにとって良くない。このような事情は、がっかりするものに思えるかもしれない。なぜなら、どんな出来事でも、限りある幸せしかもたらさないということを意味するからである。だが実際には、良いニュースも悪いニュースもある。良いニュースとは、もし人間が、肯定的または否定的な極限への長期的な情動の揺れを回避するようにプログラミングされているのであれば、長期にわたる否定的状態を経験しないようにするための防衛メカニズムがあるはずだ、ということである。もちろん、慢性的うつ病からもわかるように、このメカニズムがうまく働かないときもある。しかしたいていの人は、人生の否定的な出来事に対処するのを助けてくれる、生まれつき備わったメカニズムをもっているのである。これに対し悪いニュースとは、これらのメカニズムが、肯定的な出来事に対する喜びの反応が続くことも難しくしてしまうことである。楽しい雰囲気に水を差すような生理的・心理的メカニズムが、人には基本的に備わっているのである[16]。

そのようなメカニズムの一つが、感情反応を引き起こす内的変化に反応して、生理的、神経科学的なレベルで起きる。相反過程理論によれば、極度の感情反応を引き起こす身体的出来事は大きな支障となるため、体は均衡状態へ戻るような手段をいくつかもつ。反対の感情反応を生み出すような「相反過程」を起こすことで、この均衡状態へ戻るのである。たとえば、コカインを摂取すると、薬物によって生じた肯定的な感情を中和させるための相反過程、すなわち否定的な感情反応が引き起こされる。熱いストーブに触れると、結果として生じた痛みを中和するための相反過程、すなわち肯定的な反応が引き起こされる。

相反過程理論は、薬物などの身体的刺激に対する反応を説明する代表的な考え方となりつつある。この理論のおもしろい特徴の一つは、刺激に長い間繰り返し接触すると、相反過程が強くなり、またその持続時間も長くなるという考えである。コカインのように、最初に大きな快楽をもたらす刺激は、長期のうちに快楽がどんどん小さくなっていく。なぜなら、それが引き起こす相反過程が強くなっていくからである。

相反過程理論は、薬物摂取に対する神経科学的反応のように、身体的システムが乱されたときに生理的レベルで起きていることを説明するのに役立つ。しかし、宝くじに当選したり、恋に落ちたり、愛する人を失ったりするような、複雑な情動的出来事に対する心理的反応となると、この理論ではそれほどうまく対処できない。このような複雑な出来事が引き起こす情動が、なぜしばしば短命に終わるのかを説明するためには、それらの出来事に対する心理的・行動的反応の種類を検討する必要がある。[17]

反応タイプの一つに、きわめて意識的で熟考的なものがあり、それによって人は自分の情動を抑える手段をとることができる。これは否定的な情動のときに明らかである。私たちは嫌な気持ちになることが嫌なので、しばしばおもしろい映画を見るなどしてムードを改善しようとする。だが、肯定的な情動のときには、それほど明白ではない。どうして良い感情をわざわざ台無しにするようなことをするだろうか。そういうケースはまれかもしれないが、確かに存在する。葬式で笑いこけたりすれば誠意があるとはみなされないから、葬儀場に入る前に（たとえば悲しいことを考えたりして）ムードを抑える手段をとるだろう。同様に、他の人と一緒に課題に取り組むときなど、何かに集中しなければならないとわかっているときは、自分を過度に良いムードにおくことを意図的に避ける[18]。

このように、肯定的な情動と否定的な情動を和らげる役割を果たす生理的プロセス（相反過程）と、熟考的な行動的方略との二つが存在する。しかしながら、これらのプロセスのどちらも、人生における肯定的な出来事や否定的な出来事に対する驚くべき回復力を十分に説明できていない。重要な心理的プロセスの一つ、心理的「通常化」を通した納得、と私が呼ぶプロセスが、見落とされているのではないだろうか。

納得すること

高校生のサラが、第一志望のバージニア大学に合格したという通知を受け取ったときのことを想像してみよう。合格通知を開け、「合格おめでとうございます」ということばを読んだとき、彼女はえもいわれぬ喜びと興奮の感情がわきあがるのを感じる。百万ドル当選者として名前が呼ばれたときのポール・マクナブのように。しかし、やがて彼女は、合格についてさほど考えなくなってきていることに気づく。合格が頭に浮かんでも、彼女は以前のような弾ける喜びを経験しない。つまり、「バージニア大学の学生になる」ことは、彼女のアイデンティティの背景の一つになったのだ。それはあたり前で普通のことであって、別に目新しくて興奮するものではないのである。

同じ種類の心理的通常化が否定的な出来事の後でも起こる。愛する人の死など、人生を変えるような否定的な出来事が起こったときには、なかなか他のことを考えられない。死んだ人のことばかり考えてしまい、友人のキャロラインのように、決してその死を乗り越えられないという気がする。その人が死んだことなどありえないように思われる。D・アイゼンバーグの短編小説に出てくる、フランシェという登場人物について考えてみよう。彼女は母親の死をまさに告げられたばかりであった。「たとえば腰を骨折したのなら、骨折したことが事実だという証拠が痛みというかたちでいつだってあらわれる。過去に骨折したから、今痛い。しかし母親の死は違う。その死が現実のものだと、刻一刻確認しなくてはならない。彼女は何度も悲しみの壁に打ちつけられる。今。そしてまた今、——いいいガーン！　そういう一瞬のどこかで、彼女はその壁を突き抜け、ふと気づけば、何もないがらんとした場所にいた。そこでは、生きた母がしかめっつらで口やかましく文句を言っていた。」[19]

人生における重大な肯定的な出来事や否定的な出来事の後に、私たちは皆この「ガーン」を経験する。ほとんど他のことを考えられないし、また考えたとしても、その出来事が突然私たちの意識に激しく叩きつけられる。「いいえ、そんなことはありえない！　でも待って、そうなのよ！」（突然肯定的な感情や否定的な感情がわき起こる）。しかし徐々に「ガーン」は消えてゆき、その出来事はもはやそれほど大きな情動を生む力をもたない。どうしてそうなるのだろうか。

強烈な出来事から情動を生む力を奪うよう、出来事を異常なものから通常のものに変化させる心理的プロセスが引き起こされるというのが私の考えである。その出来事は、自己と世界についての知識の中に組み入れられ、それがごく普通の日常的なものであり、予期していたことだったとさえ思えるようになる。目新しいことだったり、世界についての予測と一致しないことが起こったとき、新しい出来事を受け入れ説明するための心的な働きが活動し始める。可能なときには、その出来事を、自分の考えや予測に同化させる。それはしばしば、出来事がより理解可能で予測可能に思えるように再解釈することを意味する。

ときには、出来事があまりに思いがけないもので、私たちの世界観との食い違いが大きすぎ、同化するのが非常に困難なときもある。愛する人を突然失ったときや、末期患者と思っていたら、実はその診断は間違いで、突然健康だとわかったときなどだ。その出来事が自分の知識では簡単に説明できないとき、私たちはその知識を新しい出来事に合わせて変化させる。その出来事が、比較的普通で予測可能なことだったと思えるように、自分の世界観を変化させるのである。確かに、これには時間がかかるだろう。人生を変えるような重大な出来事が起こり、それで頭がいっぱいのとき、私たちは繰り返し「ガーン」を経験する。しかしながら、徐々に「ガーン」攻撃の頻度も力も弱まっていく。私たちの世界観はその出来事に沿うよう調節され、それについてそれほど考えなくなる。

同化と調節のプロセスというこの説明は、特別目新しいものではない。発達心理学者ジャン・ピアジェは五十年以上も前に、子どもがどのように物理的環境と社会的環境を理解するようになるのか説明するために、このプロセスについて述べている。他の多くの心理学者たちも、人がいかに不確実性を減らし、意味を見いだし、目新しい出来事を説明するのか、つまり、いかに世の中を納得しようとするのかについて論じてきた。しかし、納得することの情動的な影響に関しては、ほとんど議論されてこなかった。いったん情動的出来事が説明され、しっかり取り込まれ、心のどこかに貯蔵されてしまえば、もうそれらの出来事についてあまり考えなくなり、情動的な力のほとんどを失う。そうだとすると、ここには根本的なパラドックスがある。目新しい出来事に出会うと、人は、良い出来事なら繰り返し、悪い出来事なら回避するよう、その出来事の意味を納得しようとする。しかしそうする過程で、それが将来快楽を生む力を失うのである。

「最初からわかっていたけれど……」

人間の納得産出器の働きの一つは、ある出来事が起きた後で、それをより予測可能で必然的なものとして見ることである。ここで、一九九八年の終わりから一九九九年初めにかけての、クリントン大統領の弾劾を振り返ってみよう。下院は大統領の弾劾を決議し、上院は彼が解任されるべきかをめぐり弾劾裁判を開くところまでいき、その結末は予断をゆるさなかった。上院は有罪宣告を決議するだろうと考えた人がいた。多くの民主党員が彼の行動に非常に憤慨しており、党に逆らって弾劾に賛成票を投じると見えたからである。他方、クリントンはニクソン元大統領のように、上院による屈辱的裁判を受ける前に辞任するだろうと考えた人もいた。また、司法取引により裁判が回避され、そのかわりに上院は大統領の行為を非難する決議をするだろうと考えた人もいた。多くの人は、たとえ裁判がおこなわれてクリントンが無罪となっても、彼の大統領職はうまく機能せず、行政をつかさどることが非常に困難になるだろうと感じていた。

大統領は無罪となった。そして奇妙なことに、政権は以前とほぼ同じように続いた。ほとんどの人が予測しなかった結果である。しかし後から考えると、この結果は事前に予測できたように思える。確かに、自らの党の大統領に有罪票を投じる民主党員は、ほとんどいないだろう。露骨に党派的な雰囲気の中で弾劾手続きがとられたことを考えればなおさらである。また、ビル・クリントンのようなしたたかな政治家が、比較的無傷ですべての過程を切り抜けたことに、誰が驚くだろうか。このように、いったん出来事の結果がわかると、そうではない多くの結果も同様にありえたのに、そうなる前よりも、その結果が必然的だと思えるような説明を構成してしまうのである。

この後知恵効果は意識的過程ではない。もし自分が、ある出来事の予測可能性を過大視していると知れば、そんなことをするとは思えない。「私はなぜクリントンが弾劾手続きを比較的無傷で切り抜けたのか説明した。だから、裁判前に考えていた、どのくらいこうなるかの予測可能性を今から変えるとしよう」とは言わない。むしろ、この見通しの変化は、素早く非意識的に起こる。そして、今やその結果が予測可能に思えるので（ああ、その結果が起こることを誰でもわかっていたはずだ）、もはや目新しくて興奮するようなものとは見えず、それが情動を生む力も減るのである。

もし、世の中を納得しようとする傾向が、目新しい出来事から経験する喜びを損なうのであれば、納得が困難な人はもっと長続きする喜びを手にするはずだ。これは、アルツハイマー病の悲劇の中の、ごくささやかな利点のように思われる。アルツハイマー病の人は新しい記憶を形成する能力がないために、新しい出来事を多少とも永続するかたちで説明できない。すべてが初めて経験されるので、普通の人ほど素早く喜びが消えていかないのである。

アルツハイマー病はすべての出来事を新しい未経験のものにしてしまう。発病後、既知の経験もすべて未知の経験に変わってしまう。そのため、アルツハイマー病患者の心は、常に新鮮な刺激で満ち溢れ、すべてがその瞬間に起こった新鮮で心に響く出来事となる。（あるアルツハイマー病患者は）「見るものすべてに大きな感動を覚えるようになりました。今ゼラニウムの花を見ています。目をそむけると『赤い花』は消えてなくなり、花のイメージも残りません。再び目を向けると、そこでまた同じ花をまったく新鮮な目でみられるのです。」……常にモノを新鮮に見られるのは、アルツハイマー病の「慰め」という宝かもしれない。[20]

心理的免疫システム

通常化プロセスは、肯定的な出来事に対しても否定的な出来事に対しても、情動を有効で適応的な範囲内に保つように働くが、特に否定的な出来事のときに、その衝撃を最小限にするように、よりいっそう働くようになっている。誰でも、挫折や失敗や失望をできるだけ早く乗り越え、達成感や成功感に浸りたい。ここでのパラドックスは、肯定的な出来事への反応を維持したいのに、非意識的プロセスがそうした反応から素早く「元の状態に戻す」ようにしているということだ。対照的に、否定的な出来事から回復したいという思いに対しては、そのための特別の防衛機制がある。

これらの防衛機制のいくつかは、非常に意識的で周到だ。誰もが、落ち込んだときに元気を出す方略をもっている。たとえば、友人に話して慰めを得たり、映画を見に行ったり、バスケットボールをしたり、チョコレートを一箱食べたりする。しかしこういった方略は、しばしば束の間しか効かない。バスケットボールを終えて家に帰ってきたり、唇についた最後のチョコレートをぬぐえば、やはり失敗に向き合わねばならなくなる。

幸運なことに、否定的な情報の衝撃を和らげるように、それを舞台裏でこっそり合理化し、再解釈し、歪曲する、強力な心理的防衛機制がある。誰かがあなたの髪形が変だと言えば、その人は冗談を言ったのであり、まじめに言ったわけじゃないと想定する。デートの誘いを断られれば、相手は結局自分に合わない人だったんだと自分を納得させる。雑誌の編集委員が投稿論文の掲載を却下すれば、その編集委員は見る目がなかったのだと判断する。これらの出来事が最初に起こったときは確かにこたえるが、私たちはすぐにそれを再解釈したり合理化したりして、痛みをかわす方法を見つける。生理的免疫システムが危険な異物を同定し、その影響を最小限にするように、私たちは、自尊心に対して脅威となるものを同定し、その脅威を中和する方法を見つける、心理的免疫システムも持ち合わせているのである。

要約すれば、通常化プロセスは、肯定的な情動にも否定的な情動にも作用するが、心理的免疫システムは、否定的な情動と戦うために用いられる特別な武器である。心理的免疫システムは、第2章で述べた「良い気分」基準を用いる。すなわち、自尊心を維持するかたちで、入ってきた情報を選択し、再解釈し、評価するのである。[訳注3]社会心理学の最も重要な教えの一つは、人は脅威を感じる情報に対する巧妙なスピンドクターであり、合理化や正当化をして、幸福感を維持するために労をいとわないことである。そして心理的免疫システムは、たいてい自覚されずに作動する。[21]

なぜ、それほど回復力があることに気づかないのか

このように、人がいかに回復力があるかを示す証拠が多くあるというのに、将来の出来事にどんな情動的反応をするか予測するとき、そのことに気づかないというのは驚きだ。ダニエル・ギルバートと私は、多くの研究が、この回復力の認識の欠如、すなわち持続バイアスの証拠を示していることを見いだした。ある研究では、大学フットボールのファンたちが、お気に入りのチームの勝利もしくは敗退後に、どのくらい自分が幸せだろうかを予測した。彼らは、ゲーム結果が、二日から三日間、全般的な幸福感に影響を及ぼすだろうと予測した。しかしそうではなかった。次の日までに、標準的な幸福感のレベルに戻っていたのである。別の研究では、大学の助教授が、終身在職権が得られるかどうかが、その後五年間の全般的な幸福感に大きな影響を及ぼすと予測した。しかし実際は、過去五年間に終身在職権を与えられた教授たちが、与えられなかった大学教師たちよりも有意に幸せだったわけではなかった。[22]

内面世界の変化のしかたに対する予測の不正確さ

なぜ人は自分の回復力に気づかないのだろうか。簡単に言えば、通常化プロセスが見えないところで働いているからであり、そのため、自分の情動的反応を予測するときに、その力を見落としてしまうのである。出来事に変わったところなどなく予測どおりで、平凡なものとさえ思えるように、どれ

ほど自分の内面世界が変化するのか、人は考慮に入れない。

ダニエル・ギルバートと私は、否定的な出来事を予測する場合のこの知識の欠如を、「免疫看過」と呼んだ。なぜなら、自分の心理的免疫システムがどれほど働き、出来事を合理化するのか認識できないからである。私たちは、ぜひ就きたい仕事の面接を受けてそれに落ちたらどのくらい不幸だろうかを予測する研究で、これを実証した。ある条件の実験参加者は、仕事と無関係な質問をする一人のおかしな面接者の面接を受け、別の条件の実験参加者は、仕事に密接に関連した質問をする専門家チームの面接を受けた。実験参加者たちはどちらの条件でも、採用されなかったら同じぐらい不幸だろうと予測した。しかし、不採用を告げられたとき、おかしな面接者条件の参加者はより早く回復した。彼らは、面接の失敗を自分ではなくその面接者のせいにして合理化することが容易だったが、もう一方の条件の参加者は、専門家の面接者のせいにすることが難しかったのである。ここでの興味深い知見は、参加者が予測するときに、合理化がどのくらい容易かを考慮に入れていなかったということである。彼らは、採用されなければ、両方の条件とも同じくらい長く辛い気分が続くだろうと思っていたのである。

外部世界の変化のしかたに対する予測の不正確さ

持続バイアスのもう一つの原因は、ある情動的出来事が起こった後に外部世界がどのように変化するのかを考慮できないことである。この失敗の一つが、出来事そのものの本質を誤解することである。宝くじで百万ドル当てるとはいったいどのようなことなのか想像するとき、つい外国での休暇や新車のことを考えたりする。宝くじの当選が、家族の確執や友情の喪失、真夜中の嫌がらせ電話も必然的に伴うとわかれば、当選したらどのように感じるかをより正確に予測するだろう。心理学者はこれを誤解釈問題と呼ぶ。つまり、情動的出来事を誤ってとらえているため、その出来事に対する反応の予測が不正確なのである[23]。

しかし、出来事が何を引き起こすか正確にわかっても、持続バイアスをおかしてしまうときもある。先に述べた就職の失敗やフットボールの研究は、そうした例である。誤解釈問題では、これらの例を説明できない。なぜなら、参加者たちが予測できなかった意外な結果が起こったわけではないからである。大学フットボールのファンは多くのゲームを経験しており、お気に入りのチームが勝ったり負けたりしたときに何が起こるか、おそらくしっかり予測できるはずである。しかし、それでも彼らは、自分の情動的反応の持続時間を過大に見積もった。時間が経つにつれて他の多くの出来事も思考や感情に影響するという事実を、考慮に入れ忘れたからである。私たちは、将来の出来事がまるで真空の中で起こるように考えがちである。そして、生活の中には、自分の注意を引いたり幸せに影響したりする活動が、他にもいっぱいあるのだということを思い出さない。これは、私たちが焦点化と呼ぶ傾向である。

もちろん人は千里眼を持っているわけではないし、未来がどうなるか確実に知ることはできない。肝心なのは、その出来事の後に起こることが何であれ、それらもまた自分の注意を引きつけるということなのだ。それらの出来事が予測不可能であろうと（長らく音信不通だったいとこが突然家を訪れ、一ヵ月間一緒に住まわせて欲しいと頼んできた）、予測可能であろうと（出勤して会議に出席し、家に帰って子どもと遊ぶ）、関係ない。この事実を忘れ、そして未来を真空の中で見るために、その出来事が自分の幸福感に及ぼす影響の長さを過大に見積もってしまうのである。哲学者ウラディスラフ・タタールケヴィッチはこう述べている。「人が実際に経験する楽しみと苦しみ、喜びと苦悩は、しばしば期待外れとなる。……今後の出来事を予測するとき、その出来事のことだけを考えてしまい、他の出来事が起こることを想定していない。[25]」

もしそうであるなら、将来起こるであろう他の多くの出来事について考えてもらうことで、持続バイアスを減らすことができるはずだ。これは大学フットボールの研究で私たちが発見したことである。すでに述べたように、私たちの研究では、ゲームの結果が実際よりも長い時間、自分の全般的幸福感に影響するだろうと予測する、標準的な持続バイアスが見られた。別のグループの参加者たちは、初めにこの研究と一見関連のない研究に参加した。そこでは参加者たちに、ランダムに選ばれた将来のとある日に、自分が何をしているだろうかを詳しく書き出すように求めた。たとえば、授業への出席、友人との交際、勉強などにどのくらい時間を費やすだろうかといったことである。そしてその後で、参加者たちは、将来自分のお気に入りのチームが勝利した後、または敗退した後、どのくらい幸せかを予測する研究に参加した。

フットボールのゲームは真空の中で起こるわけではなく、また、その後の日々は、ゲーム以外にも注意を引くような出来事に満ちていると気づくことによって、持続バイアスが低減した。初めに「未来の日記」を書いた参加者は、他の参加者よりも、ゲームについてあまり考えないだろう、そして、ゲームの結果が自分の全般的幸福感に及ぼす影響がより少ないだろうと予測したのである。

将来の出来事に対する情動的反応の持続時間を過大に見積もる理由は、いまや明らかだ。第一に、人は、さまざまな外的出来事が、自分の思考や感情にどれほど影響を与えるか考慮し忘れる（焦点化バイアス）。そして、おそらくより重要なことは、目新しい出来事も、心理的通常化のプロセスを通して、素早く平凡なものと思えるようになることを予測できないということだ。予測する時点では、その出来事が目新しく強力なものであるため、とりわけ予測が難しい。宝くじの当選、家族の死、さらに新車やテレビの購入を想像するときに、人は、通常とは大いに違う、情動を引き起こすような出来事について考えているのである。これらの出来事は時間が経てば「標準化」されるだろうと抽象的にはわかっていても、今いかに目新しくて心をとらえて離さないかを無視することは難しい。

このように述べてきた自己知識の姿は、あまりパッとしないものだった。自分の性格、反応の理由、感情、将来自分がどう感じるか、こういうことに人は限られたアクセスしかもたない。改善の望みはあるのだろうか。どんな戦略が一番うまくいくのだろうか。自己洞察を改善することが常に賢明なのだろうか、それとも、ちょっとした自己欺瞞はよいものなのだろうか。

［訳注1］ resilient は、基本的には、「立ち直りが早い」「回復力がある」ことを指し、本章ではその例として「母親の死後、（自分が思ったよりも早く）その悲しさを乗り越える」ことをあげている。しかし、本章では、このような否定的な情動を生む力が弱まっていくだけでなく、肯定的な情動を生む力もこれと同様に弱まっていくとしている（宝くじ当選当初は喜んでも、後に喜ばなくなる）。本章では、「回復力がある」ということばを、後者の変化も含めた意味で用いている。

〔訳注2〕　吉川浩訳（1999）『運と気まぐれに支配される人たち――ラ・ロシュフコー箴言集』角川書店、61頁〕

〔訳注3〕　第2章〔訳注6〕を参照。

第8章　内観と自己物語

あらゆる研究のなかで、彼がむしろ避けたいと望んだものは、彼自身の心の研究であった。彼は内省ほど、胸のはりさけるような悲劇を知らなかった。
——ヘンリー・アダムズ『ヘンリー・アダムズの教育』（一九一八）

自分のことでも、知るのが難しいことはたくさんある。たとえば、無意識的な嗜好や性格特性、目標、感情などがそうである。そのような私たちの心の隠された場所を、どのように洞察すればよいのだろうか。それには心の中を探ってみる、すなわち内観から始めるのがよいのではないだろうか。もし注意深くおこなえば、内観は重要な自己洞察につながる内面への道を開くと、多くの人がみなしている。しかし内観はとても役立ちうるが、多くの人が考えているような意味で、いつも役立つというわけではない。

「内観」はかなり広義の用語で、自分自身の心の内容を調べる多くの異なる方法が含まれる。あるものに対してどのように感じるのか、すぐその場で理解しようとする試み（「私は、ニジマスのムニエルアーモンドソース添えを本当に食べたいのか、それともハンバーガーを食べたいのか。」）も内観だし、日記に記録された長期の自己分析も内観である。また内観の探求の対象は幅広く変化する。夕食に何を食べたいのかはもちろん、感情や動機、特性、価値の解読を試みることもできる。内観は、たいてい一人でおこなうものだが、心理臨床家などの指導のもとでおこなわれることもある。

このように根本的に異なるさまざまな種類の内観をひとまとめにするのは、無意味に思えるだろう。さまざまな洞察療法と、何を食べるかの選択に関するとりとめのない思考との間に、どのような共通点があるだろうか。精神分析、自己についてのポストモダン的概念、自己内省に関する社会心理学研究などさまざまなアプローチがあるにもかかわらず、実際のところ、異なる内観の方法に多くの共通点があると私は思っている。

懐中電灯、考古学の発掘、そして自己物語

内観はよく、あらかじめ人の意識的な注意が向いていなかった思考や感情を照らす懐中電灯のようなものとみなされる。そして心は洞穴であり、意識は懐中電灯に今照らされている対象から構成されている。洞穴にあるものは何でも、適切な方向から光を向けるだけで意識することができる。この考えによれば、あまりに奥深く隠されているために、照らすことができない思考や感情などは存在しない。

このアプローチは、フロイトの精神図式モデルの一部、すなわち前意識と意識との区分に似ている。人には、抑圧されてはいないが、たまたま現在注意が向けられていない概念や感情がたくさんある。これが前意識の内容で、フロイトが言うところの「意識的注意を引きつける」ことの可能な内容である。特定の思考や感情を意識にあげるためには、たとえば「私の出身地は○○だ」とか「オーグル

ソープなんて変な名前だ」などのように、意識的自己が適切な方向に懐中電灯を向けるだけでよい。[1]

また懐中電灯のメタファーは、気づかれない感情についても説明する。時として感情は、それと意識されることなく変化する。「異性との間に強い愛情の結びつきを育てながらも、両者ともその事実に気づかない」、ウィリアム・カーペンターの例からもわかるだろう。感情は、キノコのように暗闇から不意にあらわれるかもしれない。しかしほんの少し内観すれば、懐中電灯で見つけることができる。

しかし懐中電灯のメタファーには限界がある。なぜなら、洞穴にあるものを何でも簡単に照らすことができるわけではないからである。たとえば気づかれない感情は、いつものことというよりは、例外的なのかもしれない。感情は、意識に届きやすい適応的無意識のあらわれの一つだが、意識できないこともある。また、たとえば性格特性や目標のような他の適応的無意識の内容は、意識の精査（懐中電灯の光）が不可能な、表面より下にありそうだ。

もちろんフロイトはこの限界を認識していた。彼の精神図式モデルにおいて、無意識が最も大きな部分を占めるのはそのためである。古代の遺物の収集家のように、フロイトは考古学的発掘という精神分析のメタファーを好んだ。過去への手がかりは、心の何層も下に埋められている。非常に困難ではあるが、その手がかりを一つひとつ発掘し、つなぎ合わすことによって無意識的な動因や感情の本質を明らかにすることができる。

この考古学のメタファーの核心は、無意識的なものも意識化することができるという考え方にある。ただしそれは二つの理由で、懐中電灯の光をただ向けるよりもずっと難しい。第一に、無意識的な思考や感情はしばしばきわめて古く、子ども時代の初期にまでさかのぼるため、かなりの発掘が必要とされる。第二に、掘り出そうとすると、それを拒もうとする能動的な力（すなわち抑圧や抵抗）が働くため、訓練された療法家の助けなしで自己分析するのは非常に難しい。考古学と懐中電灯というメタファーの主な違いは、（無意識あるいは前意識の）隠された思考の場所と、それらを明らかにする難しさにある。しかしどちらのメタファーも、内観を通じて明らかにすることができる真実があるという考え方は同じである。この点について精神分析学者のドナルド・スペンスは、次のように述べている。

フロイトは、好んで自分のことを一種の考古学者とみなし、彼は精神分析の過程で常に、過去の断片を発見しているのだと信じていた。もし患者が自由連想法によって、過去への特権的アクセスをもち、また私たちの聞くストーリーが患者の話しているストーリーと同じだと想定するならば、私たちは歴史の一片、すなわち「どうであったか」の説明を聞いていると結論づけたくなる。[2]

だがもし内観が懐中電灯を向けたり、あるいは考古学の発掘を進めるのとはまったく異なるものだとしたらどうなるだろう。適応的無意識は、心の表面より下の、広範囲に活動しているが隠されたエンジンであり、その働きを直接調べるためのハッチはない。たとえば両眼視といった知覚システムの働きを観察することができないように、非意識的特性や動機を直接観察することはできない。内観すると、自分の重要な真実を発見しているかのように感じるかもしれないが、適応的無意識に直接アクセスしているわけではない。内観は、自分を理解の対象とする文芸批評のようなものだ。文学テキストには一つの真実しかないわけではなく、多くの真実があるように、作り上げることのできる個人的真実もたくさんある。[3]

私の好みのアナロジーは、個人的物語《ナラティブ》としての内観である。人は、伝記作家のように自分の人生のストーリーを作り上げる。私たちは、自分が観察できるもの（意識的思考、感情、記憶、行動、他の人々の私たちに対する反応）をそのストーリーに織り込み、運が良ければ、観察できないもの（非意識的な性格特性、目標、感情）の少なくとも一部を、とらえることができる。[4]

物語の観点もいろいろあるが、そのうちの一つは完全に考古学メタファーと両立する。人々は、内観を通じて自分自身に関する多くのことを発掘することができ、それを物語として織り上げる。どんな考古学的発掘も不完全であるように、誰も過去について知るためのすべてを明らかにはできない。その穴を埋め、すべての遺物が意味するものを理解するための何らかの手段が必要である。物語はその役割を担う。この観点にもとづけば、内観は本当の感情や動機へのパイプラインであるが、「未加工のデータ」を一貫した自己物語に組み込まなければならず、それにはいくつかのバージョンがあるだろう。この見解は、フロイトの心理療法へのアプローチ、特に後期の著作と両立しないわけではない。自由連想法とそれを解釈する過程は、クライアントの本当の過去を明らかにするというだけでなく、クライアントの人生に健全で一貫した説明を与える、物語を作ることでもある。[5]

しかし私たちは、もっと徹底する必要がある。内観はそれ自体、ストーリーを作る作業でもある。伝記に関わる多くの事実は、直接観察するというよりも、推測しなければならない。作り上げるという作業は、動機に対する即席の内観から長期にわたる心理療法に至るまで、すべての水準で生じる。内観は、懐中電灯や考古学ではなく、限られた情報にもとづいて自伝を書くこととみなすのが最もよい。

懐中電灯のメタファーは、意識の内容を明らかにするという点ではよい。かかりつけの歯医者の名前や治療具合について、今は考えていないかもしれないが、ちょっと内観しさえすれば、そのような情報や感情は思い出すことができる。しかしどんなに内観をしても、適応的無意識の内容を明らかにすることはできない。無意識的な目標や動機にアクセスしようとしても、それらに直接パイプラインを引けるわけではなく、意識的自己がそれらの状態の本質を推測し、作り上げる作業をするのである。[6]

たとえばジュリアン・バーンズの短編小説に登場するアンダース・ボーデンは、蒸気船で二週間おきに、彼の製材所の乾燥小屋を点検しに行く。同じ町の薬剤師の妻であるバーブロも、きょうだいに会うため、たまたまボーデンと同じ船に乗っている。二人は甲板の手すりにもたれて、過ぎゆく森を眺めながら、お互い一緒にいて楽しいことに気づく。

アンダースは単純に内観をして、自分の感情に注意をよく払いさえすれば、バーブロに対してどのように感じているか正確にわかると思うかもしれない。しかし適応的な無意識の切望は必ずしも簡単に認識できるわけではなく、アンダースは自分がどのように感じているのかを推測しなければならない。バーブロに出会う前には、彼女の存在に気づくことさえなかった。そして、初めのうちは、通過する土地の歴史についての彼の話に興味をもつ、楽しい旅仲間であり、それ以上のものではなかった。自分がもっと深い何かを感じているのだろうかと思ったのは、アンダースの妻がバーブロと浮気しているとなじったときである（蒸気船で会っていることが、町のゴシップとなって妻に届いていた）。

アンダース・ボーデンは彼の妻から受けた侮辱を集め、材木のようにそれらをきちんと積み重ねてみた。もしこれが彼女の信じていることならば、それは起きうることだと彼は思った。……もちろん、今はわかる。実は船で初めて会ったときからずっと、私は彼女を愛していたのだ。ガートルードがあそこで責めてくれなかったら、私はこんなにも早くこのことに気づかなかっただろう。[7]

アンダースの自己物語は、内観を通じて以前気づかなかった感情を認識したからではなく、妻の疑念によって決定的に変わる。彼はバーブロを愛していると推論し、この推論が彼の物語の中心的な部分になる。バーブロもまたアンダースを愛していると結論づけるが、バーブロのきょうだいがよそに引っ越し、船に乗る理由がなくなったとき、彼らの逢瀬は終わる。二人の人生は続くが、会うことはほとんどない。自称恋人たちは、時が経つにつれて、相手への愛に対する秘密の物語を装飾し、膨らませる。しかし悲劇的なことに、彼らがその物語にもとづいてとうとう運命の再会をしようとする段になって、それぞれの物語は崩壊する。アンダースとバーブロは本当はお互いのことをよく知らず、酸素のないところに順応している嫌気生物のように、互いへの愛情という秘密の物語が実際の再会という新鮮な空気に耐えられないことを悟るのである。

アンダースとバーブロのように、内観をしすぎて、自分の感情を見誤るということがあるのだろうか。内観のしかたで、物語が良くなったり悪くなったりするのだろうか。

日常の内観

二、三年前のことだが、友人の心理学者夫妻が新しい町に引っ越すことになって、家探しを始めた。彼らは家探しをするのにかなり珍しい方法をとった。まず、関心のある家の特徴、たとえば近隣や学区や部屋数、キッチンのレイアウトなどをすべてリストにした。そのリストはかなり徹底したもので、数ページにも及んだ。それから不動産業者と一緒に家を見学するたび、そのリストのコピーを持っていき、すべての点について評価した。社会心理学者にはおなじみの七段階尺度を使って、この家のキッチンは5だろうか、6だろうか。クローゼットはどうだろうか。いくつかの家を見た後、それぞれの家について感じたことを数量化し、思い出すための良い方法を手にすることになると友人夫妻は考えたのだ。単純にそれぞれの家の評定平均を算出すれば、どの家を買うべきか知ることができる。

私の知り合いの不動産業者は、これとは異なる方法で、顧客がどのような家が望みかを判断する。彼女は顧客に初めて会ったとき、たくみにあいづちをうちながら、顧客の好みを根気よく聞く。心理学者の友人夫妻のように、多くの人は本当に細かいところまで自分たちの好みを話す。その後、その不動産業者は顧客が話したことはすべて無視する。そして顧客を、モダンな家や古い家、大きな庭のある家や小さな庭のある家、都会の家や田舎の家など、さまざまな家に連れて行く。たとえ顧客がたった今、そのような家は考えていないと言ったとしてもである。

最初の見学のとき、不動産業者は顧客が家を見て回るときの感情的な反応に細心の注意を払って、顧客が本当は何を推測する。顧客は自分たちが語ったものとかなり違ったものを好んでいると判断することがよくあると彼女は言う。あるカップルは装飾のある古めの家が好きで、新しい家は考えてもいないと言った。しかし彼女がモダンな家に連れて行ったとき、そのカップルがいきいきとして、とても満足そうなことに気づいた。結局そのカップルは、ずっと欲しかったと言っていた町の中心部の古い家ではなく、郊外の新しい家を買った。その不動産業者の知恵は他の不動産業者にも共有されていて、この業界には「買い手は嘘をつく」という言い回しがあるぐらいである。

もちろん買い手はわざと自分が欲しいものについて嘘をつくわけではない。むしろ彼らは自分たちの好みに完全には気づいていないか、あるいはそれらをはっきりさせるのが難しいのだ。知り合いの不動産業者が大変な成功を収めている理由の一つは、彼女が顧客の欲しがっているものをきわめて的確に推測することができ、しばしば顧客自身よりも彼らの好みがわかるからである。

非意識的な状態を理解するために、それらをより注意深く内観できる方法があるだろうか。もし正確に自分の好みをはっきりさせることができるなら、大いに時間の節約になるだろう。また不動産業者も、顧客をさまざまな家に連れてまわり、彼らが本当に欲しいものを見つけ出す必要がなくなるだろう。

おそらく友人の心理学者夫妻もいい点を突いている。新しい家や車、未来の伴侶のすべての属性を評価するために七段階尺度を使い、より注意深く、より分析的に自分の好みを調べたならば、本当に好むものをもっとよく判断できるだろう。この方略は、非常に賢明な多くの人々によってこれまで推奨されてきた。たとえばベンジャミン・フランクリンは、科学者のジョセフ・プリーストリーに宛てて次のように書いている。

私のやり方は、一枚の紙を線を引いて半分に分け、二つの欄を作り、片側に賛成の点を、反対側に反対の点を書き込むのです。それから三、四日考慮している間、いろいろな項目のもとに、さまざまなときに浮かぶ、そうした方が良いとか悪いとかいう種々の動因について、短い覚え書きを書きつけます。……おのおの［の理由］をこのように別々に比較して考慮し、全体をひと目で見渡せば、判断もより正しく下せ、早まった手段に走ることも少ないと思われます。[8]

この分析的な「プラス・マイナス」アプローチは、あまり有益ではないという人もいる。さらに悪いことに、作家のマリオ・ヴァーガスがベルリン映画祭の審査員をしたときに気づいたように、このアプローチは実際には、本当はどう感じているのかを見えにくくしてしまいかねない。

私は上映のたびに、それぞれの映画に対する印象を忠実に書き留めるために、新しいノート式カードをたくさん持って行った。もちろんその結果、映画を楽しめなくなり、時間の制約に加えて手元の暗さ、審美的な感情といった問題と格闘せねばならず、私の批評は混乱した。すべての映画のすべての側面の評価に悩みすぎたために、私の価値づけ体系全体がショック状態におちいってしまい、私はすぐに、何が好きで、何が嫌いで、またそれがなぜなのか、もはやわからないことに気づいた。[9]

ある有名な社会心理学者は、他の大学からの誘いを受けるかどうか決めようとしたとき、これと同じような経験をした。今の彼女の職にも新しい職にも、いくつかのマイナス点とたくさんの魅力的な点があったから、それは難しい決定だった。彼女の同僚の一人アービン・ジャニスは、（ベンジャミン・フランクリンが勧めたように）それぞれの選択肢のプラス要素とマイナス要素をリストにして、詳細な「バランスシート」を作ることを推奨する本を書いており、そこで彼女はそれを試みることにした。これは実際の彼女のことばである。「アービン・ジャニスのバランスシートを半分作ったところで言ったのよ。『ああ、やだ、うまくいかない！　一方の選択肢のプラスの数をもう一方より多くする方法を見つけなきゃいけないなんて[10]』。」

最後に、見学した家を徹底的に七段階評定した、心理学者夫妻の友人がどうなったか教えよう。二、三件忠実に尺度に記入した後、彼らは以前にもましてどの家が良くて、それがなぜなのか、わからなくなったことに気づいた。彼らが言うには、「僕たちはとうとうリストを放り出して、どの家が一番良いか直感で選んだよ」。彼らは素敵な家を購入し、十五年たった今でも満足して住んでいる。おそらく内観は、必ずしも常に実りあるわけではない。時としてどう感じているのか判断を誤らせることすらある。詩人のセオドア・レトキは次のように書いている。「自己内省は呪いだ／混乱に混乱を加える[11]。」

これは内観は最も避けるべきで、役立たずだということを意味するのだろうか。あらゆる瞑想に反対し、洞察療法家に看板を下ろさせと言い、自分にだけは焦点を合わせてはダメだと忠告すべきだということなのだろうか。心理学者が、自分のことを考えるなと勧めるのは奇妙だし、もちろん私はそんなことが言いたいわけではない。大事なことは、内観が無意識への魔法の扉を開くものではなく、推論し物語を作り上げるプロセスなのだと理解することである。いったんこのことが理解できれば、次の問題は、このプロセスがいつ有益で、いつそうでないのかである。

理由を詮索してもしかたがない

フランクリン式の内観をおこなって、好みの理由を分析するとどうなるか考えてみよう。私たちは時には、フランクリンが提案するように、きちんと選択肢のプラス・マイナスのリストを作って、内観することがある。また、たとえば「とにかく、デート相手にこう感じるのはどうしてだろう」というように、それほど厳密なやり方でなく内観する。私は共同研究者と、このように内観するときに何が起きるのか調べた。こういうときの一般的な調査方法は、特定の感情に対する理由を十分間ほど書いてもらうというものである。そのとき、考えをまとめてもらうことが目的で、書いたものは誰も読まないと伝える。そして、この内観がその後の態度に及ぼす効果を検討する。

私たちはこれまで、さまざまな態度について分析してもらった。会ったばかりの人、恋人、選挙の候補者、社会的争点、消費財、芸術作品、そして大学の講義に対する感情などである。こういう感情の理由を何の苦労もなく挙げるのに、私たちは驚かされた。「すみません、そう感じる理由がわかりません」などと言う人はまずいない。むしろ、自分の感情のかなり詳細な理由まで、気軽にすぐさま書いた。

しかし、そうした理由の正確性は疑わしい。もちろんいつも間違いというわけではない。もし、本当に優しいからとかユーモアのセンスがとてもあるから、という理由で恋人を愛しているというなら、たぶんそのとおりだろう。しかし人は感情のすべての決定因にアクセスできるわけではなく、彼らの理由を大きく左右しているのは、しばしば間違った、あるいはよく言っても不完全な文化的・個人的考え方である。たとえば第5章で紹介したパンティーストッキング研究では、四つのストッキングを並べた位置が好みを決めていたことに、参加者は気づいていなかった。そのかわり、参加者は感情を説明するストーリーを作り上げたが、それはたいてい正しくなかった。イマニュエル・カントはこう言っている。「私たちはいくら力を尽くして自己吟味に努めても、ひそかな動機の背後まで立ち入ることはできない。[12]」

もし自分の説明が不正確なことがあると認識していたなら、そのように感じた理由のリストを作っても危険はないだろう。「ベストを尽くしたけれど、でも私が列挙したものは疑いもなく不完全で、書き出した理由の中にはたぶん間違っているものもあることに注意してください。先生、私は大学で心理学の講義を受けました。」と言うかもしれない。しかし第5章でみたように、人には自分が思う理由を、実際よりも正しくて本物だと感じる錯覚がある。

自分の説明に過剰に確信をもっているから、自分の感情と列挙した理由とが一致していると信じてしまう。そのため、デートの相手のあまりパッとしない理由をいくつかひねり出すと（「彼のインテリアの好みは本当にすごいのよね」）、以前は愛していたとしても、もうそれほど愛していないと推測する。言い換えれば、完全には信頼できない理由にもとづいて、自分がどのように感じているのかストーリーを作り上げる。そのストーリーは当人にとって真実味がある。しかし誤った情報（心にたまていない。

私たちは、まさにこういう一連の出来事の証拠を見いだした。たとえばドローレス・クラフトと私は、恋人のいる大学生に、匿名でなぜ今そのような関係になっているのか書いてもらった。そして次に、その関係にどれくらい満足しているのか評価してもらった。理由を分析しなかった統制群と比べて、彼らは恋人との関係に対する態度を変化させる傾向があった。より幸せになった人もいれば、幸せではなくなった人もいた。

なぜだろうか。私たちはまず、人はなぜそのように感じるのかが正確にはわからないためだと想定した。実際、参加者は「わかりました。私が彼女を愛しているのは次のような理由からです。彼女の基本的な誠実さや優しさが四十三パーセント、ユーモアのセンスが十六パーセント、政治的な意見が十二パーセント、彼女が目にかかった髪を払うときのかわいらしい仕草が二パーセント、それから残りがフェロモンです」などと正確に言うわけではない。むしろ、なぜ人は愛するのかについての、文化的、個人的な考え方に合致する理由や、たまたま心に浮かんだ理由を思いついた(「私は彼の長いすにかけてあるペーズリー織りを見て、彼はなんてインテリアのセンスがあるんでしょうと思いました。」)。こういう理由はいくらか恣意的だから、しばしばそれ以前の感情に完全には合致しない。実際、参加者が挙げた理由は、どのくらい幸せな関係かという問いに対する二、三週間前の回答と、ほとんど関係していなかった。しかしこの事実は認識されないので、彼らはその理由が感情を正確に反映していると考え、結果として態度に変化が生じる。簡単に言えば、人はたまたま心に浮かんだ理由をもとに、感情についての新しいストーリーを作り上げる。[13]

たぶんこれがプルーストの『失われた時をもとめて』のマルセルに起こったことだ。第１章でみたように、マルセルは自分の感情を分析し内観して、もはやアルベルチーヌを愛していないと確信した。「そしてアルベルチーヌの与えるつまらない快楽と、彼女のために実現を阻まれた豊かな欲望を比較しながら……（自分は）もう彼女に会いたくもないし、愛してもいないのだと結論づけていた。」[訳注1]

理由の分析が必ずしも否定的な方向に態度変化を導くわけではないことを指摘しておきたい。交際中のカップルに関する私たちの研究では、理由を挙げたすべての人が関係をより否定的に見るようになったわけではない。むしろ態度変化の方向は、それぞれの心に思い浮かんだ理由の性質に依存する。肯定的な理由（「彼は素晴らしい友達で、話しやすい」）がすぐさま思い浮かんだ人は肯定的な方向に態度が変化する一方で、パッとしない、否定的な理由（「彼はファッションセンスがいいんだけど、ただもし、それほどしょっちゅうピンクのシャツを着なければね」）が思い浮かんだ人は、否定的な方向に態度が変化した。マルセルはアルベルチーヌとの関係に否定的な側面ばかりが思いつくことに気づいて、もはや彼女を愛していないと結論を下した。

もしベンジャミン・フランクリンが心理学雑誌を手に取って、こういう知見について読んだら、こう考えたかもしれない。「まさに考えていたことだ。人は良いところと悪いところについて距離をおいて考えたとき、より多くの情報にもとづいた、より筋の通った考え方にたどりつく。理由を分析した後では、彼らの態度は、そうしなかった場合のその場その場のおそらく軽率な判断よりも、優れたものとなる。」

しかし、理由の分析をもとに作り上げるストーリーは、彼らが本当にどのように感じているかを誤解させる可能性がある。マルセルはまさに、アルベルチーヌが去って初めて、分析しすぎた感情がいかに誤りだったかを悟った。私たちは、理由を分析した後に報告される感情はしばしば不正確であることを見いだしたが、それは後悔するような判断を下したり、その後の行動をよく予測しなかったり、あるいは専門家の意見とほとんど一致しなかったりするということである。

たとえば別の研究で私たちは、なぜそのような関係になっているのかについて理由を挙げるように求めた参加者と理由を挙げなかった参加者を比較した。どちらの感情が、関係性の長さをよく予測できただろうか。それは、理由分析をしなかった後者だった。これは、理由を分析をしたとき、たとえば関係性の中でもことばにしやすいもの、思い出しやすいもの、またどのように感じるべきかという考えに一致するものなど、誤ったデータにもとづいてストーリーを作り上げ、結果として、分析にもとづかない直観的な感情を答えた統制群よりも、貧弱な情報にもとづいた態度になった、という見方と一致する。ゲーテが述べているように、「長い間よく考えた者がいつも最良を選ぶとは限らない。」

美術作品に対する態度に関するある研究で、このゲーテの直感が検証された。参加者の一部は五つの美術ポスターの好き嫌いの理由を、事細かに分析した。別の参加者は分析しなかった。その後、すべての参加者が家に持って帰るポスターを一枚選んだ。二週間後、私たちは参加者に電話をかけ、彼らが選んだポスターにどの程度満足しているかを尋ねた。ベンジャミン・フランクリンなら、慎重に良い点と悪い点を並べ、理由を分析した人が最良の選択をすると予測しただろう。しかし、結果は逆だった。理由を挙げず、おそらく分析などしないで直感にもとづいて選択した参加者の方が、理由を列挙した参加者と比較してポスターにより満足していた。映画をいちいち分析したときにそれらをどのように感じているのかわからなくなったマリオ・ヴァーガス・ローザのように、理由を分析した群の学生たちは、自分が最も好きなポスターがわからなくなってしまったように思われる[14]。

私は二、三年前、この一連の研究についてある記者のインタビューを受けた。しばらく談笑した後、記者は最後に一つ質問があると言った。「ではウィルソン博士、あなたは、人が決してなぜそのように感じているのか考えるべきではなく、単純に最初の衝動にもとづいて行動した方が良いとおっしゃるわけですね？」私はそのことばに、私の研究に対するこの記者の結論に従って、十代の妊娠、麻薬使用、殴り合いが増加する様を想像してぞっとした。

情報にもとづく直感と情報にもとづかない直感を区別することは、重要である。適応的無意識に不正確な情報にもとづく評価ではなく、安定して正確な情報にもとづく評価をさせるためには、できる限り多くの情報を集めるべきである。たいていの人が、初恋の人と結婚するのは賢明でないということに賛成するだろう。共に多くの時間を過ごし、その人を本当に良く知って、それでもなお心底肯定的な感情をもてれば、それは良いサインである。

要は、情報にもとづいた直感を生み出すのに十分なだけの情報を集め、そのようにして生じた直感をあまり分析しないことである。ある人が良き伴侶となるかどうかを知るためにはたくさんの情報が必要であり、それらの大半は適応的無意識によって処理される。重要なことは、あまりに慎重に、意識的に、そしてしょっちゅうプラス・マイナスのリストを書き上げるようなやり方で、情報を分析してはならないということである。私たちは適応的無意識が信頼できる感情を形成できるようにするべきである。たとえ完全には説明できないとしても、そういう感情を信頼すべきなのだ。

理由を考えることはいつでもそんなに良くないのか

私が先ほどの記者に言ったもう一つのことは、理由を分析するのは危険だとは言っても、いくらか例外があるということである。それは、なぜ理由の分析が有害なのかという説明からもわかる。これまで見てきたように、人々は自分たちが考える理由とそれ以前の感情が一致しないため、どのように感じるのかという気持ちの方をしばしば変化させる。しかしこれが当てはまらない人々もいる。すなわち、理由を分析するトピックに対してかなりの知識をもつ人々である。たとえば、美術のポスターを使った研究では、美術に詳しい参加者、すなわち高校や大学で美術コースをとった参加者は、そのときの感情によく合致した理由を列挙する傾向があった。その結果、この群では理由を列挙したことで態度が変化することはなかった。もともとの感情と合致しない理由を思いつきやすく、どのように感じているのかについてのストーリーを修正してしまうのは、知識のない人々なのである。ベンジャミン・フランクリンのアドバイスとは反対に、私たちの研究に参加した知識のある人々は、理由を分析しても得るものが何もないように思われる。美術の知識をもつ参加者は、知識のない参加者以上に選んだポスターを好まないわけでも、好んだわけでもなかった。

しかし、私たちがフランクリンが推奨するような内観を公正に試してはいないのも確かだ。フランクリンは、「三、四日間よく考えて」、プラス・マイナスを書き出すべきだと提案した。他方、私たちの研究では一回だけ、たいてい十分間程度で理由を書き出しただけである。もっと長い時間をかけて自己分析すれば、もっとよく感情を読み解けるのではないだろうか。この点を明らかにするために、ドローレス・クラフトと私は、交際中のカップルに関する研究に参加した人に、もう一度実験に参加してもらい、四週間の間、週に一度、さらに理由を分析してもらった。その結果、最初の理由分析で大きな態度変化があったが（先述したように）、その後の理由分析では、その新しい態度に固執する傾向があったことがわかった。一回より多く理由を分析する利点は見いだせなかった。むしろ最初の態度と相容れない理由を思いつくと理由に合致するように態度を変化させるが、その後は新しい態度に固執した。

もちろんもっと長く時間をかけて理由を分析することが役立つ場合もあるだろうし、またそんなに多くの時間をかけなくても理由を分析することが有効な場合もあるだろう。しかし私の直感では、もし分析するトピックにそれほど知識がなければ、ゆっくりと腰を据えて、なぜそのように感じるのか考えたりしない方がよい。

直感を理解する

私のアドバイスを受け入れて、適応的無意識が誰か、あるいは何かに対する感情を発達させるがままにするとしよう。そして、なぜそのように感じるのか正確にことばにしようとする内観も避けたとしよう。それでも、どのように自分が感じるのか確信がもてなかったらどうだろうか。私たちは時に、自分の感情の性質について誤った信念をもつことがある。とりわけ、感情が文化的感情ルール（「自分の子馬はかわいいものだ」「結婚式は人生最良の日になるだろう」）や個人的な基準（「私はアフリカ系アメリカ人にまったく偏見をもっていない」)、あるいは意識的な考え方(「彼は私の理想の男性像とピッタリだから、彼を愛しているに違いない」)と衝突するときはそうである。このような隠された感情にアクセスできる内観は、あるのだろうか。

内観は、隠れた部屋のドアを開き、それまで見られなかった何かへの直接的なアクセスを与える過程と見るべきではない。秘訣は、感情をあらわれるに任せ、自分の考え方や期待という煙幕の向こうにそれらを見ることである。

オリバー・シュルトハイスとヨアキム・ブランスタインによる最近の研究は、どうやってそれをするかの、一つの方法を示唆している。彼らは、第4章で紹介した主題統覚検査(TAT)を用いて、潜在的な動機を測定した。このテストでは一連の標準的な絵についてストーリーを作ってもらい、それらのストーリーに親和欲求や権力に対する欲求などの動機がどのようにあらわれているのか一定のしかたで測定した。その上で参加者に、クライアントに指示的なしかたで助言する療法家の役割を演じてもらった。参加者には、指示的に振舞って、状況をコントロールし、クライアントを助ける方法に集中するように教示した。したがって、権力に対する欲求と親和欲求の高い参加者は、特に前向きに振舞うと予想された。

問題は、参加者が、彼らの潜在的動機によく適合した状況、もしくはそれほど適合していない状況であることに、気づいていたかどうかである。研究者が参加者にカウンセリング状況を簡単に説明し、どのように感じるだろうか尋ねたところ、気づいてはいないようであった。潜在的動機にはあまり気づかないという多くの研究と一致して、親和欲求と権力への欲求が高い参加者も、他の参加者より、いなかった。

しかしもう一つ、参加者がまず目標イメージをもつようにする条件が設けられた。カウンセリングセッションを詳しく説明したテープを聴いて、そのような状況でどのように感じるだろうか想像するのである。このような状況下では、親和欲求や権力への欲求が高い参加者は他の参加者に比べて、その状況が楽しいと認識する傾向があった。また彼らは他の参加者よりも、より楽しく、またその状況に対して一所懸命になるだろうと報告した[15]。

このように、状況の詳細なイメージを喚起するような説明によって、潜在的動機によって生じる感情が十分引き起こされた。また、そういう感情に注意を向けることができ、実際の状況でどのように感じるか予期するのに用いることができた。しかし、私はこれは一般的な意味での「内観」とは呼べないと思う。なぜなら、気づいていなかった感情について知るために、隠された部屋のドアを開けたわけではないからである。そのかわり、彼らはそのときに生じるであろう感情が実際に経験されるぐらいに、将来の状況について十分に想像することができた。また、私たちが研究したような、（理由を分析するという）実際にどのように感じているかを曇らせてしまう内観を避けることができたのである。

日常生活の中で、このテクニックをどれだけうまく使えるかは今後の課題である。少なくとも言えることは、もし将来の状況について詳細に想像する時間をとれば（たとえば「アルベルチーヌが私のもとを去ったというニュースを伝えに家政婦が飛んできたら、私はどう感じるだろうか」）、適応的無意識によって生じた感情をもっと認識できるかもしれない。また理由の分析や、文化的な感情ルール、あるいは意識的なものの見方のせいで曇らされた煙幕の向こうを見ることができるかもしれない。そして、自分の感情や反応についての自己物語を作り上げる基礎となる、より良いデータを手にするだろう。

個人的問題を内観する

内観に関するいくつかの研究はこれまで、たとえば恋愛関係などといった非常に重要なトピックを扱ってきたが、それらはたいていの場合、人を悩ませるようなトピックではない（私たちの研究では、ほとんどの参加者がある程度自分たちの関係に満足していた）。しかし、おそらく私たちは、人生でうまくいかなかったことを内観する方に長けている。悩みの原因を内観するしかたには多くの方法があるが、他の方法よりも有用なものとそうでないものがある。

悩んでいるときにあれこれ反芻して考える

一つの方法は、問題をあれこれと反芻することで、これをスーザン・ノーレン＝ホークセマは状況を改善しようとすることなしに、感情やその原因について繰り返し考えることと定義している。彼女は多くの研究をおこない、このような反芻が事態をますます悪化させる、否定的で自滅的な思考パターンにおちいりがちであることを見いだした。特に抑うつ状態にあるときや悪いムードのときにそうであった。悩みを反芻していつまでも考える人は、うまく問題を解決することができず、過去の否定的な側面により注目し、より自己破滅的なしかたで自分の行動を説明し、より否定的な将来を予測する。

たとえばある研究では、やや抑うつ状態にある大学生と、抑うつ的でない大学生が実験の参加者だった。反芻条件では、参加者に、自分の情動や特性について八分間考えるように求めた。すなわち自分の感情、なぜそのように感じるのか、自分の特徴、なぜそのようになったのか、自分がどうなりたいのかについて、よく考えてみるよう求めた。リラックス条件では、参加者は八分間、たとえば「空の雲の形」とか「トランペットの輝く表面」など、自分と関係のない日常的なトピックについて考えた。反芻課題、あるいはリラックス課題をおこなう前後に、参加者のムードが測定された。抑うつ傾向のある参加者は反芻課題によっていっそう抑うつ的になったが、リラックス課題は抑うつ傾向を緩和した。また反芻課題は、抑うつ的でない参加者にはほとんど影響を及ぼさなかった。

抑うつ的な学生が反芻課題をおこなった場合、彼らは否定的な側面に注意を向け、まるで、不快気分が肯定的な思考をすべて締め出すフィルターの役割をしているかのようであった。他の群、たとえば反芻課題をおこなった抑うつ的でない学生や反芻課題をしなかった抑うつ的な学生と比べて、彼らはより過去から否定的な記憶を思い出し（たとえば、私だけが試験に合格しなかった）、また今の生活でもたとえば友達と言い争いをするなど、否定的な出来事がより多く起こると感じていた。別の研究では、抑うつ的なときにはしばしば反芻すると報告した人は、もともとの抑うつの程度を統制した分析でも、一年後もっと抑うつ的な傾向が見られた。要するに、不幸であることと、自分の不幸についてくよくよ反芻することは、さらなる抑うつを導く悪い組み合わせなのである。[16]

内観によって意味を見いだす

次のようにするよう求められたと想像してほしい。

これから三日間、あなたやあなたの人生に影響を及ぼしている、非常に重要な情動的問題に対する心の奥底の考えや感情を書いてください。そのとき、心の一番奥底にある情動や思考を深く探ってください。たとえば両親や恋人、友達、親族など、他の人々との関係と結びつけて書いてもかまいませんし、あるいはあなたの過去・現在・未来、または、あなたがどのような人だったか、どのような人になりたいか、今どのような人なのか、といったことと結びつけていただいても結構です。[17]

ジェイミ・ペネベーカーと共同研究者たちは、大学生や地域社会のメンバー、重罪刑務所の囚人、仕事を解雇された人々、新米の母親といった何百人もの人々にこのように依頼した。ほとんどの人がきわめて真剣に受け止め、個人的でしばしば非常に厄介な出来事について書いた。たとえば、愛する人の死、関係が終わったこと、性的・肉体的虐待などである。当然ながら、そのような出来事について書けば動揺する。書いた直後には、あたりさわりのないトピック（たとえば、その日の予定）について書いた統制群の研究参加者と比べて、より深刻な悩みを報告した。

しかし時が経つにつれて、書いたことによる、はっきりと有益な効果が示された。統制群の人に比べ、情動経験について書いた人はより良いムードになり、大学の成績が良くなり、仕事をミスすることが少なくなり、免疫システムの機能が改善し、通院が減ったと報告した。情動経験について書くことは短い期間で見れば苦痛だが、長期的にはかなり建設的な効果をもたらす[18]。

情動経験について書くことはしばしば苦しい経験であるにもかかわらず、なぜこれまで述べてきたその他の内観法よりも有益な効果があるのだろうか。一つの可能性は、人には否定的《ネガティブ》な情動経験を隠したり抑圧する傾向があるから、たえず抑制することによるストレスが精神的・肉体的健康に負担をかけているということである。トラウマになっている出来事を表現する機会があると、カタルシスのような効果をもつのではないだろうか。つまり、抑制によって引き起こされたストレスを取り除いて、幸福感を向上させるのだ。抑制はストレスの原因となり、健康に影響すると思われるが、ペネベーカーの心の奥底の考えや感情を書き出す作業が抑制を低減する働きがあるという証拠はない。たとえば、他の人にすでに話した出来事について書いた人も、秘密にしてきた出来事について書いた人と同じ程度の改善を示した。

むしろ書くことは、否定的な出来事を説明する意味ある物語を作り上げ、それに意味を見いだすのを助けるから効果的なのだと思われる。ペネベーカーは、研究の参加者が書いた何百ページにも及ぶ記述を分析し、最も改善を示した人の記述は、最初はかなり矛盾し、混乱しているが、最後にはその問題を説明する、意味ある整然と一貫したストーリーにまとめ上げられていることを見いだした。

ペネベーカーの筆記エクササイズが有益である一方で、なぜ反芻は有害なのだろうか。一つの鍵は、反芻するのはしばしば抑うつ的なときであって、抑うつが否定的な思考や記憶に注意を向けさせ、問題に対して意味のある、適応的な物語を作り上げるのを難しくさせるということである。反芻は悪循環型の思考であり、『緋文字』のディムズデイルのように、物事を否定的に考えることから抜け出せない。「彼はまた夜ごと寝ずの行を、あるときはまっ暗闇の中で、またときには明滅する燈火のもとで、あるいはできるだけ強い力をあてながら自分の顔を姿見に映してすることもあった。こうして不断の内省を日課として自らを苦しめたが、浄化されることはなかった。」[19]対照的にペネベーカーの研究参加者は、大部分は抑うつ的ではなかったが、自分の問題を客観的に見ることができ、より適応的に問題を説明する物語を作ることができた。実際、重大なトラウマの直後のように、状況を客観的に吟味することができないほど動揺しているときには、ペネベーカーの方法はうまく機能しない。[20]

意味のある物語を作り出すことはまた、苦しいトピックについて考えるのを抑圧しようとすることから遠ざかることにもなる。もしある出来事に一貫した説明がないならば、それはいつまでも思い出され、反芻を重ねるか、あるいは思考を押さえつけようとするかだろう。ダニエル・ウェグナーと共同研究者たちが見いだしたように、意識的に思考を抑制しようとしてもうまくいかない。束の間それを考えないようにすることはできるかもしれないが、嫌なことについての考えは、しばしば押し寄せるようにして思い出される。疲れていたり、何かに気をとられているときには、思考抑制は逆効果であり、ますますその嫌なトピックについて考えてしまう。他方、説明され、人生のストーリーに同化された出来事は思い出されにくく、またそれを抑制しようという試みも起こりにくい。[21]

物語メタファーは、これまで考えてきた日常的内観のすべての例を説明するのに役立つ。理由を分析するのは、言語化しやすいがおそらくは実際の感情とはほとんど関係のない、悪い「データ」に注目させる。その結果、誤った情報から感情についてのストーリーを作り上げる。反芻や思考抑制は、少なくとも二つの点で有害な可能性がある。まず、それらは新しい物語を作りにくくする。統制できない、望ましくない思考にとらわれてしまうからである。さらに、新しい物語を作ろうとしても、注意を否定的な悪い面の思考に焦点化させてしまう。ペネベーカーの筆記エクササイズは、有益な効果をもち意味のあるストーリーを作り上げることができる、これまで見てきた中では唯一の内観である。

心理療法——より良い物語を作る

精神科医のアンナ・フェルスは、来診したある年配の患者のストーリーについて書いている。その患者は、一般的な抑うつや不安症状ではなく、間近な死に対処できずにいた。彼は末期癌で、問題なのは死を考えることではなく、死ぬ過程なのだと主張した。かつてのありふれた人生を説明する物語はもはや通用せず、彼は最後の日々を説明する新しいストーリーを求めて苦しんでいた。「私は別の人間になりつつあるんです。けれど、いつまでもそのことを話していたくはありません、特に妻とはね。妻にはしなきゃならないことが十分すぎるほどありますから。」

フェルス博士は彼に、最初の診断から現在に至るまでの、病気についての話をしてくれないかと言った。彼は徐々に、最後の人生の挑戦に意味と一貫性を見いだしていった。「彼の話は何回かのセッションにわたって続いた。私も患者も、彼の気分がずっと良くなってきたことに驚いたように思う。……私たちは何をしたのだろうか。確かにそれは、無意識の動機や願望の洞察を目的とした、古典的な精神力学的心理療法ではなかった。また私は心理学的な支援をしていたわけでもない。何か別のことが起こっていた。[22]」

起こっていたことの一部は、彼が非常に孤独になっていて、病気について率直に話す相手がいなかったことだとフェルスは述べる。彼が新しい人生について率直に話していくにつれて、フェルスとの間に作ることができた絆が、大きな慰めとなった。彼女のことばを借りれば、セッションが彼を「共有された社会的世界に引き戻した」のだった。

新しい社会的結びつきを形成することは重要だが、そこにはそれに劣らず重要なことがさらにあったのではないかと私は思う。病気との闘いについて自由に話すことで、彼は新しい人生をより意味あるものとする、一貫した物語を作ることができた。それはペネベーカーの研究で、トラウマとなっている出来事について書くことが役に立ったのとよく似ている。心理療法とペネベーカーの筆記エクササイズが交換可能だと言いたいのではない。三日間、一回につき十五分ほどトラウマについて書くことが、訓練された療法家の助けを借りながら、数ヵ月、あるいは数年もかけて問題を探求する、集中的な心理療法のかわりになるというのはばかげているだろう。何よりも、心理療法は強烈な社会的経験であり、フェルスの言う一種の社会的結びつきを可能にする。それにもかかわらず、心理療法と筆記エクササイズには重要な共通点がある。それは、どちらも以前にもっていたよりも有効な、自分についての新しい物語を発展させることができるということである。

心理療法が機能するのは物語を変化させるからだということの証拠は、きわめて簡潔に要約することができる。第一に、心理療法はよく統制された研究においても有益であると証明されているが、それが実際にどういうかたちでおこなわれるかは大して重要ではない。心の問題をどのように扱うかについての見方が根本的に相反する心理療法、たとえば精神力動療法（子どもの頃の記憶や無意識的思考や感情、洞察を重視する）と行動療法（現在の行動やそれを維持するものを重視する）にもこのことが言える。たとえば、抑うつの治療についての古典的研究において、ブルース・スローンと共同研究者たちは、精神力動療法と行動療法が同等に効果的であることを見いだしている（いずれも、何の治療もおこなわない統制条件と比べて優れていた）。

第二に、流派を問わず療法家たちは、クライアントに問題を説明する新しい物語を提供する。スローンの研究の重要な発見は、精神力動療法家も行動療法家も、クライアントに、彼らの問題の原因について（かなり異なる解釈であるものの）同じ数の解釈を提供したことである。最後に、療法家によって提供された考え方や解釈を受け入れたクライアントが、治療で最も改善を示した[23]。

要約すれば、心理療法は、クライアントが以前にもっていた物語よりも、有効な物語を受け入れることによって有益なプロセスとなるのである。癌と闘うことの中に意味を見いだしたフェルスの患者もそうであった。人生の物語を大きく変えるのは、確かに、訓練された療法家の指導が必要なほどに困難な道に違いない。しかし、良い方向に向かうために採用しなければならない物語は、唯一の「本当の」物語ではないだろう。さまざまな種類の健全な物語がありえる。

私たちは何を根拠に、ある自己物語が他の物語よりも健全だと言えるのだろうか。私は、自己物語は単純な意味で、正確であるべきだと思う。それらはその人の非意識的な目標や感情、気質の本質をとらえているべきだ。しかし、どのようにしたら、適応的無意識に合致する物語を作ることができるのだろうか。どのような情報を用いればよいのだろうか。

［訳注1］　鈴木道彦編訳（1996）140―141頁。

第9章 自分を知るために外に目を向ける

ああ或る神が私たちにこの小さな賜物をくれたなら、
他の人たちが私たちを見るのと同じように私たち自身を見るという！
それはたくさんのばかげた誤りから私たちを解放するだろう、
またばからしい考えから。
——ロバート・バーンズ『虱に』（一七八六）

どのような自己物語を語るべきか、どうしたらわかるのだろうか。「内部情報」だけが自分の伝記のための唯一の資料ではない。同じように用いられる、さまざまな種類の「外部情報」がある。自分の内側を見つめてわかることよりも、そういう情報の方が、場合によっては優れているかもしれない。

心理科学を学ぶことによって自分を知る

身体についてならたいてい、タバコや飽和脂肪、紫外線の危険性についての研究など、医学の本を読んで知るだろう。肺や循環器系がどのように働くのか直接知る手段を特にもたないから、健康に対する喫煙の影響などについて伝えるそういう外部の情報源が役に立つ。同じことが心の分野についても言えるだろう。厳密な心理学研究の報告を読むことから、自分について多くを知ることができる。

大きな集団の平均的な反応を調べた研究から自分について何か推測するのは、特にその集団と重要な点で違っている場合には、もちろん飛躍しすぎであろう。たいていの人は、自分を「平均的な人間」だとは思いたくないものだ。しかし医学研究を読むときも事情は同じである。ノルウエーで実施された研究における平均的な人間と同じように、私たちがタバコや飽和脂肪に対して反応するかどうか、確信はもてないし、実際私たちは、自分は「平均的」ではないと信じる傾向がある。しかし多くの医学研究や心理学研究では、個人差は比較的小さく、研究結果はほとんどの人に当てはまる。もちろん個人差がかなり見られる場合もある。たとえば、一生喫煙を続けても癌にならない人もいるし、若いうちに癌にかかる人もいる。しかしその場合も、平均的な人間の反応は確率的な意味で参考になる。喫煙をすると癌にかかるかどうか確証はもてないが、喫煙はそうなる可能性を高めることがわかる。

同様に、たとえ平均的な人間の反応を報告しているものであったとしても、心理学研究を読むことによってわかることは多い。二つ例を挙げよう。広告の影響とマイノリティ集団の成員に対する偏見の問題である。

あなたは広告に影響されるのか？

現在目にするような形式の広告がまったくない、新しいテレビ放送が始まったとしよう。そう、広告にまったく邪魔されずに、好きなテレビ番組を見ることができる。素晴らしいではないか。だが問題は、この場合もなお広告が、サブリミナルなメッセージの形式で呈示されることである。政治家候補の映像や「ビンクリーに投票しよう」というメッセージなど、画像やスローガンは瞬間的に呈示されるため、それらを意識して見ることはない。

広告がこのように劇的に変化したことに議論が沸騰したため、放送局は視聴者に選択権を与えた。リモコンのボタンを押せば、見慣れた広告が十五分くらいごとに番組を中断する従来の方法、あるいはすべての広告がサブリミナルに放送される斬新で未来的な方法のいずれかで番組を見ることができる。さてあなたはどちらの広告を選択するだろうか。

大学生のサンプルにこの質問をしたところ、七十四パーセントが昔ながらの広告がいいと答えた。典型的な回答は、「他人に選択を委ねるよりも、自分の選択を意識したい」というものだった。もっともだ。影響されていることにも気づかないまま、自分にコントロールできない方法で影響を及ぼすメッセージが心の中に入り込むようなことを、どうして望むだろうか。まるでジョージ・オーウェルの悪夢の再現ではないか。

ただ問題は、もしも広告によってコントロールされるのを避けたいと思っているなら、まさに誤った選択をしていることである。通常の広告が消費者の行動や態度に影響を与えるという証拠は山ほどあるが、サブリミナル・メッセージが広告キャンペーンに用いられても、ほとんど、あるいはまったく影響がない。

しかし私たち消費者に、どうしたらこのことがわかるのだろう。定義によると、サブリミナル広告から影響を受けているかどうかは知ることができない。なぜならそれを「見た」ことさえわからないからである。しかしながらこれまで述べてきた種々の理由で、テレビや印刷メディアで見る通常の広告によってどの程度影響されているかを知ることも、また難しい。タイレノールの広告を見たことが、次にスーパーに行ったときの購買にどの程度影響を与えるか、単純な内観によって知ることはできない。ちょうど、喫煙すると癌になるかどうか、内観では容易に判断できないのと同じである。しかし、自分が思っているよりも影響されている可能性は非常に高い。

私たちは心理学研究から何を学ぶことができるのだろうか。映像に隠されたメッセージによって、場内売り場に列が作られるわけではないし、自己啓発テープのサブリミナル・メッセージが禁煙やダイエットを（残念ながら！）手伝ってくれるわけではない。ケーキの糖衣に埋め込まれた性的なイメージが販売を促進するという通説はあるが、証拠はない。[1]

そうは言っても、サブリミナル・メッセージには何の効果もないということではない。単に、日常の広告としては影響が見られないということである。非常に注意深く統制された実験状況では、サブリミナルに呈示された情報が情動や判断に巧妙な影響を及ぼしうる。第2章に述べたジョン・バージとポーラ・ピエトロモナコの研究はそういう例である。彼らは、コンピュータ画面上に、特定の性格特性と関連する単語をサブリミナルな水準で一瞬呈示して、実験参加者が後で他者の行動の解釈をするときにこれらの特性を用いることを見いだした。たとえば、「敵意的」「侮辱」「不親切」という単語だった場合には、こういう単語が呈示されなかったときと比較して、単語を見たことに気づいていないにもかかわらず、参加者は他の人物の行動を否定的に解釈した。実際、このような研究は、精神という舞台の背景にあって世界を解釈している適応的無意識の能力を示しているのである。

しかしながら消費者行動に影響を与えるよう、日常生活でこういう効果を再現するのは非常に難しいことがわかっている。というのも、実験室でサブリミナル効果が示されるのに必要な状況を、広告で再現するのは非常に難しいからである。部屋の照明はちょうど適度なものでなければならず、スクリーンから正しい距離に座って見る必要があり、他には注意をひきつけるようなものがあってはならない。多くの取り組みにもかかわらず、日常の広告やオーディオ・テープにサブリミナル・メッセージを埋め込んで行動に影響を及ぼすことに成功した、よく統制された研究は見たことがない。

ことによると、賢い広告主がサブリミナル広告に効果をもたせる方法を見つけ出すかもしれない。しかしもしそうできたとしても、その広告は意識的な水準で呈示される通常の広告ほど効果的ではないだろう。人々はテレビやラジオ、印刷メディアで視聴される広告には無関心な態度を示すにもかかわらず、こうした広告は人の行動を強力に決定づけることができる。おそらく最上の証拠は、ケーブル・テレビのスプリット・ラン調査を用いた研究だろう。ケーブルテレビ会社とスーパーの協力を得て、ランダムに選択されたケーブルテレビ加入者を別々のグループに振り分け、異なる広告を見せた。何を買ったかスーパーが正確に把握できるよう、加入者には特別なＩＤカードを使うことに同意してもらった。したがって、広告主は特定の広告を見た人が、実際にその製品をより買ったかどうか検討できた。その結果、しばしばそのとおりだったのである[2]。

（影響力のない）サブリミナル広告の方が、（しばしば強い影響力をもつ）通常の広告よりも恐れられている。なぜなら、そういう広告によって知らず知らずに影響されるのではないかと、不安に感じるためである。しかし皮肉なことに、私たちはそうと気づかずに、通常の広告からずっと影響を受けている。薬局に行って、「いつもの薬かアドビルのどちらを買おう？　アドビルがノーラン・ライアンに効くなら、私にも効くかも……」と考えるわけではない。むしろ、なぜそう感じるのかはわからないが、そのブランド名の方が心地よく、そして親しみやすく感じるのである。そうして、いつものブランドと大差ないもののために、余計なお金を支払うことになる。十代の若者もまた、「屋外広告で見たマルボロ・マンみたいになりたいから、タバコを吸うことにする」とは思わない。若者はタバコを独立や反抗と結びつけるが、それが広告によって作られたものとは少しも思わないのだ。広告を意識的に見たり聴いたりするときでさえ、それがどう影響するのか気づくことができない。

人間は、広告業界の指令に盲従する自動装置だと言いたいのではない。しかし、広告の力を認識できなければ、それだけ広告に影響されやすくなる。広告を視聴するときに警戒心をもたなかったり、あるいは避けることに失敗したりするからである。その結果として、気づかないまま望まないやり方で影響されてしまう。ナンシー・ブレッケと私はこれを「心的汚染」と呼んでいる。なぜなら、私たちの心は知らないうちに、影響を受けたくない情報に「汚染されて」いるためだ[3]。

広告が望んでいないやり方で影響を及ぼすことを見いだした多くの研究があることを考えれば、自分自身にも同じ影響が及ぶという仮説も受け入れられるだろう。多くの素晴らしい心理科学研究があり、そういう研究について注意深く考えれば、自分の心についての洞察が得られるかもしれない。そして氷片上の「ＳＥＸ」という文字や、日常的な鎮痛剤のテレビ広告をもっと警戒した方がいいのだろうかという判断に、より情報豊かに臨むことができる。またサブリミナル広告と通常の広告のどちらかを選択するとしたら、リモコンのどちらのボタンを押したらいいのかわかるだろう。

あなたは人種差別主義者？

いくつかの統計データによると、米国においてはここ数十年の間に、人種的偏見が急激に減ってきている。つい一九四五年まで、多くの州や地域が、結婚相手、住む場所、子どもを通わせる学校の選択といった、アフリカ系アメリカ人の基本的自由を否定する法律を制定していた。こういう法律は、一九五四年の最高裁判所における学校隔離撤廃の決定や、一九六四年の連邦公民権法によって、急激に改正されていった。世論調査に見られるアメリカ人の意見も、同時期に改善された。一九四二年の時点で、黒人と白人が同じ学校に通うべきだと考えていたのは南部人の二パーセントと北部人の四十パーセントのみであったが、一九七〇年までにはそれぞれ四十パーセントと八十三パーセントに増加した。一九九七年のギャラップ世論調査では、九十三パーセントの白人が有能なら黒人の大統領候補であっても投票すると回答したが、これは一九五八年には三十五パーセントであった。また六十一パーセントが人種間の結婚を認めると回答したが、一九五八年には四パーセントだった。

希望のもてる数字ではあるが、こういう数字は、米国や世界中のいたるところに残る人種的偏見の事実を偽るものだ。米国で居住に関する人種差別がいまだに存在することを示す、反省を促す調査が一九八九年におこなわれた。全国の二十の地域で、調査協力者が不動産業者を訪れ、家やアパートの購入や賃貸について尋ねた。協力者たちは人種の点を除いて可能な限り同じように振舞った。何人かは白人で、何人かは黒人、また何人かはヒスパニックだった。残念なことに多くの場合、不動産業者はマイノリティの顧客を差別した。マイノリティの顧客に対しては白人よりも提供した選択肢が少なく、また会った後で電話をしてフォローすることも少なかった。マイノリティが直面した差別の量は、二十年前におこなわれた同様の研究と同じであり、この期間に居住差別がほとんど、もしくはまったく減少していないことが示唆される[4]。

いまだに差別が続いていることを示す証拠は、他にもすぐ挙げることができる。一九九八年、テキサス州ジャスパーにおけるジェームズ・バード・ジュニアの惨殺事件のように、憎悪犯罪は非常に多い。彼はただ黒人だったというだけで、小型トラックに鎖でつながれ、引きずられたのだ。一九九九年には四人の白人警察官がレイプ事件の容疑者と間違えて、財布を取り出そうとしたアマドウ・ディアロを四十一回も撃った。多くの人はディアロが黒人だという事実が、警察官がすぐさま引き金をひいたのに影響したと考えている。こういう悲劇的な例はまれだとは言っても、黒人は相変わらずさまざまな差別を経験し続けている。一九九七年のギャロップ世論調査のサンプルとなったアフリカ系アメリカ人のおよそ半数が、その前三十日間にたとえば買物や外食のとき、あるいは職場などで、人種にもとづく差別を経験したと回答した。

このように人種へのバイアスがまだ続いていることの歴然とした証拠と、先の調査に見られた改善とのギャップは、どうつじつまが合うのだろうか。アメリカ人はいまだどの程度偏見をもち、またそういう偏見はどのようなかたちをとるのだろうか。一つの可能性は、偏見は以前と同じくあるが、人がそのことを上手に隠すことができるようになったということだ。それは人種差別主義者であることを公然と認めることが、文化的に容認されにくくなったからである。この可能性には多少の真実があるだろうが、文化的規範が変化したという事実は進展の証拠であろう。その上、変化したのは人々が言うことだけではない。他の人種の人との結婚を選択する人の割合は、一九九二年には一九六〇年の六倍となった。もう一つの可能性は、アメリカの人口の一部では偏見が減少したものの、まだ多くの人に残っているということである。このことは、いまだに憎悪犯罪や居住差別、職場での偏見があるという事実を説明する。

しかし多くの社会心理学の研究は、別の可能性を示唆している。すなわち同じ人間が、偏見をもつと同時に、偏見をもたないこともありえるというものだ。おそらく今はアメリカの歴史上どの時代よりも、多くの人が意識的なレベルにおいては偏見や差別を嫌い、できるだけ平等的態度をとろうとしていると多くの研究者が指摘している。しかしより非意識的、自動的なレベルでは、同じ人の多くが、いまだにアメリカ文化に浸透している人種差別主義的な見方を、知らず知らずに身につけているのである。

たとえばメディアでの人種差別主義的考えや、両親の役割モデルに何千回となく接触することにより、適応的無意識が偏見的な方法で反応するようになったかもしれない。なかには意識的なレベルでこういう態度をしりぞけ、平等主義的な考え方を自己物語の中核にすえる人もいる。彼らは自分の行動を監視し、統制しているときは意識的な偏見のない考えにもとづいて振舞うが、行為を監視していないときや統制できないときは、適応的無意識のより人種差別主義的な傾向にもとづいて行動するだろう。

たとえばある研究では、白人大学生がアフリカ系アメリカ人の面接者と白人の面接者について評定した。研究者は、面接中の不快感を示す非言語的手がかり（たとえば、面接者に対するアイ・コンタクトの量）も測定した。大学生たちの評定は、自分の偏見の程度に対する意識的な信念によってよく予測された。偏見が少ないと信じていた学生ほど、黒人の面接者より白人の面接者に好意的ということはなかった。しかし彼らの非言語的反応は異なっていた。面接中の不快感（たとえば、アイ・コンタクトの量やまばたき）は意識的な信念とは相関をもたず、（より瞬間的に測定される）潜在的、自動的な偏見の指標でよく予測された。自動的なレベルで偏見を示す人は、意識的なレベルではまったく偏見をもたなくても、黒人の面接者に対してより否定的な非言語的行動を示した[5]。

この研究は、私たちに自分自身について教えてくれる。アフリカ系アメリカ人、ヒスパニック、アジア人、白人、女性、男性、レズビアン、ゲイ、ロータリークラブのメンバーなどさまざまな集団のメンバーに対して自分が偏見をもっているかどうか、どうしたら知ることができるだろうか。意識的には、こういう集団に対してまったく偏見をもっていないかもしれない。そして、もしもこの問題に関する社会心理学研究がなかったなら、それまでのことだったかもしれない。しかしこういう研究をふまえれば、少なくともそのような集団のいくつかのメンバーに対して、十分気づかないまま、自動的で習慣的な偏見的反応をしているという可能性を考えるのではないだろうか。

どうしたら意識的な信念や欲求の影響を避けて、潜在的偏見の程度を測定できるだろうか。ほとんどの方法が、単語や写真をコンピュータ呈示してそれに対する反応時間を測定するという方法に頼っている。たとえば、実験参加者は同時に二つのことをどれだけうまくできるかを調べる研究に参加しているると思っている。人の顔を記憶することと、単語の意味を答えることだ。顔の写真が三分の一秒間、コンピュータ画面に呈示される。非常に速いが、意識的に見ることはできる長さである。顔の後、すぐに形容詞が呈示される。参加者は顔を記憶し、また形容詞が肯定的な意味（たとえば、「好ましい」「素晴らしい」）をもっていれば一方のボタンを、否定的な意味（たとえば、「いやな」「嫌いな」）をもっていれば別のボタンを押すように言われる。コンピュータにより、反応するまでにかかった時間が測定される。

単語の前に呈示される写真には、白人の顔と黒人の顔がある。もし自動的なレベルで偏見をもっているなら、顔の人種が感情的反応を引き起こし、単語への反応に影響を及ぼすというのが仮説である。たとえば、もしも黒人の顔に対して否定的な反応があると、否定的な単語が現れた場合に「悪い」キーを押すのはより簡単だろう。なぜなら、すでに生じている否定的な感情が、その反応を促進するからである。これと同じ論法で、肯定的な単語が現れたときには、否定的な感情のため、「良い」キーを押すのにより時間がかかるだろう。悪い感情が、その単語の意味と一致しないからだ。白人の顔が現れたときには、逆の結果になるだろう。顔が肯定的な感情を引き起こすため、良い単語には速く、悪い単語には遅く反応するためである。他方、偏見をもたなければ、顔の人種は単語への反応速度に影響を及ぼさないはずだ。

この課題は非常に速いペースでおこなわれるので、参加者は反応を意識的に統制できない。「あ、黒人の顔だ。少し否定的に思っていても、今現れた肯定的な単語に速く反応しなくちゃ」と考えるような余裕はない。さらに、参加者はこの課題が自分の態度やステレオタイプに関連していることを知らない。いかに二つのことを同時にうまくできるのか、そのテストだと思っている。このように、単語への反応速度がその前に呈示される顔の人種に依存するかどうかを観察することで、研究者たちは自動的・習慣的な偏見パターンの存在を調べることができる。

しかし、心理学実験室の中でおこなわれるこのような人工的な課題で、他の集団成員に対する根深い感情を本当に探り出すことができるのだろうか。論より証拠、この課題における反応が興味深い何かを予測するかどうかが重要であり、実際、予測するのだ。面接者に対する非言語的な不快感を測定した研究では、これと類似した自動的偏見の指標が用いられた。また他の研究でも同様に、コンピュータ課題に対する反応が、違う人種の人に対する行動を予測することが見いだされている。ある研究では、この種のコンピュータ課題で偏見を示した参加者は、黒人学生との身体的接触をより避ける傾向があった。自分の順番が来たとき、ペンを手渡しせずテーブルの上に置いたのだ。

自動的偏見の指標は、まばたきやペン渡しよりもっと重要な行動を予測するだろうか。キース・ペインの興味深い研究が、そうであることを示唆している。参加者はコンピュータ画面上に、白人もしくは黒人の顔が五分の一秒間呈示されるのを見た。次に（ペンチなどの）工具、あるいは拳銃が現れ、それがどちらだったたか、〇・五秒以内に「道具」もしくは「拳銃」とラベルが貼られたボタンを押さなければならなかった。反応するための時間はほとんどなく、彼らはしばしば間違ったキーを押してエラーをおかした。

ここで興味深いのは、参加者（黒人ではない大学生）がどのような種類の間違いをおかすか、そしてその間違いはその前に呈示される顔の人種によって影響を受けるかどうか、である。ペインは、多くの人が黒人と暴力との自動的連合をもっており、黒人の顔に続いて呈示された道具を武器と間違えやすいだろうと予測した。そして実際にそのとおりだった。黒人の顔の後に道具を見ると、白人の顔の後に見るときよりも、「拳銃」のボタンを有意に多く押したのである。このエラーをおかす程度は、人種的偏見に関する標準的な質問紙では予測されなかった。この結果をもたらしたのは、十分には気づかれていない自動的な連合だったのである。

もちろん、これは参加者がコンピュータの前に座り、現実の人に対してではなく、顔や物の写真に反応してボタンを押すという、実験室研究にすぎない。しかし研究結果がアマドウ・ディアロの射殺と類似していることは、厳然たる事実である。ディアロが財布を取り出そうとポケットに手を入れるのを見たとき、「彼は銃を持っているか？」という重要な判断をするために警察官に与えられた時間は、ペインの実験参加者とほぼ同じだった。悲劇的なことに、実際には武器を持っていなかったのに、彼らは持っていると決めつけたのだ。もしディアロが白人だったなら、警察官は異なる判断をしていたかどうかは知る由もない。しかしペインの研究は、こういう過ちが犠牲者の人種によって影響を受けていることを示唆している。[6]

留意すべき重要な点は、警察官が非常に素早く行動する必要があったことだ。そこにじっと佇んで「ええと、やつは黒人だ。だからたぶん武器を持っているだろう」と考えたのではない。彼らには、少なくとも意識的には、考える時間などまったくなかった。実際には、意識的なレベルでは完全な平等主義と偏見のない信念をもっていたのかもしれないし、また考える時間があれば、ディアロの人種によって影響を受けることもなかったかもしれない。多くの研究から、適応的無意識に根ざす自動的態度と、意識的な信念には食い違いがありうるということが示されている。自分は完全に平等主義的な考えをもっていると確信している人でも、心の奥底深くでは、マイノリティに対して非常に否定的な、自動的反応をしているかもしれない。

自動的な偏見に関する研究はまだ始まったばかりであり、どのように測定するのが最善か、またそれが何を予測するのかについて、まだまだ探求すべきことがたくさんある。しかし自己知識という観点から言えば、研究によって私たちは自分の信念や行動を問い直し、そしておそらく、それらをよく監視できるようになるだろう。自動的偏見を調べるテストが広く使えるようになれば、こういう研究の結果が自分にも当てはまるのだろうかと、思案する必要はなくなるだろう。インターネット上のこういうテストの一つを受けてみて、自分の自動的偏見の指標となる得点を受け取ることができる。[7] こういう検査が何を測定しているのか、十分に理解するためにはさらに多くの研究が必要なことは明らかだ。しかし、意識的なレベルでは偏見をもっていないにもかかわらず、適応的無意識は別のことを感じているかもしれないという考え方は重要であり、少なくとも、自分もそうではないか考えてみるべきだ。

非意識的な偏見やその他の状態に関するテストが完璧なものとなり、広く利用可能となるまでは、研究に参加した人たちの一般的傾向だけでなく、人が自分自身の感情や特性にアクセスする方法に関して、疑問が残されている。自分の非意識的な欲求や動機について直接的に知ることのできる、別のかたちの「自己観察」はあるだろうか。

他者の目を通して自分を知る

私にはマイクという友人がいる。彼を知る誰もが驚くのだが、彼は自分がシャイだと言う。彼は誰とても気軽に会うし、いつでも多くの友人と一緒にいる。旅行のときは、乗り合わせた人といつも会話を始める。話上手であり、パーティではニュージャージーでの子ども時代の話をして、皆を楽しませる。彼は熱心な大学教師で、何百人もの学生の前で講義するのを楽しんでいるように見える。

これほど人との接し方を知っていながら、なぜマイクは自分をシャイだと思うのだろうか。社会的状況で心地よくくつろいでいるようには見えても、他人と一緒にいるときには不安を感じているのかもしれない。マイクが講義前にはいつも緊張して汗ばんでいるかどうか、本当は家で読書でもしていたいのに、むりやりパーティへ出かけて社交的に振る舞っているのかどうか、友人たちも内情を知ることはできない。

実際、人が自分をシャイだと思うほど、友人たちはその人をシャイだとは思わないものだ。人は感じている社会的不安を隠すことが上手だからである。しかしもしマイクに尋ねれば、非常に正直に、講義のときやパーティで話しているとき、特に不安を感じてはいないし、大勢の人と一緒にいることを楽しんでいると答えるだろう。それではなぜ、彼は自分がシャイだと言うのだろうか。

マイクが言うには、彼は内向的な子どもだったそうである。ほとんどのクラスメートが叫んだり大声を上げたりしながら運動場を走り回っているとき、彼は皆と離れて地面に小枝で絵を描いていることが多かった。友達は多くなかったが、いつでも一人の親友と一緒だった。書き物やコンピュータ・ゲームといった一人でできる遊びを好み、チーム・スポーツのような集団的な活動は避けた。

大学に入る頃までには、マイクは内向性を克服していた。高校の初めには友人も多く、ドラマのクラスをとるようになった。年齢とともに内向的でなくなるのはよくあることだ。たとえば、八歳から十四歳の頃シャイだったと言う大学生のうち五十〜六十パーセントは、今はそうではないと答えている。これはただ一つのことを除けば、まさにマイクに起きたことだ。つまり、彼は自分がシャイだという自分への見方を変えなかったのである。より外向的になっている適応的無意識と一致しない、自分の性格に対する自己理論（「私はシャイで内向的だ」）の例である[8]。

おそらく誰でも、友人が言う彼の感情や動機、性格特性が自分の受け止め方とは違っていて、自分の方が正しいと感じるような、よく似た例を思いつくだろう。両親は娘があきらめが早いと感じ、本人が考えるよりももっと数学ができるはずだと思うかもしれない。私たちの多くは友人のスーザンが、たとえ彼女が心底そうだと信じていたとしても、交際相手のスチーブンのことを愛していないと思っていた。どの場合も、当人は一つの感じ方、一つの傾向をもっていると信じている（たとえば、「私はシャイだ」「私はスチーブンを愛している」）。しかし、彼ら彼女らを知る人は、まったくそう思っていないのだ。少なくともときには、人が自己理論を捨てて、賢明にも自分に対する他者の考えを採用することもある。漫画『わんぱくデニス』の中で、デニスが母親に「ママ、ぼく何がしたいの？」と尋ねるように。

チャールズ・クーリーは、こういうかたちの自己知識を「鏡映的自己」と呼んだ。私たちは他者の目の中に、自己の反映、すなわち私たちの性格、嗜好、行動に対する他者の見方を見る。そしてこの反映——反映評価と呼ばれる——をしばしば自己概念の一部として採用するのだ。このアプローチの見事さは、自分の内側を見るときにおちいる多くの落とし穴を回避している点である。自分自身の感情や特性に、特別にアクセスする必要はない。鏡映的自己は合意された自己知識であり、そのおかげで自分の人となりについて多数意見を採用するのである[9]。

しかし自分を見るのとは違うように他者が私たちを見ていることを認識し、また彼らの方が正しく自分が誤っていると認めるには、多くの障害がある。その上、私たちの高い自己評価を他者が共有していないとき、いつでも他者の考えにもとづいた自己観をもつべきなのかどうかは、判然としない。

他者が私たちについて考えることを、どれだけきちんとわかるだろうか

他者に自分の性格がどう見られているか（たとえば、どれくらい社交的か、知的か、有能か）、またどの程度好かれているか、かなり正確にわかるものだ。しかしこの正確さはたいてい、私たちが自己理論を他者に投影しているという事実を反映するもので、他者が私たちについて実際に考えていることを読み取るのがうまいからではない。サラが自分は非常に知的だと思っていて、まわりの人々もそう思っていると考えているとする。実際に彼女は知的であり、それは他の人にも明らかなので、彼女は正しい。サラは他者の目の中に自分の反映を見る必要はまったくない。他者も彼女の見方に賛成しているのだから、彼女の反映評価は正確だ。

しかしマイクの例のように、自己理論と反映評価が一致しない場合には、どうなるだろうか。他者から学ぶには、他者が自分に対して実際にどう考えているかを知るために、相手を観察し、相手の話を聞いて、ずれのあることをまず認識しなくてはならない。多くの研究から、これが非常に困難である場合には、しばしば隠すものである。たとえば、他者は私たちに対する印象を、特にそれが否定的なものである場合には、しばしば隠すものである。大切に思っている同僚に、洋服の趣味が悪い、新しい髪形は十歳

も老けて見えるというようなことを言って、いったい何になるだろう。もしいつでも思ったとおりのことを言えば、友人はどんどん離れてしまうだろう。

たとえ人が私たちに、本当はどう思っているのかシグナルを送ってくれたとしても、それを理解するのはしばしば困難である。もしボブが自分は話し上手だと信じていたら、他の人の不賛成のサイン、たとえば彼が自分の菜園について長話をしているときに、スーがチラチラ時計を見ているというようなサインを見落としてしまうかもしれないし、誤解するかもしれない。他の人の心を正しく読むのが肯定的な自己理論を脅かすようなとき、これは特に当てはまる。スーの行動を、彼が自分で思っているほど話上手ではないことのサインとは解釈せず、もっと肯定的に評価するのである（「スーは約束の時間に遅れてでも、私のおもしろいおしゃべりから離れられないのだな」）。

私たちは他者からどう見られているかまったく気づかず、思い違いをするものだと言いたいのではない。生徒が教師から成績表をもらうときや、従業員が上司から仕事の評価を下されるときのように、他人の見方に直面しなくてはならないときもある。日常生活では、他者が私たちについて考えることを知るのはもっと難しいが、時にはそれを垣間見ることができる。たとえばある研究では、六週間の基礎訓練をおこなった空軍志願者に、自分の性格、他のもう一人の性格、それから他の志願者からどう考えられていると思うか評定するよう求めた。

研究者たちの興味は、特に自己愛や強迫観念、依存などの人格障害の程度について他の志願者たちが思っていることを、本人がどれほど正確に推測しているかにあった。私たちにとって重要なのは、自己観を統制した後の、反映評価の正確さである。たとえばある人が、自分は仲間の大多数から依存的だとみられていると考えたとしても、本当にそう見られているのだろうか。重要な点だが、反映評価が単に自己観にもとづいているという可能性をなくすため、研究者はこの相関から、自己観を統計的に取り除いた。前述したように、私たちは「ええと、自分は依存的だと思う。だから他の人もたぶんそう思うだろう」と考えがちだ。自己観を統制することにより、研究者は自己観とは独立して、評価の正確さを検討したのである。

その結果、たとえ自分のことをそう考えていなかったとしても、人は自分が他者からどう見られているか、少なくともある程度は認識していることがわかった。しかしこの正確さの程度はそれほど大きなものではなかった。他者が自分に対して考えていることの推測と、自分に対して本当に感じていることとの相関の平均は、およそ0・20であった（相関が0ということは、まったく正確ではないことを示し、1・0は完全に正確なことを示す[10]）。

どうしたらこの正確さを高めることができるだろうか。こういうのはどうだろう。今度十二月にクリスマス・カードを送るとき、友人に、私たちのことを本当はどう思っているか、詳しく書いてくれるよう質問紙を加えるのだ。たとえば、どの程度私たちのことが好きか、どのくらい知的、親切、寛大、感受性が強い、運動が得意と思うか、などの質問である。率直に書いてもらうため、匿名で質問紙を返送できるようあらかじめ切手を貼り、住所を書いた封筒も同封すべきだ。しかし私たちは本当にその結果を一覧にしてうまく対処し、それに応じて自分の自己観を変えられるだろうか。

自己理論を変えるのに、他者の力を借りるべきだろうか

自分への見方を変えるのに他者の力を借りるのは、必ずしも最も興味をもてることではない。というのも、自分に対する友人の本当の意見を知れば、適応的な幻想までも砕かれかねないからである。私たちのような凡人が、実際よりも多少は良いと信じていて何か問題があるだろうか。自己理論を下方に修正しても（「そうだね、私はダンスパーティで一番人気があるというわけじゃないよ」）、より幸せにしてくれる自己改善や行動の変化に格別役立つというわけではないだろう。実際のところは、他者が自分をどう考えているのか高めに見積もってこそ、うまくいくというものだ。たとえばほとんどの人は、平均的な人よりも自分の方が人気があり、才能があり、魅力的で、知的だと考えている。もちろん、それは誰にとっても真実というわけではない（子どもたち全員が平均以上の知能をもつギャリソン・キーラの小説『レイク・ウォビゴンの人々』を除けば）。だが肯定的《ポジティブ》幻想をもつ人は、そうでない人よりも落ち込みにくいし、困難な課題にも長く挑戦し、したがって成功しやすい[11]。

しかし、あまりに現実とかけ離れた幻想を維持することにはリスクがある。愛する人が、自分を愛してはいないことを信じようとせず、しつこくつきまとう人には、相応の呼び名がある（そして禁止される）。自分が医学の道には適していないことを信じようとしないで、成績が悪いまま医学部の課程を続けるなら、多大の苦しみを経験することになるだろう。たとえ自分をより否定的に見ることを意味したとしても、他者が自分に対してどう思っているか注意を向け、それに従って自己観を変えるよう考えるのが、自分のためになる場合もある。

そういう場合の一つが、（化学で何度も落第したにもかかわらず）医学コースを続けるかどうかと

いった、人生の重要な決定に直面するときだろう。確かに職業選択に際して、いつも他者の意見に注意を向ければよいというものではない。絶対無理だろうというみんなの意見にもかかわらず、成功したという有名な例はいくらでもある。たとえばアルバート・アインシュタインの学問の道への始まりは、不運なものだった。十六歳のとき、工科大学の入学試験に落ちた。あきらめるどころか彼は再度挑戦し、やっと入学を認められた。工科大学では、彼の成績はパッとしなかった。一九〇〇年に卒業したとき、彼にはどこにも就職先がなかった。やっとのことでスイス、ベルンの特許局の、臨時の技師職に就くことができ、そこで七年間を過ごした。彼が仕事のかたわら相対性理論について最初の論文を書いたのはそこであり、ようやく一九〇五年に、チューリッヒ大学から博士号を得たのである。

しかし、誰もがアインシュタインではない。専門家の忠告にもかかわらず、向いていない職業を目指して何年も空費する人も多い。失敗や欲求不満にも喜んで堪えられるほどその職業に情熱をもっているのでなければ、自分の能力について専門家の意見に耳を貸すのが、しばしば賢明というものである。

他の人々が自分とは非常に異なる見方をしているときには、とりわけそう言える。そういうときには、少なくとも他の人々の見方を考慮に入れるべきであろう。自分の能力を他の人々の見方よりも少しだけ肯定的に見ることにはほとんど害はないけれども、ギャップが大きくなれば問題が生じうる。

たとえば、学期末に授業の評価を受け取る大学教授のように、自分の能力を他者がどうみなしているかについて、定期的に明確なフィードバックを受ける例について考えてみよう。私の学部では、多くの大学と同じように、学生は多くの側面から教授を評価し（たとえば、教え方の全般的な有効性）、その講義についてどう思うか詳細なコメントを書くように求められる。ほとんどの教授は、自分の長所や短所について強い信念をもっており、講義の評価は他者（自分の学生）がそういう信念にどれほど賛成しているか知るための唯一の機会である。もし教授の信念が大いにずれていれば、フィードバックは明らかに役に立つ。ジョーンズ教授が、自分は学期中ずっと学生を席から身を乗り出させるほど優れた講義をしたと思っているのに、講義に出るのは歯医者で神経を抜くよりはましな程度と学生が答えたなら、彼が自己理論と教授法を変える必要があるのは明らかだ。こういうずれは、特に自分の能力に対するフィードバックをまだあまり受けていない、新米の大学教師に生じやすい。

しかしたくさんの講義をすると、ほとんどの教授は自分の講義の長所と短所を非常によく理解するようになる。こういう考えは肯定的《ポジティブ》幻想の研究と一致して肯定的な方向に歪んではいるものの、おそらくかなり正確である。教授が学期末ごとに、自分が思っているほどには良い教師ではないことを認識しながら評価を検討するのは、どれほど役立つだろうか。新しい講義をしたり、新しいアプローチを試みているときには、大いに有用だろう。しかしもし自分の長所や短所をよくわかっていて、改善しようとしているのなら、それほど有用ではないかもしれない。実際、もし教授が教室の誰もが感嘆するはずだと信じて講義に向かえば、「学生の中には歯医者に行った方がましだと思っている者もいるだろうな」と考えながらうなだれて教室に行くよりも、おそらくずっと良い講義になるだろう。

あるいは、次の例を考えてみよう。四十歳代になってから、私は三十歳以上限定のシニアリーグで野球を始めた。プロだった者、あるいは大学時代に野球選手だった者も含め、リーグには非常に優秀な選手がいる。しかし残念なことに、そういうスターは私のチームにはほとんどおらず、盛りを過ぎて関節や筋肉の機能が低下した選手ばかりである。

勝利という意味での成功がないにもかかわらず、チームメイトの多くが多少とも自分自身の能力を過大に見積もっているのは明らかである。もし私のチームに対してクリスマス・カードの実験のようなことをすれば、ほとんどの人は自分が思っているほど、チームメイトが自分のことを良い選手だとは思っていないことを知ってがっかりするに違いない（私自身も例外でないことは確かだ）。

チームメイトが、お互いの能力についてどう考えているか、定期的にチェックしあうのは役に立つだろうか。もし自己理論があまりに誇大妄想的で、すべての試合でなぜ自分が先発投手やクリーンアップの打者ではないのかをめぐって、いつもコーチと衝突するというのであれば、それは有用だろう。しかし私たちのほとんどは、自分が実際よりも良いという幻想を抱きながらも、自分の才能（もしくはその欠如）にそれほど盲目ではない。実際、もしも私たちが皆、本当の技術レベルを認識したら、おそらくバットをしまって家に帰るだろう。次の試合に出かけていけるのは、肯定的《ポジティブ》幻想のおかげなのである。

しかし、時には人生を危機におとしいれかねない重要な決定に直面することがあり、そういう場合に幻想はもはや無害とは言えない。もしチームメイトの一人が、自分にはまだプロとして試合ができるほどの打撃力があり、仕事を辞めてメジャー・リーグの入団テストを受けに行こうと思ったなら、それが適切な転職かどうか知るため、ダグアウトで他のチームメイトの意見を求めるべきだろう。

これらはすべて、他者が見るよりも人が自分を肯定的に見るという例である。人は通常、自分をひいき目に見ているけれども、場合によっては否定的に見すぎることもあり、そういうときもまた、他の人々の見方を取り入れることを真剣に考えなくてはならない。

バージニア大学の学生、キャサリン・ダークスの場合がそうだった。彼女は二〇〇一年に名誉あるマーシャル奨学金を得て、オックスフォード大学で二年間、勉強できることになった。ダークスの成績はずば抜けていた。バージニア大学では学部生に対する最も名誉ある二つの奨学金、ジェファーソン奨学金とエコー奨学金を得ており、成績の平均は3・9を維持していた[訳注1]。そしてバージニア大学で最も古い名誉ある組織、『レイブン・ソサエティ』の会長であった。それにもかかわらず、新聞によれば、彼女は自分がマーシャル奨学金を獲得することができるとは思っておらず、二人の教授が説得するまで志願しないことに決めていたらしい。彼女が自己理論にもとづいて行動せず、教授たちの忠告に従ったのは良いことだった。

そういうわけで、私たちは心理学研究の成果をうまく取り入れると同時に、時には自分に対する他の人々の見方にももっと注意を払うべきだ。しかしながら、これは適応的無意識の性質を発見する唯一の手段ではない。

[訳注1] バージニア大学の成績評価は4・0が満点である。

第10章 自分の行動を観察して変える

もしあなたが一所懸命努力なされば、やがてはご自分で是認なさるものになることができるでしょうし、今日からご自分の考えや行動を正す決意を続けるならば、数年のうちに、喜びで振り返ることのできる、新しい汚れなき思い出を蓄えられることができるでしょう——と、こんな風に思えます。

——シャーロット・ブロンテ『ジェイン・エア』（一八四七）

われわれはなにかのふりをするとそのものになってしまう、だから何のふりをするかは慎重に選ばなくてはいけない。

——カート・ヴォネガット『母なる夜』（一九六六）

自分に対する他者の反応を観察することと関連する心理学の文献を読むことだけが、適応的無意識の性質を発見する方法ではない。私たちの行動も、雄弁に物語ることのできるもう一つの情報源なのである。自分がすることを注意深く観察することで、私たちは自分自身について多くを学ぶことができる。加えて、もし私たちが自分の適応的無意識のどこかを変えたいとしたら、そうなりたい人のように意識的に振る舞ってみるのが良いきっかけになる。

たとえば作家のマーシャ・マラーは、彼女自身にほとんどと言ってよいほど似ていない架空のヒロイン、「シャロン・マコーン」を創り出した。

彼女は私より背が高く、細くて、勇敢だった。私には何の見込みもなかったのに、彼女には仕事があった。私はせいぜいタイプが打てるだけだったのに、彼女は驚くほどに豊富な能力をもち、射撃、柔道、パン作り、自動車修理などを身につけていた。私は適切な時間に電話するときでさえ神経質になるので有名だったが、彼女は安全でも危険でもどこにでも行ったし、誰にでも質問した。

マラーは自分のヒロインのようになりたいと思い、意識的に彼女のように振る舞うことで、ついにそうなった。

背は伸びなかったが、私は体重を落とし、勇敢になった。三八口径ピストルで犯罪者を威圧したり、柔道で彼らを制圧したりするところまではいかなかったが、私は明らかに自信をもつようになった。後の小説のために調査をおこなうときにも、安全なところでも危険なところでも足を踏み入れることを学び、誰にでも質問をぶつけることを学んだ。ついには、自分の独立を宣言した。[1]

もう一人の有名な探偵小説家であるスー・グラフトンも架空の別の自我を創り出し、少なくともいくつかの点でそれを見習うようになった。グラフトンは小説を書く前は病院の受付係だったが、不満を抱き、人生の単調さと行き先に飽き飽きしていた。「私には外の世界が必要だった」と彼女は言う。「このままでは私は満たされなかった。私には自由が必要だった。外気が。」彼女は新しい人になることに成功したが、それは一部、架空のヒロイン「キンゼイ・ミルホーン」——厚かましく、独立心が強く、通俗的で、ファストフードを食べ、ジーンズをはく私立探偵——を創り出すことによってだった。紙の上にキンゼイを描き出すことで、スー・グラフトンは彼女のように振る舞い、ついには彼女のいくつかの特性を容易に獲得できるようになったことを発見した。[2]

しかし、変化させたい適応的無意識があることを、そもそもどうやって認識するのだろうか。そして、おあつらえむきのヒーローが登場する探偵小説を書く才能を持ち合わせない私たちは、いったいどうやって自分を変えたらよいのだろうか。

自分の行動を観察することによって自分を知る

自分の性格の本当の性質や、実際にどう感じるのか知るためには、時には自分が何をしているのか観察することが有益である。E・M・フォースターのことばを借りれば、「私が何を話すのか知るまで、私が何を考えているのかどうして伝えることができるだろう?[3]」

心理学者のダリル・ベムによれば、自分の行動を観察することが自己知識の主要な源泉である。彼の自己知覚理論の中核をなす命題は、人は外部の観察者とまったく同様に、行動を観察しその基底にある感情や特性を推測することによって、自分の内的状態を推論するというものである。そうしながら人は、周囲の状況による影響など、行動の起こる条件にも注意を払う。結婚式で演奏するプロの音楽家は、別段新郎新婦をたたえる気持ちや宗教行事が好きだからではなく、報酬を得る仕事だから演奏するのだと推論するだろう。鍵は、外部の観察者と同じ方法で自分の行動を分析することだ、とベムは言う。私たちは自分の行動を見て、なぜそれをしたのか、知識にもとづいて推測する。

これは真にラディカルな命題である。心の中に何があるのか決めようとするときに、外部から私たちを観察する他人よりも当人が有利な立場にないなどということが、実際にありえるだろうか。ベムの理論は、心を科学的研究に値しないブラックボックスとして扱う急進的行動主義の血を引いている。心は科学者にとってブラックボックスであるだけではなく、心を所有する当人にとってもしばしばブラックボックスであるとベムは主張する。その箱の中身を決める唯一の方法は、何をしているのかにもとづいて、知識に裏打ちされた推測をすることである。これは科学者にも、互いに観察しあう人にも、そして自分自身を観察する人にも当てはまる。

ベムの理論は一見しただけではとても非常識に見えるので、激しい議論を引き起こした。つま先をぶつければ、すぐ痛いと感じる。それが何であるか知るために、うめきながら片足で部屋の中をぴょんぴょん飛び跳ねる自分を観察する必要はない。しばらく食べずにいたとき、おなかが減っていると気づくために、冷蔵庫に行ってサンドイッチを作る自分を見つめる必要もない。まるで愛を確認しあったばかりの二人の行動主義者についての古い冗談ではないか。「これがあなたにとってステキなことだったたと私は知っているけど、私にとってもステキなことだったのかしら?」と一方が他方に聞く。この話がおかしいのは、セックスの喜びといった感情を直接には経験しないと、愚かにも仮定しているからである。

ベムも、痛みや愛やセックスの喜びを感じることが直接わかり、それが何であるか知るために自分の行動を観察する必要がない場合がたびたびあることを認めている。重要な点は、私たちがどのように感じているのかそれほどはっきりしないことがある、ということなのだ。自分の感情、態度、特性を読み解くため、自分の行動の外部の観察者にならなければならないのは、そういうときなのである。[4]

自己啓示か、創作か

何年も自己知覚理論の研究がされてきたにもかかわらず、解決されない疑問がある。自己知覚過程は自分の行動を観察することによって本当の感情をより良く知ることになる、一種の自己啓示（self-revelation）なのか、あるいは、それまで存在しなかった内的状態を推論する、一種の自己創作なのか、いずれだろうか。

たとえば、サラがピーターとパーティで出会ったとき、彼女は彼をすごく好きだとは思わなかった。いろいろな点で、彼は彼女のタイプではなかったのである。ところが、彼女は彼のことをいつも考えていることに気づき、ピーターが電話をかけてデートに誘ったとき、オーケーした。いざデートを承諾すると、彼女は思っていた以上に彼のことが好きであることに気づいた。これは自己啓示としての自己知覚の例である。なぜなら、ピーターとのデートを承諾するまで自覚できなかった以前からの感情に、サラは自分の行動を利用して光を当てたからである。

もう一つの可能性は、サラがピーターに最初に会ったとき、実際は嫌いだったことである。彼はサラの母親の親友の息子で、母親は二人がお似合いだと考えていたので、彼女は彼とデートせざる得ないと感じた。けれども、サラはこれが承諾の理由だとは十分認識できず、「そう、デートをオーケーしたからには、以前考えていたよりもピーターのことが好きなんだわ」と誤って考える。これが自己創作の例である。サラは自分の行動の実際の理由（母親を喜ばせたいという願い）をとらえ損ね、以前よりもピーターに好意を感じていると推論したのである。

自己啓示と自己創作の違いは、自己知識の獲得という観点からは決定的である。もしそれまで自覚できなかった感情を明らかにするなら、自分の行動から内的状態を推論するのは良い方略である。もしそれが新しい感情の創作となるのであれば、あまり良い方略ではない。

私たちが、なぜそのように行動したのかはっきりと知ることに長けていれば、自己創作は問題にならないだろう。もしサラが、ピーターとのデートを承諾した理由が家族への義務感であると気づいたならば、実際以上にピーターを好きだと考える誤りをおかさなかっただろう。けれども、これまで見たように、なぜそのように応答したのかいつもはっきりわかるわけではなく、まさに、こういう誤りをしばしばおかすのである。

実際、自己知覚理論のほとんどすべての実験は自己創作の実例であり、自分の行動の実際の原因を誤解して、内的状態について誤った推論をする。これら多くの研究では、サラと同じように、行動に及ぼす状況の影響を過小に見積もり、自分の内的感情や態度からそのように行動したのだと、誤って推論している。たとえばイェール大学でおこなわれた研究では、学生に街角に出かけてニュー・ヘブン地域の大気汚染を減らす嘆願書の署名集めをするよう頼み、同意を得た。一つの条件では、参加者は一人の実験協力者がその要請を承諾し、その理由を「自分が本当に信じていることなら、他人を説得することにためらいはない」からだと言うのを聞いた。学生たちは、自分もまた署名を集めると承諾した事実から、自分についていったい何を学ぶべきだろうか。

すべての学生がこの面倒な要請に応じたことからもわかるように、ほとんどの学生が承諾した本当の理由は、実験者がとても説得力があってノーと言うのが困難だったためである。しかし「プレッシャーが強かったから引き受けた」と言うよりも、自分の行動が、以前に実際に感じていたよりももっと、強い態度の反映であると誤って推論した。言い換えれば、彼らは自己創作したのである。自分の行為に及ぼす状況の影響を見過ごし、内的状態にもとづいて行為したと推論するのは、きわめてよくあることである。あまりによくあることなので、この現象は基本的帰属エラーと呼ばれている[5]。

基本的帰属エラーに関する研究のほとんどでは、状況の影響（良いことのために署名を集めるのだと信じるように実験者がかけた圧力）は気づかれにくく、たやすく見過ごされてしまう。では、もし状況の制約や誘因が明らかだったらどうだろうか。この場合には、自分の行動は状況の要請のためだと適切に認識して、内的状態を創り出したりしないだろう。もし上司から、娘のガール・スカウト団のクッキーを買ってくるよう頼まれたら、そして次の昇給が素直に従うことにかかっていると、それほど微妙でもなく伝えられたとしたらどうだろうか。薄焼きミント味を十箱買うのはガールスカウトがお気に入りの慈善団体で、薄焼きミント味が好きだからではなく、彼に強要されたからだと思うだろう。

しかし、状況の影響が強すぎると、別の種類の自己創作の間違いをする。自分の行為の理由を過大に状況のせいにし、その行動をどれほどしたいと思ったか過小に評価するのである。ビルはギターを弾くのが好きで、練習に何時間もかけているとしよう。たとえば多額の謝礼をもらって結婚式で演奏するなど、同じ活動に強い状況的理由をもつことになったとしたらどうだろうか。ビルは演奏がますます楽しいと思えるかもしれない。なぜなら、お金を稼ぐことと好きなギターを演奏するという二つの理由があるからだ。

多くの研究は、このような状況では自分の行動を過大に状況に帰属し、活動に対する内発的興味を過小視することを示している。ビルがプロとして演奏すればするほど、ギター演奏の楽しみが小さくなってしまう。なぜなら、好きだからではなく、「お金のために演奏している」と推論するからである。これが、もう一つの形式の自己創作である。状況的誘因や状況の要請が強力なために、活動における内的興味の大きさが過小視されるのである[6]。

自己創作の最後の例は、行動が二つ以上の内的状態から生じていると思われる場合である。身体がほてっている、つまり鼓動が高まり、呼吸も速まっていることに気づいたとしよう。この生理的喚起をどう解釈するかが、その人の経験している情動を決定するだろう。もし誰かが彼に銃口を向けて、「金を出せ」と言っているとしたら、生理的喚起を適切に恐怖のサインと解釈するだろう。けれども、生理的喚起にはしばしば二つ以上の説明が可能である。とても魅力的な異性との最初のデートで、危うく交通事故を免れた場合などがそうかもしれない。生理的喚起は、どの程度命を失いかけた恐怖によるものだろうか。あるいはどの程度デート相手に対する魅力によるものだろうか。

繰り返しになるが、もし自分の反応(この場合は生理的喚起)の原因が完璧にわかれば、何の問題もない。「そう、生理的喚起の六十一パーセントがトラックにぶつかりそうになったことによるもので、三十九パーセントがデート相手の魅力による」と言えるだろう。だがそんなことはなくて、人はしばしば自分の生理的喚起の原因を取り違え、自己創作的な感情におちいってしまう。たとえば、生理的喚起がトラックとの危機一髪に由来することを過小視して、実際以上に、デート相手に魅力を感じていると考えるかもしれない。

このような自己創作が起きやすければ起きやすいほど、感情を推論しようと自分の行動を観察する自己知覚過程は、自己知識への良い道とはならない。なぜ自分がそのように反応しているのか誤解し、信じていたほどにはギター演奏が好きでないのだとか、考えていた以上に相手が好きだなどと、誤って推論してしまう。

けれども、時には、自分でもよくわからない感情があって、自己知覚過程にそれをはっきりさせる潜在的可能性がある。以前の章の例を考えてほしい。少数派集団のメンバーに偏見のある感情をもっている人が、そんな偏見は実際には少しもないと確信している。あるいはヘンリー・ヒギンズを思い出してほしい。彼は、教養ある公正な英国紳士という巧妙な煙幕のため、実際には自分が粗野で、女嫌いの残忍な人間だとは理解できなかった。こういう例では、自分自身の行動の良い観察者になることが賢明だろう。もし雇用者が適任のアフリカ系アメリカ人を見送り、適任ではない白人を雇う言い訳を探していたことに気づいたならば、彼は自分がどれほど偏見をもっているのか問うべきなのだ。ヘンリー・ヒギンズは、イライザとピアス夫人への振る舞いにもっと注意を払うように、十分助言されると良いだろう。私の友人のスーザンは、週末にスチーブンと会わないための言い訳をしょっちゅうしていたという事実にもっと注意を払っていたら、ずっと早く彼を愛していなかったことに気づいただろう。

推論するのはどちらか

しかし、話は込み入っている。つまり、自分の行動から感情を推論するという自己知覚過程に、心のどちらの部分が関わっているのかという難問がある。上に述べた例では、実際にどう感じているのかをとらえるために、意識的に自分の行動を観察するよう努力すると仮定していた。確かに私たちはそうすることができるが、適応的無意識もまた、意識に気づかれないうちに行動から推論しているかもしれないことも事実である。実際、適応的無意識の主要な役割の一つは、自分自身と社会的世界の性質を推論することである。

そういう非意識的推論の例を、スタンリー・シャクターとラッド・ホイーラーによる研究に見ることができる。実験参加者は、注射を受けた後でコメディ映画を見た（第6章を参照）。知らないうちにエピネフリン（アドレナリン）の注射を受けた人たちは生理的に喚起し、映画を見ている最中に鼓動が高まり手のひらが汗ばむことを自覚した。彼らは生理的喚起を、少なくとも部分的には、映画がとてもおもしろかったからだと解釈した。そのことは、エピネフリン注射を受けていない人よりも映画の間よく笑っていたという事実に示されている。しかしこの推論は非意識的におこなわれたように思われる。なぜなら、どのくらい映画がおもしろかったか質問されたときには、エピネフリン条件の参加者も他の参加者より特におもしろいとは報告しなかったからである。かわりに、彼らは視聴した種類のコメディがどのくらい好きかについての意識的な見方で答えた。たとえばある参加者はこう言っている。「なぜ映画の最中に笑っていたのかまったくわかりません。」いつもはジャック・カーソンやこの種のナンセンスが嫌いだし、質問紙にもそのように答えました。」言い換えれば、適応的無意識は生理的喚起の水準から映画がおもしろいと推論し、より笑うようにしたのに対して、意識的自己は異なる結論を引き出したのである。

自分自身についての非意識的な推論は、ほとんどコントロールできない。最良の方法は、意識的な自己知覚もおこなうように試みることである。そうすれば、意識的な自己物語が、たとえばどの映画をおもしろいと思うか、誰が好きなのか、どの状況が最も快適なのかなど、非意識的に起きている変化により一致しやすくなる。私は、自己物語の正確さをいつも疑い、自己をいつも見張るようにと言いたいのではない。けれども、結婚するとか子どもを産むといった重要な決定に直面したとき、自分自身の良い観察者となり、そして第8章で述べたような役に立たない内観は、あまりしない方が賢明だろう。

前の章に登場したマイクを思い出してほしい。彼は自分がシャイだと信じていたが、とてもそうとは思えない。自分の行動にもっと注意を払い、大変外向的に振る舞うことが多いと知った方がいいだろう。そうすれば、自分はシャイだという考えは過去のものとなり、適応的無意識に合うように書き直すべきことを認識するかもしれない。自分自身についての意識的物語はしばしば大変否定的だったり限定的だったりするから、非意識的な特性、能力、そして感情にもっと一致するように書き直すことが役立つ。ことによると、意識的な見方があまりにも肯定的だということの方が多いかもしれない。

自分に肯定的《ポジティブ》幻想を抱き続けることは有益なこともあるが、もしより良く成長し変化したいなら、自分が考えている以上に偏見をもっていることや、ヘンリー・ヒギンズのように、親切ではないかもしれないことを認識する必要がある。

良いことをすれば、良くなる

もし人は自分に対して過度に肯定的な見方をもっているものだとしても、もっと否定的な無意識の状態に一致するよう、自分の意識的物語を下方に修正したくはないだろう。むしろ、非意識の状態をもっと肯定的な自己物語に一致するよう変化させる方がよい。意識的水準では他の社会集団に対して偏見のない、平等主義的な態度をもっているが、自動的な非意識の水準ではもっと偏見のある態度をもっている人は、意識的な物語を非意識的な状態に一致するよう書き直したくはない。反対に、偏見のある非意識的な態度を、意識的で平等主義的なものと一致するように変えたい。同様に、ヘンリー・ヒギンズも自分に過大な見方をしていると認識したならば、きっとより良く変わりたいと思うだろう。

しかしどのようにして？　非意識状態がどうであるか知ることは容易でないし、ましてそれを変化させるとなればなおさらである。アリストテレスは、「まず「徳を」おこなうことによってそれが我が物となる。……成すことによって正しい人となり、節制によって節制ある人となり、勇敢な行為によって勇敢な人となる」と示唆した。ウィリアム・ジェームズも同じように助言している。「あなたの身につけたいと願う習慣に向けて、不退転の決意で、経験しうる限りの情動の駆り立てる力を用いて、それを行為する最初の機会をとらえなさい。[7]」言い換えれば、非意識的な傾向を変化させる第一歩は、行動を変えることである。非意識的なレベルで偏見をもっているのではないかと心配な人は、可能な限りいつも、偏見のない方法で行動するよう最善を尽くすことができるだろう。そうすることで、二つの方法で自動的なレベルの変化を導きうる。第一に、先に述べた自己知覚過程に従って、行動から非意識的に、自分は偏見のない人であると推論する機会が得られる。すなわちそれは、態度と感情を推論するための新しい「データ」を、適応的無意識に提供する。

第二に、ウィリアム・ジェームズが述べているように、ある行動をすればするほど、それはより習慣的で自動的になり、努力と意識的注意を必要としなくなる。社会心理学の変わらぬ教えの一つは、態度や感情の変化にしばしば行動変化が先行することである。このように、自分についての意識的概念に一致するように行動を変えることは、適応的無意識に変化をもたらす良い方法である。

しかし、自分についての意識的な概念に合わせて適応的無意識を形づくろうとすることにとどまる理由はない。ときどき人は、ある部分の意識的な感情や特性にも、非意識的なそれらにも満足いかないことがある。そういうときの目標は、意識的物語を非意識の状態に一致させる自己知識ではなく、両方を変化させる自己改善なのである。「まず行動を変える」方略は、おそらくこの場合にも有効で、意識的物語と適応的無意識に望む変化をもたらすことができる。要するに、もっと良い人になりたいなら、「良いことをすれば良い人間になる」方略をとるべきなのだ。他人の助けとなり、気配りするよう振る舞うことで、私たちは人に役立ち、気配りできる人として自分を考えるようになるだろう。

単純すぎると思われることはわかっている。親切な行為一つで、私たちは聖人君子に変身するわけではない。相手をもはや愛していない人が、あたかも愛しているかのように振る舞うだけで、もう一度愛情を取り戻せるわけでもない。極端にシャイな人が、初対面の人と会話しようと決心しただけで、突然社交的になれるわけでもない。しかしながら、自分の行動を変えることによって、どれだけ感情と特性を変えられるかを、私たちは過小評価していると思うのだ。

たとえば、私はいつも自分が少し内向的だと考え、非意識的な傾向や性癖もシャイの側にあるという意味で、この自覚は真実だと思っている。私は人がたくさん集まるところで、もっと居心地よくいられたらなあとしばしば思う。そこで数年前、答えは、可能なときにはいつでももっと外向的に振る舞うことだと心に決めた。パーティでは友人とだけ話したりビュッフェのテーブルにへばりついていたりするのではなく、初対面の人とでも話をするというように、もっとおしゃべりするようにした。そうすればするほど、そういう状況での居心地がずっと良くなった。私は、誰ともどこでも容易に楽しくおしゃべりできる妻のようには決してならないだろう。しかし、ささやかな実験の結果、私は以前よりも外向的になったと思っている。

この変化の一部は、もちろん単に実践にある。人とおしゃべりするよう努めれば、それだけおしゃべりが上手になった。この実践の効果は、教える場面でも当てはまった。初めて数百人の大講義で話したときは動転したが、がたがた震えずに講義する方法を少しずつ学んだ。何年もの教育経験を経て、大人数の講義はいまや好きなものの一つである。私の演壇での能力は『トゥナイト・ショー』にホストとしてゲスト出演するほどには決してならないだろうが、以前よりもずっと良くなったのである。

意識的に行動を変化させることの利点は、新しい振る舞い方が身につくだけではない。それは新しい自己定義も与えてくれる。パーティで新しい知り合いと楽しくおしゃべりしたり、大講義で学生を沸かせたりする自分を発見すればするほど、自分に対する見方が変化する。このことは、非意識的なレベルでも意識的なレベルでも、両方で起こりうる。私の適応的無意識は私が社交的な人間であると推論しやすくなり、この推論は私の意識的自己物語の一部にもなる。自己定義が変化すればそれだけ、無理に自分をそう仕向けるのではなく、自然と外向的に振る舞うことがさらに簡単になる。自動的自己は自動的行為を生み出すのである。新しい「外向的になった」ティムは、たとえば飛行機の中で本を読み耽るのではなく、乗り合わせた人と愛想よくおしゃべりするように、これまで私が経験したことのない方向に私をコントロールし、導く。

行動を意識的に変化させることが自己概念を変化させるという考えは、重大な問題を経験している人への援助にも生かされている。たとえば、アルコール中毒患者救済協会の信条の一部は、「成し遂げるまでそのふりをしよう」である。アルコールに溺れることは、どこから手を付けてよいのかわからないほど、抗しがたく打ち克つのが困難だと思われる。しかししばしば、あたかも問題をコントロールしているかのように振る舞うことで、小さな一歩を踏み出すことが有効である。確かに、機会があっても酒を飲まないというだけでは、アルコール中毒の解決とはならない。けれども、小さな行動変化が小さな自己概念の変化をもたらし、小さな自己概念の変化が次の行動変化を容易にする。

同じ方略が慢性的に抑うつの人への処方にも生かされている。抗うつ剤や、さまざまな心理療法など、多くの効果的治療法が抑うつに対して利用できる。心理療法家のテレンス・リアルは治療過程の重要な部分は、「まず行動し、それに感情を続かせる」ことだと述べる。これは特に、抑うつが社会的孤立や親密な関係の欠如のかたちをとりやすい、男性に当てはまると彼は言う。自らを孤立させるのではなく、もっと社交的に振る舞うよう努めることは、抑うつの男性にとってとても有益でありえる。リアルが助言するように、「皿洗いをしたり、子どもの宿題を見てあげたりしなさい」。このような努力を繰り返すことが、社会的絆を築き、自己定義を変える助けとなるからである[8]。

　別の例として、アメリカの若者の高い妊娠率を下げるために、どのような介入計画が可能かしばらく考えてみよう。この分野の多くの研究者と同じように考えれば、若者の男女に禁欲や避妊を教育し、避妊薬を入手しやすくするなど、正攻法のアプローチをとるのではないだろうか。そういうプログラムが試みられ、妊娠率をいくらかは下げた。

　しかしながら、若者の性行動を直接変化させようとするよりも、彼らの自己概念を変化させるべきなのだ。もし若者のコミュニティへの結びつきの感覚を強め、もっと有能で、もっと大人らしく感じさせる方法を見いだせれば、彼らはきっと危険な性行動を避けるようになるだろう。このような幅広いアプローチの利点は、早期の妊娠以外にも、学校からのドロップアウトなど、他の自滅的な行動も避けるよう若者を援助する点である。

　これはとても素晴らしいと思えるが、どのようにすれば若者が自分に対する見方を変えるようにできるだろうか。大がかりな介入によって彼らの性格と自己観を変える試みは、実行不可能な課題のように思える。その答えは実際には単純明快なものである。最初に若者の行動を変化させ、有能で大人らしく行為するように仕向ければ、その行動に沿うよう自己観も変わるだろう。

これは「十代福祉活動計画」と呼ばれる全国的プログラムでとられたアプローチである。これは、教室での討論やゲストの講演を含む多面的な内容からなるが、プログラムの中心的要素は、若者を自分の好みのボランティア活動に取り組ませることである。十代の妊娠や避妊について教育する直接的な試みは含まれていない。かわりに、病院や養護施設での介護や仲間のチューターなど、九年生から一二年生が指導者のもとでボランティア活動に従事する。その結果は驚くべきものだった。十代の若者を十代福祉活動計画プログラムか統制群にランダムに割り当てたある大がかりな研究の一つによると、プログラムに参加した若者は授業を放棄することが少なく、停学処分を受けることも少なく、女性の場合には妊娠することも少なかった[9]。

こういう介入が成功したのには、疑いもなく、実践を通じた社会的スキルの獲得、他者からの肯定的なフィードバック、そして役割モデルとして振る舞う支持的な大人の社会的ネットワークへの参加など、多くの原因がある。けれども、もう一つ決定的に重要な要素は、ボランティア活動がもたらした自己イメージの変化ではないかと思う。疎外され、自分を無力だと見ていた十代の若者が、コミュニティと関わりをもち、気配りや援助ができる有能な人間だと思うようになる。この自己観は、妊娠したり学校からドロップアウトすることとは相容れない。

「良いことをすれば、良い人間になる」という原理は、心理学が提供する最も重要な教訓の一つである。もしあなたが自分のどこかを気に入らなかったり、落ち込んだりしたら、自分の行動をもっと肯定的な方向に変えることが役に立つだろう。嗜癖を克服すること（たとえば禁煙）や心理的報酬が伴う行動（たとえば食事）を変えたりしようとすれば、とりわけ変化させるのは困難なことが多い。

けれども、シャイでももっと社交的に、悲しいときにも明るく、あるいは自分が親切ではないと感じていても親切に振る舞うことは、しばしば可能である。この単純な教訓をエミリー・ポストも知っていた。彼女は一九二二年に著したエチケット・マニュアルの中で、次のようなアドバイスをしている。「本当に評判を良くしたい若い女性なら誰でも学んだ方が良いこと、実際に学ばなければならないことが一つあります。自己無意識です！　精神科学の教えに従って、楽しい時間は自分の心の中にあると信じることが、最善のアドバイスと言えるでしょう。もし、楽しい時間を過ごしているという考えにつつまれ、そう見えもすれば、その心理的効果は驚くほどなのです[10]。」

自分について考えすぎるかわりに、自分の行動を変化させるよう試みるべきだというアドバイスで自己知識の本を終えるのは、奇妙だと思うかもしれない。けれども、満足のいく、うまく機能する自己物語を創り出し、習慣的で非意識的な望ましい反応パターンを作り上げるための最も良いアドバイスは、実践し、実践し、実践することなのである。

自己ストーリーの「良さ」を判断する

しかし、自己物語を機能的で、適応的で、満足のいくものにするのは何だろうか。まず明らかな基準は、正確さである。フン族の王アッティラの生まれかわりだとか、高層ビルから飛び降りても飛べるだとか信じても何の得にもならない。しかしながら、生活にも問題にも真実の一つの説明があるという近代主義者の仮定は、多くの物語理論家に否定されている。実際、「物語《ナラティブ》」ということばを使うのは、個人のストーリーを語る方法にはいろいろあり、肯定的な自己変化が達成されるために発見されるべきものは、ただ一つの歴史的真実ではないということを伝えるためである。[11]

しかし、多くの物語理論家は、物語の真実性は問題ではないと言うが、私はそれが本心だとは思わない。たとえば、基本的な物語メタファーに同意していて、クライアントがもっと適応的な自己物語を採用する手助けをすることが実践の関心事だとみなしている精神分析家、認知療法家、行動療法家を一同に集めたと想像してほしい。「ではあなた方は、次のことに同意しますね？」と尋ねたとしよう。「クライアントが苦痛を和らげるのに役立つ適応的な物語を見いだすことに比べて、物語の真実性はあまり重要ではないのですね？」物語の伝統に忠実に従って、どの療法家も身を乗り出してうなずく。「では、他の療法家のクライアントが採用する物語も、あなたのクライアントが採用する物語と同じように良いということでしょうか？」とたたみかける。三人の療法家は、居心地悪そうにもじもじ始める。「言い換えれば、精神分析の物語も行動主義や認知の物語と同様に良いもので、あなた方は他の療法の物語も良い効果を及ぼすものとして使うことができるのですね？」「ちょっと待ってください」と療法家たちは答え、「ある物語が別の物語と同じに良いと言うとき、私たちはそこまでは考慮していないんです。」

もちろん、異なるアプローチも有効でありうることに同意する、折衷的な療法家もいる。けれども、物語メタファーを好む人であっても、ある物語が他よりも真実であり、適切な物語を採用することがクライアントの利益になると信じる心理療法家が多い（たとえば、フロイト派、クライン派、ロジャース派、スキナー派）。しかし、前の章で精神分析の成果についての研究を考察したように、この前提には疑問がある。心理療法のクライアントは療法家の物語を採用することで恩恵を受けるが、その物語の内容ははなはだしく異なることがある。

正確さや歴史的事実の点から自己物語を判断することには意味がないとする、ポストモダン主義者の視点をとることも一つの答えだろう。この見方によれば、「真実の自分」はない。現代の生活では、人は互いに葛藤する社会的圧力の多様な流れの中で生活し、特定の関係や文化的環境に対してたくさんの個別の物語を作り上げている。それらの物語の一つが他のものよりも「より真実」だと判断するのは、無意味である。

ポストモダン主義者の視点は、文化と社会が自己の構築に及ぼす影響と、いかに、異なる環境では異なるペルソナ（仮面）が身につけられるかを照らし出すのに役立った。しかし、真実性が物語を判断する適切な基準でないとしたら、何が基準なのだろうか。ある特定の社会的文化的文脈の中に限っても、ある物語は他よりも適応的である。多くのポストモダン主義者も、たとえば、抑うつで自殺した人の自己観や、登校するのに拳銃を持ち歩く疎外された社会病質の高校生の自己観が、適応的ではないことには同意するだろう。

「適応的」であることを正確さに言及せずに定義するのは困難であり、多くの心理療法についてのポストモダン主義的説明は、この罠におちいっている。たとえば、ケネス・ガーゲンとジョン・ケイは、心理療法の目標が「個人を方向づけし直し、もっと充実していてその人の経験や能力や気質に適切に合っている、新しい行為への道筋を示す」ことであると主張することによって、ポストモダン主義者の説明は正確さの基準を回避していると述べている[12]。しかし、物語がその人の「能力や気質」に

「合っている」べきだと言うということは、正確さの基準を採用しているということだ。物語の中に最も良くとらえられているパーソナリティの持続する側面以外の、何が「気質」あるいは「能力」なのだろうか。

ガーゲンとケイは、物語の有用性の定義を変えることによって、この罠を避けようとしている。つまり物語は特定の「言語ゲーム、一つあるいはそれ以上の文化のダンス」の中に存在するのであって、「特定のゲームあるいはダンスの範囲の中」でのみ判断可能なのだと言う。「有用性」とは彼らによれば、「その前の動きに対する反応として、また次の動きの誘いとして適切かどうかという意味で、それらの領域内でうまく働くことにかかっている。」[13]

しかし、ポストモダン主義者の真実性基準の否定は、もちろん行き過ぎである。物語が何をあらわすべきかが明瞭である限り、物語が正確であるべきことは完璧に理にかなっている。この問題に関する混乱は、その基準が何であるべきかについての理解の欠如にある。

自己物語は単純な意味で正確であるべきだ。それはその人の非意識の目標、感情、気質の性質をとらえているべきである。要するに、物語とその人の適応的無意識の間に何らかの対応があるべきなのである。これまで見てきたように、意識的自己の概念が「調和して」いる人、すなわち非意識の動機を良く表現している人は、情動的により望ましい状態にある。ヨアキム・ブランスタイン、オリバー・シュルトハイス、ルース・グレスマンは、意識的な物語に含まれる顕在的目標と、適応的無意識の一部である潜在的目標とを測定した。[14]意識的目標と非意識的目標とが一致している人は、これらの目標間に不一致がある人よりも幸せだった。

伝記が多様であるように、物語を語るしかたもさまざまだ。しかし良い伝記は、その人の人生の事実を説明し、彼あるいは彼女の内的目標と特性をとらえている。その人の適応的無意識の「データ」を物語がより良く説明すればそれだけ、その人はうまくやっていける。非意識的目標を認識することによって、私たちはそれをかなえたり、それを変化させるように試みたりする、より有利な立場をとれる。

自分についての意識的信念が非意識の目標や動因と一致すべきだとすると、私たちは一巡りしてフロイトに戻ってきたように思われる。これは、心理療法の目標は「無意識を意識化する」と言うことと同じではないのだろうか。ある意味で同じである。しかし、いまや明らかになったように、物語にとらえられるべき無意識の性質は、フロイトのそれとは根本的に異なる。そして、無意識を意識化する方法についての考え方には、明らかな違いがある。適応的無意識に通じる直接的な道はない。適応的無意識とは（ひょっとしたら熟練した心理療法家の手助けを借りて）良い自伝の作者となることによって推論されなければならないものであって、抑圧を取り除いたり、意識下に煮立つ大鍋を覗き見ることから推論されるものではない。

さらに、科学もパラダイムが異なれば同じ事実を異なる方法で説明するように、正確な物語の間にも根本的な差異がありえる。いろいろな形式の心理療法が効果的でありえる理由がこれである。精神分析の「物語」も認知療法の「物語」も、いずれもが、なぜある人が対人的な困難を抱えているのか、あるいは情動的に苦しんでいるのかについての一貫した説明を与えることができる。どちらも、ずいぶん異なることばによってではあるが、その人の適応的無意識を記述できる。

良い物語のもう一つの定義は、それが心の平和基準、つまりあるストーリーをもつことによって、自分についてどれほど考えないで済むようになるのか、に当てはまることである。一貫性のある物語がなければそれは実に落ち着かない経験であって、ジョーン・ディディオンは『ホワイトアルバム』の中でこう嘆いている。

私には依拠すべき脚本があるはずなのだ。だがそれをどこかへ置きわすれていた。私はキューサインに注意しないといけなかったのに、もはやそれを耳にもかけなかった。プロットを心得ているはずなのに、じぶんが見たもの、つまり気まぐれなシークエンスのはでな映像、その場限りで配列した以外の何の「意味」もないイメージ、完成した映画ではなく、フィルム編集室で撮影フィルムをカットしたり挿入したりする経験、それに類するものしか心得ていなかったというわけである。……これらのイメージのあるものは、それまで私が知っていたいかなる「物語」にも当てはまらなかった。[15]

ある経験が一貫して説明され、人生の物語にとけ込んだなら、もはやそれについてあまり考えないようになる。これは出来事が肯定的なものだったときには必ずしも良いことではない。その出来事は喜びを生み出す能力を、望んだよりも早く失ってしまうからである。苦痛を生み出す出来事については良いことである。そのことを反芻したり抑制したりしていたのが、それ以上考える必要のない一貫性のある物語に置き換わるからである。これが、第8章で述べたペネベーカーの筆記エクササイズがとても有効である理由だと思われる。まだ十分に同化されていない否定的な出来事を説明するために物語を書き直し、その出来事を繰り返し反芻することなく、先に進むことができるようになる。そして、愛する人を失ったのは神の意思であるとか、その死はライフサイクルの自然な一部であるなどと信じて意味を見いだし、喪失の意味を見つけられなかった人よりも早く回復する。

この見方に一致して、何人かの心理療法家が、治療が終了すべきときを示す最も良い徴候は、クライアントが自分自身についてそれほど考えなくなったときだと論じている。書き直しに伴う恐怖や思考の反芻を乗り越えて、伝記が完成し、もはやそれ以上の書き直しが必要なくなったのである。

最後に目指すべきこととして、信用性の基準がある。心の平和を達成するためには、自伝作者は自らのストーリーを信じなければならない。もし自分の人生物語は、どれも同等に良くできた恣意的な作り物だと思ったならば、心の平和基準を満たしそうにはない。自分の物語、特にいつも否定的な人生経験を問題にして書き直す人は、これらの経験のことをくよくよ考えやすい。またこういう人たちが、人生の目標は簡単に書き直せる恣意的な物語の終わりにしかすぎないとみなすなら、そういう目標を追求することもあまりないだろう。

フロイトでさえ、そのキャリアの後半では、「構築の真実性が保証され確信することは……回復された記憶と同じ治療効果をもたらす[16]」と論じて、この見方をとるようになった。肝心なことは、自分の適応的無意識にふさわしい、一貫性のある自己物語に身を委ねることである。

この変化の激しいポストモダンの世界で語られる物語は自己が細分化され、「娘」「週末のスポーツ選手」、そして「エルビスのそっくりさん」としてのそれぞれの自分に、大きな相違があるという認識をもたらす。私たちは一つの自己にこだわりすぎるべきではなく、多くの自己の信念の、文化的、社会的な恣意性を認識すべきである。同時に、自己の連続性の感覚を維持すべきでもある。一貫した自己物語へのコミットメントといっても、内容は複雑である。

もちろん、自己物語があまりに固定的で変化に抵抗することもある。そういう人の伝記は早く書かれすぎて、適応的無意識を十分反映していない。良くできた伝記であっても、成長や変化につれて書き直される必要がある。しかしながら、正確さ、心の平和、そして信用性の基準に合致した自己物語は、まさにあまり内観に頼ることがなくなるがゆえに、大いに役立つのである。卓越した社会心理学者で、自己心理学の論議などにはまったく理解を示さなかったロバート・ザイアンスは、「私は自分自身についてはそんなふうには考えない」と語ったことがある。「私は自分のスケジュール、義務、会合のことを考えるかもしれないが、多くの時間をかけて『私は誰？』などと問いかけたりはしない。」[17]たぶん彼は核心を突いている。良い自己物語は、たえず繰り返される必要はないのだ。

もし自己観に満足できなかったなら、自己物語と適応的無意識の両方を変化させるためにできることがある。それはやさしくはないし、私たちの多くは、小説の中で創作したヒロインのイメージにそって自分を作り直した小説家、マーシャ・マラーやスー・グラフトンのような才能も不屈の精神ももっていない。けれども、小さな一歩一歩が大きな変化を導くことがある。そして、誰もが、こうなりたいと思う人のように振る舞う能力をもっているのだ。

監訳者あとがき

本書の最終稿を仕上げて新曜社の塩浦暲さんに提出した翌週に、私はニューオーリンズで開催された性格と社会心理学会大会に出かけた。機内持ち手荷物に入った次の仕事に手を伸ばす気力が起きずに機内誌をめくっていると、「考えるな、パッと見なさい」と題された記事に目が止まった。おそらくビジネスマン向けの新刊書である『第1感「最初の2秒」の「なんとなく」が正しい（*Blink : The power of thinking without thinking*）』という本と、その著者マルコム・グラドウェル氏の紹介記事であった。どうやら、瞬時の判断だとか、直感だとか、はたまた一目惚れだとかの意義を強調する実践的な内容のようだった。著者がインタビューに答える中で、その科学的基礎として最初に紹介されていたのが、そう、ティモシー・ウィルソン先生の適応的無意識であった。私はなんだか嬉しくなった。

もちろん、ウィルソン先生は、適応的無意識の考え方が、お手軽に応用されていくことには危惧の念を抱くに違いない。少なくとも苦笑していることと思う。確かに、適応的無意識の働きを活かせるよう、私たちは余分の意識を置き去りにすることが望ましい。自発的に考えていると思える作業が、既有の様々な知識に導かれて、自分自身の潜在レベルの判断とは異なってしまうことも知る必要がある。しかし、考えることそのものの重要性を決して否定するわけではないと思うからである。たとえば、慎重な配慮と強い意志がない限り、本書は決してできあがらなかったと思う。また、適応的無意識の考え方を応用するためには、実践と観察という反省的な営みが必要であって、決してお手軽にできるわけではないからである。本書の中には、それでも、応用の手がかりが数多く提供されている。

実際、「シャイで内向的だったティム（ウィルソン先生）」は、堂々とした話し手に変身したようだ。最終章に書いてあることを本当だと実感したのは、二〇〇三年八月にトロントで行われたアメリカ心理学協会（ＡＰＡ）の大会だった。そのプログラムの一つにウィルソン先生の「感情予測」研究に関する招待講演があった。ちょっとご迷惑かとも思ったのだが、開始少し前に簡単なご挨拶をした。

当時私は、文部科学省の在外研究の機会を得て、トロントから二時間弱の位置にあるウォータールー大学で学んでいた。その受入校を探す段階で、バージニア大学のウィルソン先生にも電子メールを送ってお願いをしたのである。先生からの返事は学内の事情で無理だというものであったが、とても丁寧で温かい内容であった。

そのお礼と現状報告が言いたくて挨拶をしたときの反応は、著名な一流の研究者が典型的に見せる貫禄あふれる様子とは異なっていた。私の英語があまりに下手でうろたえたというよりも、初対面の異邦人にどぎまぎしたと見て取れた。たまたまその隣にいらしたウォータールー大学のマーク・ザンナ先生もそう受け取られたと思う。その様子と、講演が始まった後の力強い話しぶりとの落差は印象的だった。会場には、ＡＰＡの第八部会（性格と社会心理学会）の大先生が集結していた。ウィルソン先生の先生に相当する、ロバート・ザイアンス先生や、リー・ロス先生などもいらしていた。しかし、大教室であたかも学生に懇切丁寧に講義するように、ウィルソン先生は見事なプレゼンテーションをしたのである（録画したビデオテープを見せてあげたっていい！）。

その講演を拝聴したおよそ一月後に、本書がその全訳となる Timothy D. Wilson（2002）*Stranger to ourselves : Discovering the adaptive unconscious*. The Belknap Press of Harvard University Press. の翻訳権が取得できたとの連絡を塩浦さんからもらった。在外研究の期間には、忙しい日本の大学教員生活ではできない仕事をしたいという望みがあった。その一つが社会的認知研究についての本の翻訳であって、結局のところカナダで読んだ最初の英語の本を新曜社に提案したのが六月の初めだったと記憶している。その後、塩浦さんにお骨折りをいただいて実現できることとなり、私の方では分担して翻訳してもらえる研究者を探したのである。

数少ないこれまでの翻訳経験に照らしても、また多くの先達の言葉にしたがっても、翻訳は苦労の多い仕事であると理解していた。特に、考えすぎて効率性の乏しい私のような研究者にとっては、手を出しにくい仕事であると思う。けれども、社会的認知研究あるいはそのアプローチに基づく研究は、北米で飛躍的に発展している一方で、日本ではいつまでたっても日常用語的な意味で社会的に認知されていないような状態であると感じていた。その原因の一つが、重要な研究と研究動向と研究方法の適切な理解の不足だと思う。もちろん、近年の日本でも優秀な若い研究者たちが、さまざまな形で欧米の最先端の研究を紹介してくれるようになった。状況は改善されつつあると思う。しかし、オリジナルな研究書が翻訳されていることは、他の分野に比べてずっと少ないのではないだろうか。その仕事は、そろそろ年季の入った、私のような研究者の役割の一つではないだろうか。

かって、認知心理学の領域ですでに翻訳経験も積まれていた少し先輩の研究者から、R. Nisbett & L. Ross (1980) *Human inference.* の翻訳をしないかと声をかけられたことがある。出版後時間が経過していたことや、先に述べたような理由、そして何よりも大学院を出たばかりの浅学非才の身では無理だという判断で、即座にお断りした。今でも輝きを失わないこの本を翻訳できなかったことはとても残念であったが、ニスベット先生の弟子の一人であるウィルソン先生の本の翻訳の仕事がようやくできて、少しはホッとしている。ちなみに、リー・ロス先生の弟子の一人がトーマス・ギロビッチ先生で、その著書の一つは『人間この信じやすきもの――迷信・誤信はどうして生まれるか』(守一雄・守秀子訳　新曜社)として翻訳されている。これは、社会的認知研究のお奨めの一冊である。

著者のウィルソン先生の名前が最初に知られたのは、魅惑的な題名 "Telling more than we can know" (知っているよりも多くを語る)を付けられたニスベット先生との共著論文の第二著者としてであろう。この論文は本書の第一章で最初に引用されている研究文献であるし、本書のアイデアの重要な基礎の一つである。しかし、他の優秀な北米の研究者が若いときから華麗な活躍を見せることが多いのに対して、若い時代の活躍がそれほど目立つ研究者ではなかったと思われる。少々失礼な言い方になってしまうかもしれないが、たとえば、博士論文の研究が具体的にどれであったのか、といったことは知られていないように思われる。博士課程修了後、二年間デューク大学に勤めた後、一九七九年からは一貫してバージニア大学に勤務されている。一九九三年には教授職に就き、二〇〇一年からはSherrell J. Astonの称号付きの教授となった。申し分のないキャリアであるが、有名大学に引き抜かれていく、といった華々しさは見当たらない。

しかし、最初のニスベット先生との共同研究でのアイデアを、ずっと追求し続けて本書をまとめた地道で着実な姿勢は特筆に値するだろう。その間、理由分析の問題に関する研究など、数多く引用され、社会的認知研究を学ぶ上でとても大切な研究をいくつも実施している。内容的には異なるが、"Stranger to ourselves"と題した論文（本の一章）も、一九八五年には公刊している。しかも近年では、二重態度の理論や、ハーバード大学のダニエル・ギルバード先生との共同研究でもある感情予測など、ますます活発に研究活動を行っている。二〇〇一年～〇四年の間は心理学科の学科長の職でお忙しかったにもかかわらず、研究にも誠実に取り組んでいた様子がうかがえる。

さて本書の翻訳作業は、二〇〇三年の秋から分担翻訳者にお願いして開始した。分担翻訳者には、私の研究室の大学院生を中心とした、この分野をよく知る若い研究者にお願いした。担当章の分担は、本書全体の監修作業を実施する村田光二が、最初と最後の章を担当することにした。分量も多く基本的な概観をしている第2章を、すでにこの分野で専門的業績を挙げている森津太子が担当することにした。それ以降の章は、翻訳者の専門とする研究分野により近い内容の章を一つずつ分担した。ただし、監修作業の補助をお願いした田中知恵が、第6章と第9章を併せて担当することにした。この時点では分担翻訳者が個別に作業を実施したが、高田雅美が用語の整理と統一の仕事、また引用文献のうち邦訳されているものの点検の仕事をした。

私が在外研究を終えて二〇〇四年一月に帰国した後には分担翻訳者に集まってもらい、本書の読書会と翻訳内容の検討会を実施した。本書全体の内容の理解を促進し、疑問点を解消するよう務めたつもりである。分担翻訳者に最初の原稿を提出していただいたのは二〇〇四年の五月初めであった。その後、田中知恵には、校正、点検、集約作業で何度も手伝ってもらった。しかし、監修者が作業を遂行するためには、とてもとても長い時間が必要だった。すでに在外研究の幸せな環境を失っていた、というのは単なる言い訳である。私の無能と怠慢にもとづく遅れについては、読者となっていただけるであろう方々にも、著者にも、分担翻訳者にも、出版社にもお詫びする次第である。

その間、多くの方々にお世話になった。心より感謝したい。新曜社の塩浦さんにも、翻訳の仕事の経験の乏しい私たちに機会を与えていただいたことに、まず感謝したい。作業の途上でも、何度も助けていただいたことにお礼申し上げたい。本書が読みやすくなったとしたら、塩浦さんの貢献度が最も高いのではないかと思う。

時間をかけた分だけ、翻訳は丁寧におこなったつもりである。文章はできるだけ読みやすい水準を目指した。すでに定着している専門用語や専門的な言い回しを用いたが、それに固執するよりも、一般の読者が受け入れやすい表現をしばしば採用した。同じ用語でも、文脈に応じて訳語を使い分けることもおこなった。たとえば、"personality"は、日常的文脈では「性格」に、専門用語の文脈では「パーソナリティ」と訳した。原書にあった印刷ミスや単純な誤りも、わかる範囲で訂正した。文献リストも最新の形に直すようにし、日本語文献もわかる範囲で追加した。それでも翻訳には完璧ということはない。読みにくい点や、思わぬ誤りがあるかもしれない。お気づきの問題があったとしたら、ご指摘いただけると幸いである。

本書で探求する問いは、私たちはどのようにして自己洞察を得るのか、ということである。その答えは本書を読んで知っていただきたいが、著者が強調していることは、一つには適応的無意識の働きを知ることの重要性である。そしてもう一つは、その働きを科学的に検証できるということだろう。本書の読者には、自分を発見し、変えていただく方法を知っていただけるものと思う。また、心理学の知識をお持ちの方には、社会的認知研究の新しい動向とその背景を知っていただけるのではないかと思う。加えて、日本における心理科学としての社会的認知研究の発展に、本書が少しでも役に立つことがあるとしたら望外の幸せである。

監訳者　村田光二

新曜社

自分を知り、自分を変える
適応的無意識の心理学

初版第1刷発行　2005年5月20日
初版第4刷発行　2016年9月20日

著　者　ティモシー・ウィルソン
監訳者　村田光二
発行者　塩浦暲
発行所　株式会社　新曜社
〒101-0051　東京都千代田区神田神保町3-9
電話(03)3264-4973・FAX(03)3239-2958
E-mail　info@shin-yo-sha.co.jp
URL　http://www.shin-yo-sha.co.jp/
印刷所　亜細亜印刷
製本所　イマヰ製本所

ISBN978-4-7885-0946-7　C1011

著者紹介

ティモシー・ウィルソン（Timothy D. Wilson）

［監訳者あとがきを参照］

監訳者紹介

村田光二　一橋大学大学院社会学研究科　教授

［最終学歴］東京大学大学院社会学研究科博士課程単位取得退学

［研究分野］社会心理学（社会的認知，社会的推論，ステレオタイプ研究）

［主な著書］『後悔を好機に変える』（監訳）ナカニシヤ出版，『複雑さに挑む社会心理学［改訂版］』（共著）有斐閣

［担 当 章］まえがき，第１章，第10章

翻訳者紹介

森津太子　放送大学教養学部　教授　博士（人文科学）

［最終学歴］お茶の水女子大学大学院人間文化研究科博士課程単位取得退学

［研究分野］社会心理学（社会的認知，社会的推論）

［主な著書］『現代社会心理学特論』放送大学教育振興会『対人認知における文脈効果』風間書房，『サブリミナル効果の科学』（共編著）学文社

［担 当 章］第２章

及川昌典　同志社大学心理学部　准教授

［研究分野］社会心理学（意識と無意識，自由意志，自己制御）

［主な著書］『無意識と社会心理学：高次心理過程の自動性』（共編訳）ナカニシヤ出版,『自己制御における意識と非意識の役割』風間書房,『モティベーションをまなぶ12の理論』（共著）金剛出版

［担 当 章］第３章

藤島喜嗣　昭和女子大学大学院生活機構研究科　准教授

［最終学歴］一橋大学大学院社会学研究科博士課程単位取得退学

［研究分野］社会心理学（社会的自己，社会的認知，社会的推論）

［主な著書］『社会と感情（現代の認知心理学 6）』（共著）北大路書房，『よくわかる社会心理学』（共著）ミネルヴァ書房

［担 当 章］第４章

高木彩　千葉工業大学社会システム科学部　准教授　博士（社会学）
［最終学歴］一橋大学大学院社会学研究科博士課程単位取得退学
［研究分野］社会心理学（社会的認知，対人行動），リスク心理学
［主な論文］「注目する規範の相違による社会的迷惑」（社会心理学研究，21）
［担 当 章］第5章

田中知恵　明治学院大学心理学部　准教授
［最終学歴］一橋大学大学院社会学研究科博士課程単位取得退学
［研究分野］社会心理学（認知と感情），産業心理学（広告の影響）
［主な著書］『感情研究の新展開』（共著）ナカニシヤ出版，『社会と感情（現代の認知心理学 6)』（共著）北大路書房，『心理学Ⅱ・その応用：豊かな社会活動を支えるために』（共著）川島書店
［担 当 章］第6章，第9章

高田雅美
［最終学歴］一橋大学大学院社会学研究科博士課程単位取得退学
［研究分野］社会心理学（集団意思決定，道徳感情）
［担 当 章］第7章

樋口収
［最終学歴］一橋大学大学院社会学研究科博士課程修了　博士（社会学）
［研究分野］社会心理学（社会的認知）
［担 当 章］第8章
［主な著書］『社会心理学事典』（共著）丸善，『NEXT 教科書シリーズ　心理学』（共著）弘文堂

人名索引

■タ行

■ナ行

■ハ行

■マ行

■ヤ行

■ラ行

事項索引

■た行

文　献

Abraham, M. M., and L. M. Lodish. 1990. Getting the most out of advertising and promotion. *Harvard Business Review, 68*, 50-60.

Abrahamson, M. 1980. Sudden wealth, gratification and attainment : Durkheim's anomie of affluence reconsidered. *American Sociological Review, 45*, 49-57.

Adams, H. 1918. *The education of Henry Adams*. Boston : Houghton Mifflin.[アダムズ, H.(著)刈田元司(訳)1955『ヘンリー･アダムズの教育』教育書林 p.499.]

Adams, H. E., L. W. J. Wright, and B. A. Lohr. 1996. Is homophobia associated with homosexual arousal? *Journal of Abnormal Psychology, 105*, 440-445.

Allen, J. P., S. Philliber, S. Herding, and G. P. Kuperminc. 1997. Preventing teen pregnancy and academic failure : Experimental evaluation of a developmentally based approach. *Child Development, 64*, 729-742.

Alloy, L. B., and N. Tabachnik. 1984. Assessment of covariation by humans and animals : Joint influence of prior expectation and current situational information. *Psychological Review, 91*, 112-149.

Allport, G. W. 1961. *Pattern and growth in personality*. New York : Holt, Rinehart and Winston.[オルポート,G.W.(著)今田恵(監訳)星野命ほか(訳)1968『人格心理学』上･下,誠信書房.]

Amiel, H. F. 1889/1935. *The private journal of Henri Frédéric Amiel*. New York : Macmillan.[アミエル, H. F.(著)河野與一(訳)1972『アミエルの日記(1)』岩波書店 p.128.]

Andersen, S. M., and N. S. Glassman. 1996. Responding to significant others when they are not there : Effects on interpersonal inference, motivation, and affect. In R. M. Sorrentino and E. T. Higgins, eds., *Handbook of motivation and cognition*. Vol.3, pp.262-321. New York : Guilford.

Anderson, M. C., and C. Green. 2001. Suppressing unwanted memories by executive control. *Nature, 410*, 366-369.

Aristotle. 1962. *Nicomacheanethics*, trans. M. Ostwald. Indianapolis : Bobbs Merrill.[アリストテレス(著)加藤信朗(訳)出隆(監修)山本光雄(編)1972『アリス

トテレス全集ニコマコス倫理学』岩波書店.]

Armor, D. A., and S. E. Taylor. 1998. Situated optimism : Specific outcome expectancies and self-regulation. In M. E Zanna, ed., *Advances in experimental social psychology*. Vol.30, pp.309-379. San Diego : Academic.

Armstrong, D. M. 1968. *A materialist theory of the mind*. London : Routledge and Kegan Paul.[アームストロング, D. M. (著)鈴木登(訳)1996『心の唯物論』勁草書房.]

Aronson, E., T. D. Wilson, and R. M. Akert. 2002. *Social psychology*. 4 th ed. Upper Saddle River, N.J. : Prentice Hall.

Aspinwall, L. G., and S. E. Taylor. 1997. A stitch in time : Self-regulation and proactive coping. *Psychological Bulletin, 121*, 417-436.

Atkinson, J. W. 1964. *An introduction to motivation*. New York : Van Nostrand.

Austen, J. 1713/1966. *Pride and Prejudice*. London : Penguin.[オースティン, J. (著)中野好夫(訳)1997『自負と偏見』新潮社]

Banaji, M. 2001. Implicit attitudes can be measured. In H. L. I. Roediger and J. S. Nairne, eds., *The nature of remembering : Essays in honor of Robert G. Crowder*, pp.117-150. Washington, D.C. : American Psychological Association.

Bargh, J. A. 1997. The automaticity of everyday life. In R. S. J. Wyer, ed., *Advances in social cognition*. Vol.10, pp.1-61. Mahwah, N.J. : Erlbaum.

Bargh, J. A., R. N. Bond, W. J. Lombardi, and M. E. Tota. 1986. The additive nature of chronic and temporary sources of construct accessibility. *Journal of Personality and Social Psychology, 50*, 869-878.

Bargh, J. A., and T. L. Chartrand. 1999. The unbearable automaticity of being. *American Psychologist, 54*, 462-479.

Bargh, J. A., P. M. Gollwitzer, A. L. Chai, K. Barndollar, and R. Trötschel. 2001. The automated will : Nonconscious activation and pursuit of behavioral goals. *Journal of Personality and Social Psychology, 81*, 1014-27.

Bargh, J. A., and P. Pietromonaco. 1982. Automatic information processing and social perception : The influence of trait information presented outside of conscious awareness on impression formation. *Journal of Personality and Social Psychology, 43*, 437-449.

Bargh, J. A., and P. Raymond. 1995. The naive misuse of power : Nonconscious sources of sexual harassment. *Journal of Social Issues, 51*, 85-96.

Bargh, J. A., and R. D. Thein. 1985. Individual construct accessibility, person memory, and the recall-judgment link : The case of information overload.

Journal of Personality and Social Psychology, 49, 1129-46.
Barnes, J. 1986. *Staring at the sun*. London : Cape.[バーンズ, J. (著)加藤光也(訳) 1992『太陽をみつめて』白水社 p.263.]
—— 2000. The story of Mats Israelson. *New Yorker*, July 24, 62-70.
Bartholomew, K., and P. R. Shaver. 1998. Methods of assessing adult attachment : Do they converge? In J. A. Simpson and W. S. Rholes, eds., *Attachment theory and close relationships*, pp.25-45. New York : Guilford.
Baumeister, R. F. 1998. The self. In D. T. Gilbert, S. T. Fiske, and G. Lindzey, eds., *Handbook of social psychology*. 4 th ed. Vol.1, pp.680-740. New York : McGraw-Hill.
Bechara, A., H. Damasio, D. Tranel, and A. R. Damasio. 1997. Deciding advantageously before knowing advantageous strategy. *Science, 275*, 1293-95.
Begley, L. 1992. *The man who was late*. New York : Knopf.
Bem, D. J. 1972. Self-perception theory. In L. Berkowitz, ed., *Advances in experimental social psychology*. Vol.6, pp.1-62. New York : Academic.
Bornstein, R. F. 1995. Sex differences in objective and projective dependency tests : A meta-analytic review. *Assessment, 2*, 319-331.
Brickman, P., and D. T. Campbell. 1971. Hedonic relativism and planning the good society. In M. H. Appley, ed., *Adaptation–level theory*. New York : Academic.
Brickman, P., D. Coates, and R. Janoff-Bulman. 1978. Lottery winners and accident victims : Is happiness relative? *Journal of Personality and Social Psychology, 36*, 917-927.
Broadbent, D. E. 1958. *Perception and communication*. London : Pergamon.
Brody, J. 1997. I don't want to talk about it : Overcoming the secret legacy of male depression. *New York Times*, December 30, F 1.
Brontë, C. 1847/1984. *Jane Eyre*. New York : Longman.[ブロンテ, C. (著)小池滋(訳)1995『ブロンテ全集 2 ジェイン・エア』みすず書房]
Bruner, J. S. 1990. *Acts of meaning*. Cambridge, Mass. : Harvard University Press.[ブルーナー,J. S. (著)岡本夏木・仲渡一美・吉村啓子(訳)1999.『意味の復権 : フォークサイコロジーに向けて』ミネルヴァ書房.]
Brunstein, J. C., O. C. Schultheiss, and R. Grässmann. 1998. Personal goals and emotional well-being : The moderating role of motive dispositions. *Journal of Personality and Social Psychology, 75*, 494-508.
Cacioppo, J. T., W. L. Gardner, and G. G. Berntson. 1997. Beyond bipolar concep-

tualization and measures: The case of attitudes and evaluative space. *Personality and Social Psychology Review, 1*, 3-25.

Carpenter, W. B. 1874. *Principles of mental physiology*. New York: D. Appleton.

Cassidy, J., and P. R. E. Shaver, eds. 1999. *Handbook of attachment theory and research: Theory, research, and clinical applications*. New York: Guilford.

Cheek, J. M., and E. N. Krasnoperova. 1999. Varieties of shyness in adolescence and adulthood. In L. A. Schmidt and I. Schulkin, eds., *Extreme fear, shyness, and social phobia: Origins, biological mechanisms, and clinical outcomes*, pp.224-250. Series in affective science. New York: Oxford University Press.

Cheek, J. M., and L. A. Melchior. 1990. Shyness, self-esteem, and self consciousness. In H. Leitenberg, ed., *Handbook of social and evaluation anxiety*, pp.47-82. New York: Plenum.

Chen, S., and S. Andersen. 1999. Relationships from the past in the present: Significant-other representations and transference in interpersonal life. In M. P. Zanna, ed., *Advances in experimental social psychology*. Vol.31, pp.123-190. San Diego: Academic.

Choi, I., R. E. Nisbett, and A. Norenzayan. 1999. Causal attribution across cultures: Variation and universality. *Psychological Bulletin, 125*, 47-63.

Claparède, E. 1911/1951. Recognition and "me-ness." In D. Rapaport, ed., *Organization and pathology of thought*, pp.58-75. New York: Columbia University Press.

Clements, W. A., and J. Perner. 1994. Implicit understanding of belief *Cognitive Development, 9*, 377-395.

Clore, G. L., K. Gasper, and E. Garvin. 2001. Affect as information. In J. P. Forgas, ed., *Handbook of affect and social cognition*, pp.121-144. Mahwah, N.J.: Erlbaum.

Cole, J. 1995. *Pride and a daily marathon*. Cambridge, Mass.: MIT Press.

Cooley, C. H. 1902. *Human nature and the social order*. New York: Charles Scribner's Sons.［クーリー, C. H.（著）納武津譯（訳）1921『社會と我：人間性と社會秩序』日本評論社.］

Crocker, J. 1981. Judgment of covariation by social perceivers. *Psychological Bulletin, 90*, 272-292.

Csikszentmihalyi, M. 1999. If we are so rich, why aren't we happy? *American Psychologist, 54*, 821-827.

Dallas, E. S. 1866. *The gay science*. London: Chapman and Hall.

Damasio, A. 1994. *Descartes' error : Emotion, reason, and the human brain*. New York : Grosset/Putnam.［ダマシオ, A. （著）田中三彦（訳）2000『生存する脳：心と脳と身体の神秘』講談社.］

Darwin, C. 1872. *The expression of emotions in man and animals*. New York : Philosophical Library.［ダーウィン, C. （著）浜中浜太郎（訳）1991『人及び動物の表情について』岩波書店.］

Davidson, R. J. 1995. Cerebral asymmetry, emotion, and affective style. In R. J. Davidson and K. Hugdahl, eds., *Brain asymmetry*, pp.361-388. Cambridge, Mass. : Bradford.

Davis, C. G., S. Nolen-Hoeksema, and J. Larson. 1998. Making sense of loss and benefitting from the experience : Two construals of meaning. *Journal of Personality and Social Psychology, 75*, 561-574.

Deci, E. L., R. Koestner, and R. M. Ryan. 1999. A meta-analytic review of experiments examining the effects of extrinsic rewards. *Psychological Bulletin, 125*, 627-668.

Deutsch, J. A., and D. Deutsch. 1963. Attention : Some theoretical considerations. *Psychological Review, 70*, 80-90.

Devine, P. G. 1989. Automatic and controlled processes in prejudice : The role of stereotypes and personal beliefs. In A. R. Pratkanis, S. J. Breckler, and A. G. Greenwald, eds., *Attitude structure and function*, pp.181-212. Hillsdale, N.J. : Erlbaum.

Devine, P. G., and M. Monteith. 1999. Automaticity and control in stereotyping. In S. Chaiken and Y. Trope, eds., *Dual–process theories in social psychology*, pp.339-360. New York : Guilford.

Didion, J. 1979. *The white album*. New York : Simon and Schuster.［ディディオン, J. （著）越智道雄（訳）1996『アメリカ・コラムニスト全集 19 ジョーン・ディディオン集 60 年代の過ぎた朝』東京書籍］

Diener, E. 2000. Subjective well-being : The science of happiness and a proposal for a national index. *American Psychologist, 55*, 34-43.

Dijksterhuis, A., H. Aarts, and P. K. Smith. 2001. The power of the subliminal : On subliminal persuasion and other potential applications. Manuscript, University of Amsterdam.

Dovidio, J. F. 1995. Stereotypes, prejudice, and discrimination : Automatic and controlled processes. Paper presented at the annual meeting of the American Psychological Association, New York, August.

Dovidio, J. F., and S. L. Gaertner. 1986. Prejudice, discrimination, and racism : Historical trends and contemporary approaches. In J. F. Dovidio and S. L. Gaertner, eds., *Prejudice, discrimination, and racism*, pp.1-34. Orlando, Fla. : Academic.

Dovidio, J. E, K. Kawakami, C. Johnson, B. Johnson, and A. Howard. 1997. On the nature of prejudice : Automatic and controlled processes. *Journal of Experimental Social Psychology, 33*, 510-540.

Draine, S. C., and A. G. Greenwald. 1999. Replicable unconscious semantic priming. *Journal of Experimental Psychology : General, 127*, 286-303.

Dulany, D. E. 1997. Consciousness in the explicit (deliberative) and implicit (evocative). In J. D. Cohen and J. W. Schooler, eds., *Scientific approaches to consciousness*, pp.179-212. Mahwah, N.J. : Erlbaum.

Dutton, D. G., and A. P. Aron. 1974. Some evidence for heightened sexual attraction under conditions of high anxiety. *Journal of Personality and Social Psychology, 30*, 510-517.

Eisenberg, D. 1994. The girl who left her sock on the floor. *New Yorker*, December 5, 108-124.

Ekman, P. 1992. Facial expressions of emotion : New findings, new questions. *Psychological Science, 3*, 34-38.

Elicker, J., M. Englund, and L. A. Sroufe. 1992. Predicting peer competence and peer relationships in childhood from early parent-child relationships. In R. Parke and G. Ladd, eds., *Family-peer relations : Modes of linkage*, pp.77-106. Hillsdale, N.J. : Erlbaum.

Ellsworth, P. C. 1994. William James and emotion : Is a century of fame worth a century of misunderstanding? *Psychological Review, 101*, 222-229.

Emmons, R. A. 1986. Personal strivings : An approach to personality and subjective well-being. *Journal of Personality and Social Psychology, 51*, 1058-68.

Epley, N., and D. Dunning. 2000. Feeling "holier than thou" : Are self-serving assessments produced by errors in self- or social-prediction? *Journal of Personality and Social Psychology, 79*, 861-875.

Epstein, S. 1973. The self-concept revisited : Or a theory of a theory. *American Psychologist, 28*, 404-416.

Erber, R. 1996. The self-regulation of moods. In L. L. Martin and A. Tesser, eds., *Striving and feeling : Interactions among goals, affect, and self-regulation*, pp.251-275. Mahwah, N.J. : Erlbaum.

Erdelyi, M. 1985. *Psychoanalysis : Freud's cognitive psychology*. New York : Freeman.

Ericsson, K. A., and H. A. Simon. 1980. Verbal reports as data. *Psychological Review, 87*, 215-251.

Estabrooks, G. H. 1943. *Hypnotism*. New York : E. P. Dutton.

Fazio, R. H. 2001. On the automatic activation of associated evaluations : An overview. *Cognition and Emotion, 15*, 115-141.

Fazio, R. H., J. R. Jackson, B. C. Dunton, and C. J. Williams. 1995. Variability in automatic activation as an unobtrusive measure of racial attitudes. A bona fide pipeline? *Journal of Personality and Social Psychology, 69*, 1013-27.

Fels, A. 2001. An escort into the land of sickness. *New York Times*, July 31, F 5.

Flanagan, O. 1992. *Consciousness reconsidered*. Cambridge, Mass. : MIT Press.

Forster, E. M. 1927/1961. *Aspects of the novel*. London : Edward Arnold.[フォースター, E. M. (著)中野康司(訳)1994『E. M.フォスター著作集　小説の諸相』みすず書房.]

Fredrickson, B. 1998. What good are positive emotions? *Review of General Psychology, 2*, 300-319.

Freud, A. 1966. *The ego and the mechanisms of defense*. New York : International Universities Press.[フロイト, A. (著)黒丸正四郎・中野良平(訳)牧田清志・黒丸正四郎(注記・監修)1936『アンナ・フロイト著作集　第2巻　自我と防衛機制』岩崎学術出版社.]

Freud, S. 1900/1972. *The interpretation of dreams*. New York : Basic Books.[フロイト, S. (著)高橋義孝(訳)井村恒郎ほか(編)1968『フロイト著作集　夢判断』人文書院.]

—— 1911/1958. Psychoanalytic notes upon an autobiographical account of a case of paranoia (dementia paranoides). In J. Strachey, ed., *The standard edition of the complete psychological works of Sigmund Freud*. Vol.12, pp.9-82. London : Hogarth Press.

—— 1924/1968. *A general introduction to psychoanalysis*, trans. Joan Riviere. New York : Washington Square Press.[フロイト, S. (著)豊川昇(訳)1956『精神分析入門(上)(下)』新潮社]

—— 1937/1976. Constructions in analysis. In J. Strachey, ed., *The complete psychological works of Sigmund Freud*. Vol.23. New York : W. W. Norton.

Frijda, N. H. 1994. Emotions are functional, most of the time. In P. Ekman and R. J. Davidson, eds., *The nature of emotion : Fundamental questions*, pp.112-122.

New York : Oxford University Press.

Funder, D. C. 1997. *The personality puzzle*. New York : W. W. Norton.

Gavanski, I., and C. Hoffman. 1987. Awareness of influences on one's own judgments : The roles of covariation detection and attention to the judgment process. *Journal of Personality and Social Psychology, 52*, 453-463.

Gazzaniga, M. S., and J. E. LeDoux. 1978. *The integrated mind*. New York : Plenum.[ガザニガ, M. S., &レドゥー, J. E.（著）柏原恵龍他（訳）1980『二つの脳と一つの心：左右の半球と認知』ミネルヴァ書房.]

Gergen, K. J. 1991. *The saturated self : Dilemmas of identity in modern life*. New York : Basic.

Gergen, K. J., and J. Kaye. 1992. Beyond narrative in the negotiation of therapeutic meaning. In S. McNamee and K. J. Gergen, eds., *Therapy as social construction : Inquiries in social construction*, pp.166-185. London : Sage.[マクナミー, S. &ガーゲン, K. J.（編）野口裕二・野村直樹（訳）1997『ナラティヴ・セラピー：社会構成主義の実践』金剛出版.]

Gilbert, D. T., E. C. Pinel, T. D. Wilson, S. J. Blumberg, and T. P. Wheatley. 1998. Immune neglect : A source of durability bias in affective forecasting. *Journal of Personality and Social Psychology, 75*, 617-638.

Gilbert, D. T., and T. D. Wilson. 2000. Miswanting. In J. P. Forgas, ed., *Feeling and thinking : The role of affect in social cognition*, pp.178-197. Cambridge : Cambridge University Press

Glassman, N. S., and S. M. Andersen. 1999. Activating transference without consciousness : Using significant-other relationships to go beyond the subliminally given information. *Journal of Personality and Social Psychology, 77*, 1146-62.

Goldberg, L. R. 1993. The structure of phenotypic personality traits. *American Psychologist, 48*, 26-34.

Goleman, D. 1995. *Emotional intelligence*. New York : Bantam.[ゴールマン, D.（著）土屋京子（訳）1998『EQ：こころの知能指数』講談社.]

Goodman, N. G. E. 1945. *A Benjamin Franklin reader*. New York : Thomas Y. Crowell.

Greenwald, A. G. 1992. New look 3 : Unconscious cognition reclaimed. *American Psychologist, 47*, 766-779.

Griffin, D. W., and L. Ross. 1991. Subjective construal, social inference, and human misunderstanding. In L. Berkowitz, ed., *Advances in experimental social*

psychology. Vol.24, pp.319-359. San Diego : Academic.
Grünbaum, A. 1984. *The foundations of psychoanalysis : A philosophical critique*. Berkeley : University of California Press.［グリュンバウム, A.（著）村田純一ほか（訳）1996『精神分析の基礎：科学哲学からの批判』産業図書.］
Güzeldere, G. 1997. The many faces of consciousness : A field guide. In N. Block, O. Flanagan, and G. Güzeldere, eds., *The nature of consciousness : Philosophical debates*, 1-67. Cambridge : MIT Press.
Haiberstadt, J. B., and G. M. Levine. 1999. Effects of reasons analysis on the accuracy of predicting basketball games. *Journal of Applied Social Psychology, 29*, 517-530.
Hamilton, W. 1865. *Lectures on metaphysics*. Vol.1. Boston : Gould and Lincoln.
Hauser, M. 1998. Games primates play. *Discover*, September, 48-57.
Hawthorne, N. 1846/1937. Rappaccini's daughter. In N. H. Pearson, ed., *The complete novels and selected tales of Nathaniel Hawthorne*, 1043-65. New York : Random House.［岡本綺堂（訳）1987『世界怪談名作集・上』河出書房新社 p.266.］
—— 1850/1996. *The scarlet letter*. London : J. M. Dent.［ホーソーン（著）鈴木重吉（訳）1957『緋文字』新潮社 pp.118-119.］
Hazan, C., and P. Shaver. 1987. Romantic love conceptualized as an attachment process. *Journal of Personality and Social Psychology, 52*, 511-524.
Hebb, D. O. 1946. Emotion in man and animal : An analysis of the intuitive processes of recognition. *Psychological Review, 53*, 88-106.
Heine, S. J., D. R. Lehman, H. R. Markns, and S. Kitayama. 1999. Is there a universal need for positive self-regard? *Psychological Review, 106*, 766-794.
Helson, H. 1964. *Adaptation–level theory*. New York : Harper.
Higgins, E. T. 1987. Self-discrepancy : A theory relating self and affect. *Psychological Review, 94*, 319-340.
—— 1996. The "self-digest" : Self-knowledge serving self-regulatory functions. *Journal of Personality and Social Psychology, 71*, 1062-83.
Higgins, E. T., and G. A. King. 1981. Accessibility of social constructs : Information-processing consequences of individual and contextual variability. In N. Cantor and J. E Kihlstrom, eds., *Personality, cognition, and social interaction*, pp.69-121. Hillsdale, N.J. : Erlbaum.
Higgins, E. T., G. A. King, and G. H. Mavin. 1982. Individual construct accessibility and subjective impressions and recall. *Journal of Personality and Social Psychology, 43*, 35-47.

Hochschild, A. R. 1979. Emotion work, feeling rules, and social structure. *American Journal of Sociology, 85*, 551-575.

Hogan, R., J. Johnson, and S. Briggs, eds. 1997. *Handbook of personality psychology*. San Diego : Academic Press.

Holmes, D. S. 1990. The evidence for repression : An examination of sixty years of research. In J. L. Singer, ed., *Repression and dissociation*, pp.85-102. Chicago : University of Chicago Press.

James, W. 1890. *Principles of psychology*. Vol.1. New York : Holt.［ジェームズ, W.（著）今田恵（訳）1956『世界大思想全集　哲学·文芸思想篇 15 ウィリアム·ジェームズの心理思想と哲学』河出書房］

—— 1894. The physical basis of emotion. *Psychological Review, 1*, 516-529.

Janoff-Bulman, R. 1992. *Shattered assumptions : Toward a new psychology of trauma*. New York : Free Press.

Kaas, J. H., and C. E. Collins. 2001. Evolving ideas of brain evolution. *Nature, 411*, 141.

Kagan, J. 1994. *Galen's prophecy : Temperament in human nature*. New York : Basic.

Kant, I. 1785/1949. *Fundamental principles of the metaphysics of morals*, trans. T. K. Abbott. Indianapolis : Bobbs-Merrill.［カント, I.（著）篠田英雄（訳）1976『道徳形而上学原論』岩波書店］

Kaplan, H. R. 1978. *Lottery winners : How they won and how winning changed their lives*. New York : Harper and Row.

Kaprio, J., M. Koskenvuo, and H. Rita. 1987. Mortality after bereavement : A prospective study of 95,647 widowed persons. *American Journal of Public Health, 77*, 283-287.

Kelly, G.A. 1955. *The psychology of personal constructs*. New York : W. W. Norton.

Kelly, T. A. 1990. The role of values in psychotherapy : A critical review of process and outcome effects. *Clinical Psychology Review, 10*, 171-186.

Keltner, D., and J. J. Gross. 1999. Functional accounts of emotion. *Cognition and Emotion, 13*, 467-480.

Kenny, D. A. 1994. *Interpersonal perception : A social relations analysis*. New York : Guilford.

Kenny, D. A., and B. M. DePaulo. 1993. Do people know how others view them? An empirical and theoretical account. *Psychological Bulletin, 114*, 145-161.

Kierstead, M. D. 1981. The Shetland pony. *New Yorker*, April 6, 40-48.

Kiesler, C. A., R. E. Nisbett, and M. P. Zanna. 1969. On inferring one's beliefs from one's behavior. *Journal of Personality and Social Psychology, 11*, 321-327.

Kihlstrom, J. F. 1987. The cognitive unconscious. *Science, 237*, 1445-52.

—— 1999. The psychological unconscious. In L. A. Pervin and O. P. John, eds., *Handbook of personality: Theory and research*, pp.424-442. 2d ed. New York: Guilford.

Kihlstrom, J. F., and D. L. Schacter. 1990. Anesthesia, amnesia, and the cognitive unconscious. In B. Bonke, W. Fitch, and K. Millar, eds., *Memory and awareness in anesthesia*, pp.21-44. Amsterdam: Swets and Zeitlinger.

Koestler, A. 1978. Introduction. In L. L. Whyte, ed., *The unconscious before Freud*, pp.i-v. New York: St. Martin's.

Kolar, D. W., D. C. Funder, and C. R. Colvin. 1996. Comparing the accuracy of personality judgments by the self and knowledgeable others. *Journal of Personality, 64*, 311-337.

Komatsu, S., M. Naito, and T. Fuke. 1996. Age-related and intelligence-related differences in implicit memory: Effects of generation on a word-fragment completion task. *Journal of Experimental Child Psychology, 62*, 151-172.

Koob, G. E, S. B. Caine, L. Parsons, A. Markou, and F. Weiss. 1997. Opponent process model and psychostimulant addiction. *Pharmacology Biochemistry and Behavior, 57*, 513-521.

Krieger, L. H. 1995. The content of our categories: A cognitive bias approach to discrimination and equal employment opportunity. *Stanford Law Review, 47*, 1161-1248.

Lane, R. D., L. Sechrest, R. Riedel, D. E. Shapiro, and A. W. Kaszniak. 2000. Pervasive emotion recognition deficit common to alexithymia and the repressive coping style. *Psychosomatic Medicine, 62*, 492-501.

Lang, P. J. 1994. The varieties of emotional experience: A meditation on James Lange theory. *Psychological Review, 101*, 211-221.

Larson, R., M. Csikszentmihalhi, and R. Graef. 1980. Mood variability and the psychosocial adjustment of adolescents. *Journal of Youth and Adolescence, 9*, 469-490.

Laycock, T. 1860. *Mind and brain: The correlations of consciousness and organization*. London: Simpkin, Marschall.

Lazarus, R. S. 1991. *Emotion and adaptation*. Oxford: Oxford University Press.

LeDoux, J. 1996. *The emotional brain: The mysterious underpinnings of emotional*

life. New York : Simon and Schuster.［ルドゥー，J.（著）松本元・川村光毅・小幡邦彦・石塚典生・湯浅茂樹（訳）2003『エモーショナル・ブレイン　情動の脳科学』東京大学出版会 pp.194, 360.］

Lehman, D. R., C. B. Wortman, and A. F. Williams. 1987. Long-term effects of losing a spouse or child in a motor vehicle crash. *Journal of Personality and Social Psychology, 52*, 218-231.

Lepper, M. R., D. Greene, and R. E. Nisbett. 1973. Undermining children's intrinsic interest with extrinsic rewards : A test of the overjustification hypothesis. *Journal of Personality and Social Psychology, 28*, 129-137.

Lepper, M. R., J. Henderlong, and I. Gingras. 1999. Understanding the effects of extrinsic rewards on intrinsic motivation-uses and abuses of meta-analysis : Comment on Deci, Koestner, and Ryan (1999). *Psychological Bulletin, 125*, 669-676.

Lewicki, P., T. Hill, and E. Bizot. 1988. Acquisition of procedural knowledge about a pattern of stimuli that cannot be articulated. *Cognitive Psychology, 20*, 24-37.

Linden, W., F. Wen, and D. L. Paulhus. 1995. Measuring alexithymia : Reliability, validity, and prevalence. In J. Butcher et al., eds., *Handbook of personality assessment*. Vol.10, pp.51-95. Hillsdale, NJ. : Erlbaum.

Loehlin, J. 1992. *Genes and environment in personality development*. New York : Guilford.

Lund, D. A., M. S. Caserta, and M. F. Dimond. 1989. Impact of spousal bereavement on the subjective well-being of older adults. In D. A. Lund, ed., *Older bereaved spouses : Research with practical implications*, pp.3-15. New York : Hemisphere.

Lykken, D., and A. Tellegen. 1996. Happiness is a stochastic phenomenon. *Psychological Science, 7*, 186-189.

Lyubomirsky, S., N. D. Caldwell, and S. Nolen-Hoeksema. 1998. Effects of ruminative and distracting responses to depressed mood on retrieval of autobiographical memories. *Journal of Personality and Social Psychology, 75*, 166-177.

Mahoney, M. J. 1995. The cognitive and constructive psychotherapies : Contexts and challenges. In M. J. Mahoney, ed., *Cognitive and constructive psychotherapies : Theory, research, and practice*, pp.195-208. New York : Springer.

Main, M., N. Kaplan, and J. Cassidy. 1985. Security in infancy, childhood, and adulthood : A move to the level of representation. In I. Bretherton and E.

Waters, eds., *Monographs of the Society for Research in Child Development, 50*, pp.66-106.

Malcolm, J. 1981. *Psychoanalysis : The impossible profession*. New York : Knopf.

Mandler, G. 1997. Consciousness redux. In J. D. Cohen and J. W. Schooler, eds., *Scientific approaches to consciousness*, pp.479-498. Mahwah, N. J. : Erlbaum.

Marcel, A. J. 1983. Conscious and unconscious perception : Experiments on visual masking and word recognition. *Cognitive Psychology, 15*, 197-237.

Margolis, H. 1987. *Patterns, thinking, and cognition : A theory of judgment*. Chicago : University of Chicago Press.

Markus, H. R. 1977. Self-schemata and processing information about the self. *Journal of Personality and Social Psychology, 35*, 63-78.

Markus, H. R., and S. Kitayama. 1991. Culture and the self : Implications for cognition, emotion, and motivation. *Psychological Review, 98*, 224-253.

Markus, H. R., and P. Nurius. 1986. Possible selves. *American Psychologist, 41*, 954-969.

McAdams, D. P. 1994. *The stories we live by : Personal myths and the making of the self*. New York : Morrow.

—— 1996. Personality, modernity, and the storied self : A contemporary framework for studying persons. *Psychological Inquiry, 7*, 295-321.

—— 1999. Personal narratives and the life story. In L. A. Pervin and O. P. John, eds., *Handbook of personality : Theory and research*, pp.443-476. 2d ed. New York : Guilford.

McClelland, D. C. 1985. How motives, skills and values determine what people do. *American Psychologist, 40*, 812-825.

McClelland, D. C., R. Koestner, and J. Weinberger. 1992. How do self-attributed and implicit motives differ? In C. P. Smith, ed., *Motivation and personality : Handbook of thematic content analysis*, pp.49-72. Cambridge : Cambridge University Press.

McClelland, D. C., and D. A. Pilon. 1983. Sources of adult motives in patterns of parent behavior in early childhood. *Journal of Personality and Social Psychology, 44*, 564-574.

McConahay, J. B. 1986. Modern racism, ambivalence, and the Modem Racism Scale. In J. F. Dovidio and S. L. Gaertner, eds., *Prejudice, discrimination, and racism*, pp.91-125. Orlando, Fla. : Academic.

McCrae, R. R. 1996. Integrating the levels of personality. *Psychological Inquiry, 7*,

353-356.

McCrae, R. R., and P. T. J. Costa. 1990. *Personality in adulthood*. New York : Guilford.

McGuire, W. J., and A. Padawer-Singer. 1976. Trait salience in the spontaneous self-concept. *Journal of Personality and Social Psychology, 33*, 743-754.

Mead, G. H. 1934. *Mind, self, and society*. Chicago : University of Chicago Press. [ミード, G. H. (著)稲葉三千男・滝沢正樹・中野収(訳)日高六郎ほか(編)1973『現代社会学大系　精神・自我・社会』青木書店.]

Milgram, S. 1974. *Obedience to authority : An experimental view*. New York : Harper and Row. [ミルグラム, S. (著)岸田秀(訳)1995『服従の心理 : アイヒマン実験』河出書房新社.]

Miller, J. 1995. Going unconscious. *New York Review of Books*, April 20, 59-65.

Miller, J. G. 1942. *Unconsciousness*. London : Chapman and Hall.

Millward, R. B., and A. S. Reber. 1972. Probability learning : Contingent-event sequences with lags. *American Journal of Psychology, 85*, 81-98.

Mischel, W. 1968. *Personality and assessment*. New York : Wiley. [ミッシェル, W. (著)詫摩武俊(監訳)1992『パーソナリティの理論 : 状況主義的アプローチ』誠信書房.

—— 1973. Toward a cognitive social learning reconceptualization of personality, *Psychological Review, 80*, 252-283.

Mischel, W., and Y. Shoda. 1995. A cognitive-affective system theory of personality : Reconceptualizing the situations, dispositions, dynamics, and invariance in personality structure. *Psychological Review, 102*, 246-268.

—— 1999. Integrating dispositions and processing dynamics within a unified theory of personality : The cognitive-affective personality system. In L. A. Pervin and O. P. John, eds., *Handbook of personality : Theory and research*, pp.197-218. 2d ed. New York : Guilford.

Moore, T. E. 1992. Subliminal perception : Facts and fallacies. *Skeptical Inquirer, 16*, 273-281.

Moray, N. 1959. Attention in dichotic listening : Affective cues and the influence of instructions. *Quarterly Journal of Experimental Psychology, 11*, 56-60.

Muller, M. 2001. The novelist's life is altered by a confident alter ego. *New York Times*, August 13, pp.B 1, B 2.

Murray, H.A. 1938. *Explorations in personality*. New York : Oxford University Press. [マレー, H. A. (編)外林大作(訳編)1961-1962『パーソナリティ』誠信

書房.]

Nisbett, R. E. 1980. The trait construct in lay and professional psychology. In L. Festinger, ed., *Retrospections on social psychology*, pp.109-130. New York : Oxford University Press.

Nisbett, R. E., and L. Ross. 1980. *Human inference : Strategies and shortcomings of social judgment*. Englewood Cliffs, N.J. : Prentice-Hall.

Nisbett, R. E., and T. D. Wilson. 1977. Telling more than we can know : Verbal reports on mental processes. *Psychological Review, 84*, 231-259.

Nolen-Hoeksema, S. 1998. The other end of the continuum : The costs of rumination. *Psychological Inquiry, 9*, 216-219.

—— 2000. The role of rumination in depressive disorders and mixed anxiety/depressive symptoms. *Journal of Abnormal Psychology, 109*, 504-511.

Norman, D. A. 1968. Toward a theory of memory and attention. *Psychological Review, 75*, 522-536.

Nørretranders, T. 1998. *The user illusion*, trans. J. Sydenham. New York : Viking. [ノートレットランダーシュ, T. (著)柴田裕之(訳)2002『ユーザーイリュージョン:意識という幻想』紀伊國屋書店.]

Oltmanns, T. F, E. Turkheimer, and C. Thomas. 2000. Perceptions of the self and others in relation to personality disorders. Paper presented at the American Psychological Society, Miami, June 9.

Palmer, D. 1975. Unfelt pains. *American Philosophical Quarterly, 12*, 289-298.

Parducci, A. 1995. *Happiness, pleasure, and judgment : The contextual theory and its applications*. Mahwah, N.J. : Erlbaum.

Payne, B. K. 2001. Prejudice and perception : The role of automatic and controlled processes in misperceiving a weapon. *Journal of Personality and Social Psychology, 81*, 181-192.

Pennebaker, J. W. 1997 a. *Opening up : The healing power of expressing emotions*. Rev. ed. New York : Guilford.[ペネベーカー, J. W. (著)余語真夫(監訳)2000『オープニングアップ:秘密の告白と心身の健康』北大路書房.]

—— 1997 b. Writing about emotional experiences as a therapeutic process. *Psychological Science, 8*, 162-166.

Pennebaker, J. W., E. Zech, and B. Rimé. 2001. Disclosing and sharing emotion : Psychological, social, and health consequences. In M. S. Stroebe, R. O. Hansson, W. Stroebe, and H. Schut, eds., *Handbook of bereavement research : Consequences, coping, and care*. Washington, D.C. : American Psychological Asso-

ciation.

Perner, J., and W. A. Clements. 2000. From an implicit to an explicit "theory of mind." In Y. Rossetti and A. Revonsuo, eds., *Beyond dissociation : Interaction between dissociated implicit and explicit processing*, pp.273-294. Amsterdam : John Benjamins.

Plomin, R. 1994. *Genetics and experience : The developmental interplay between nature and nurture*. Newbury Park, Calif. : Sage.

Polonoff, D. 1987. Self-deception. *Social Research, 54*, 45-53.

Post, E. 1922. *Etiquette in society, in business, in politics and at home*. New York : Funk and Wagnalls.

Pratkanis, A. 1992. The cargo-cult science of subliminal persuasion. *Skeptical Inquirer, 16*, 260-272.

Proffitt, D. R., M. Bhalla, R. Gossweiler, and J. Midgett. 1995. Perceiving geographical slant. *Psychonomic Bulletin and Review, 2*, 409-428.

Proust, M. 1934. *Remembrance of things past*, trans. C. K. Scott-Moncrieff. New York : Random House.［プルースト, M.（著）鈴木道彦（編訳）1992『失われた時を求めて（上）（下）』集英社］

Real, T. 1998. *I don't want to talk about it : Overcoming the secret legacy of male depression*. New York : Simon and Schuster.［リアル, T.（著）吉田まりえ（訳）2000『男はプライドの生きものだから』講談社.］

Reber, A. S. 1992. The cognitive unconscious : An evolutionary perspective. *Consciousness and Cognition, 1*, 93-133.

—— 1993. *Implicit learning and tacit knowledge : An essay on the cognitive unconscious*. New York : Oxford University Press.

—— 1997. How to differentiate implicit and explicit modes of acquisition. In J. D. Cohen and J. W. Schooler, eds., *Scientific approaches to consciousness*, pp.137-159. Mahwah, N.J. : Erlbaum.

Richburg, K. B. 1993. Reaching the end of a pot o'gold. *Washington Post*, October 10, A 1, A 28.

Rock, I., ed. 1997. *Indirect perception*. Cambridge, Mass. : MIT Press.

Roediger, H. L., and K. B. McDermott. 1993. Implicit memory in normal human subjects. In F. Boller and J. Grafman, eds., *Handbook of Neuropsychology*. Vol.8, pp.63-131. Amsterdam : Elsevier.

Roethke, R. 1975. *The collected poems of Theodore Roethke*. Garden City, N.Y. : Anchor.

Rosenthal, R., and L. Jacobson. 1968. *Pygmalion in the classroom : Teacher expectation and student intellectual development*. New York : Holt, Rinehart and Winston.

Ross, L., and R. E. Nisbett. 1991. *The person and the situation*. New York : McGraw-Hill.

Rovee-Collier, C. 1997. Dissociations in infant memory : Rethinking the develop ment of implicit and explicit memory. *Psychological Review, 104*, 467-498.

Russell, J. A., and L. F. Barrett. 1999. Core affect, prototypical emotional episodes, and other things called emotion : Dissecting the elephant. *Journal of Personality and Social Psychology, 76*, 805-819.

Russo, R. 1997. *Straight Man*. New York : Random House.

Ruvolo, A. P., and H. R. Markus. 1992. Possible selves and performance : The power of self-relevant imagery. *Social Cognition, 10*, 95-124.

Ryan, R. M., K. M. Sheldon, T. Kasser, and E. L. Deci. 1996. All goals are not created equal. In J. A. Bargh and P. M. Gollwitzer, eds., *The psychology of action : Linking cognition and motivation to behavior*, pp.7-26. New York : Guilford.

Ryle, G. 1949. *The concept of mind*. London : Hutchinson.[ライル, G.（著）坂本百大・宮下治子・服部裕幸（訳）1987『心の概念』みすず書房.]

Sacks, O. 1987. *The man who mistook his wife for a hat and other clinical tales*. New York : Harper and Row.[サックス, O.（著）高見幸郎・金沢泰子（訳）1992『妻を帽子とまちがえた男』晶文社]

Sadker, M., and D. Sadker. 1994. *Failing at fairness : How America's schools cheat girls*. New York : Charles Scribner's Sons.[サドカー, M. &サドカー, D.（著）川合あさ子（訳）1996『「女の子」は学校でつくられる』時事通信社.]

Salovey, P., C. K. Hsee, and J. D. Mayer. 1993. Emotional intelligence and the self-regulation of affect. In D. M. Wegner and J. W. Pennebaker, eds., *Handbook of mental control*, pp.258-277. Englewood Cliffs, N. J. : Prentice-Hall.

Salovey, P., and J. D. Mayer. 1990. Emotional intelligence. *Imagination, Cognition, and Personality, 9*, 185-211.

Sampson, E. E. 1989. The challenge of social change for psychology : Globalization and psychology's theory of the person. *American Psychologist, 44*, 914-921.

Sandvik, E., E. Diener, and R. J. Larson. 1985. The opponent process theory and affective reactions. *Motivation and Emotion, 94*, 407-418.

Schachter, S., and J. E. Singer. 1962. Cognitive, social, and physiological determinants of emotion. *Psychological Review, 69*, 379-399.

Schachter, S., and L. Wheeler. 1962. Epinephrine, chlorpromazine, and amusement. *Journal of Abnormal and Social Psychology, 65*, 121-128.

Schacter, D. L. 1996. *Searching for memory : The brain, the mind, and the past*. New York : Basic.

Schafer, R. 1976. *A new language for psychoanalysis*. New Haven : Yale University Press.

Schkade, D. A., and D. Kahneman. 1998. Would you be happy if you lived in California? A focusing illusion in judgments of well-being. *Psychological Science, 9*, 340-346.

Schneider, B. H., L. Atkinson, and C. Tardif. 2001. Child-parent attachment and children's peer relations : A quantitative review. *Developmental Psychology, 37*, 86-100.

Schooler, J. W., and T. Y. Engstler-Schooler. 1990. Verbal overshadowing of visual memories : Some things are better left unsaid. *Cognitive Psychology, 22*, 36-71.

Schooler, J. W., and S. M. Fiore. 1997. Consciousness and the limits of language : You can't always say what you think or think what you say. In J. D. Cohen and J. W. Schooler, eds., *Scientific approaches to consciousness.* pp.241-257. Mahwah, N.J. : Erlbaum.

Schultheiss, O. 2001. An information processing account of implicit motive arousal, in M. L. Maehr and P. Pintrich, eds., *Advances in motivation and achievement*. Vol.12, pp.1-41, Greenwich, Conn. : JAI Press.

Schultheiss, O. C., and J. C. Brunstein. 1999. Goal imagery : Bridging the gap between implicit motives and explicit goals. *Journal of Personality, 67*, 1-38.

Shaw, G. B. 1913/1979. *Pygmalion*. New York : Penguin.［ショー, G. B.（著）倉橋健・喜志哲雄（訳）1993『人と超人　ピグマリオン：ベスト・オブ・ショー』白水社］

Shenk, D. 2001. *The forgetting Alzheimer's : Portrait of an epidemic*. New York : Doubleday.［シェンク, D.（著）松浦秀明（訳）2002『だんだん記憶が消えていく：アルツハイマー病：幼児への回帰』光文社］

Sheridan, G. 1969. The electroencephalogram argument against incorrigibility. *American Phdosophical Quarterly, 6*, 62-70.

Shoda, Y., W. Mischel, and J. C. Wright. 1994. Intraindividual stability in the organization and patterning of behavior : Incorporating psychological situations into the idiographic analysis of personality. *Journal of Personality and*

Social Psychology, 67, 674-687.
Shrauger, J. S., and T. J. Schoeneman. 1979. Symbolic interactionist view of self-concept : Through the looking glass darkly. *Psychological Bulletin, 86*, 549-573.
Silvia, P. J., and G. H. E. Gendolla. 2001. On introspection and self-perception : Does self-focused attention enable accurate self-knowledge? *Review of General Psychology, 5*, 241-269.
Simon, H. 1997. Scientific approaches to the question of consciousness. In J. D. Cohen and J. W. Schooler, eds., *Scientific approaches to consciousness*, pp.513-520. Mahwah, N.J. : Erlbaum.
Sloane, R. B., F. R. Staples, A. H. Cristol, N. J. Yorkston, and K. Whipple. 1975. *Psychotherapy versus behavior therapy*. Cambridge, Mass. : Harvard University Press.
Smith, A. 1759/1853. *The theory of moral sentiments*. London : H. G. Bohn.［スミス, A.（著）水田洋（訳）2003『道徳感情論（上）』岩波書店］
Smith, C. P., ed. 1992. *Motivation and personality : Handbook of thematic content analysis*. Cambridge : Cambridge University Press.
Smith, E. R., and F. D. Miller. 1978. Limits on perception of cognitive processes : A reply to Nisbett and Wilson. *Psychological Review, 85*, 355-382.
Smyth, J. M. 1998. Written emotional expression : Effect sizes, outcome types, and moderating variables. *Journal of Consulting and Clinical Psychology, 66*, 174-184.
Solomon, R. L. 1980. The opponent-process theory of acquired motivation. *American Psychologist, 35*, 691-712.
Spain, J. S., L. G. Eaton, and D. C. Funder. 2000. Perspectives on personality : The relative accuracy of self versus others for the prediction of emotion and behavior. *Journal of Personality, 68*, 837-867.
Spence, D. P. 1982. *Narrative truth and historical truth*. New York : W. W. Norton.
Stephens, M. 1992. To thine own selves be true. *Los Angeles Times*, August 23, 40.
Suh, E., E. Diener, and F. Fujita. 1996. Events and subjective well-being : Only recent events matter. *Journal of Personality and Social Psychology, 70*, 1091-1102.
Sullivan, H. S. 1953. *The interpersonal theory of psychiatry*. New York : W. W. Norton.［サリヴァン, H. S.（著）中井久夫ほか（共訳）1990『精神医学は対人関係論である』みすず書房.］

Swann, W. B., Jr. 1996. *Self-traps : The elusive quest for higher self-esteem*. New York : Freeman.

Tatarkiewicz, W. 1976. *Analysis of happiness*, trans. E. Rothert and D. Zielińska. Warszawa : PWN/Polish Scientific. Original work published 1962.

Taylor, C. 1989. *Sources of the self : The making of the modern identity*. Cambridge, Mass. : Harvard University Press.

Taylor, S. E., and J. D. Brown. 1988. Illusions and well-being : A social psychological perspective on mental health. *Psychological Bulletin, 103*, 193-210.

—— 1994. Positive illusions and well-being revisited : Separating fact from fiction. *Psychological Bulletin, 116*, 21-27.

Tellegen, A., D. T. Lykken, T. J.J. Bouchard, K. J. Wilcox, N. L. Segal, and S. Rich. 1988. Personality similarity in twins reared apart and together. *Journal of Personality and Social Psychology, 40*, 885-898.

Theus, K. T. 1994. Subliminal advertising and the psychology of processing unconscious stimuli : A review. *Psychology and Marketing, 11*, 271-290.

Tidwell, M. O., H. T. Reiss, and P. R. Shaver. 1966. Attachment, attractiveness, and social interaction : A diary study. *Journal of Personality and Social Psychology, 71*, 729-745.

Tooby, J., and L. Cosmides. 1990. The past explains the present : Emotional adaptations and the structure of ancestral environments. *Ethology and Sociobiology, 11*, 375-424.

Treisman, A. M. 1964. Monitoring and storage of irrelevant messages and selective attention. *Journal of Verbal Learning and Verbal Behavior, 3*, 449-459.

—— 1993. The perception of features and objects. In A. Baddeley and L. Weiskrantz, eds., *Attention : Selection, awareness, and control*, pp.5-35. Oxford : Clarendon Press.

Triandis, H. C. 1989. The self and social behavior in differing cultural contexts. *Psychological Review, 93*, 506-520.

Vaillant, G. E. 1993. *The wisdom of the ego*. Cambridge, Mass. : Harvard University Press.

Vargas Llosa, M. 1986. My son the Rastafarian. *New York Times Magazine*, February 16, 20-28, 30, 41-43, 67.

Velmans, M. 1991. Is human information processing conscious? *Behavioral and Brain Sciences, 14*, 651-726.

Vonnegut, K. 1966. *Mother night*. New York : Delacorte.［ヴォネガット, K.（著）

池澤夏樹（訳）1973『母なる夜』白水社］
Warnes, H. 1986. Alexithymia, clinical and therapeutic aspects. *Psychotherapy and Psychosomatics, 46*, 96-104.
Waxman, S. 2001. Mystery writer in the mirror. *Washington Post*, November 1, C 1, C 8.
Wegner, D. M. 1994. Ironic processes of mental control. *Psychological Review, 101*, 34-52.
—— 2002. *The illusion of conscious will*. Cambridge, Mass.: MIT Press.
Wegner, D. M., and R. R. Vallacher. 1981. Common-sense psychology. In J. P. Forgas, ed., *Social cognition: Perspectives in everyday understanding*, pp.224-246. London: Academic.
Wegner, D. M., and T. Wheatley. 1999. Apparent mental causation: Sources of the experience of will. *American Psychologist, 54*, 480-492.
Weiss, J., and P. Brown. 1977. Self-insight error in the explanation of mood. Manuscript, Harvard University.
Wellman, H. M., D. Cross, and J. Watson. 2001. Meta-analysis of theory-of-mind development: The truth about false belief. *Child Development, 72*, 655-684.
Wells, W. D., ed. 1997. *Measuring advertising effectiveness*. Mahwah, N.J.: Erlbaum.
Westen, D. 1998. The scientific legacy of Sigmund Freud: Toward a psychodynamically informed psychological science. *Psychological Bulletin, 124*, 333-371.
Whyte, L. L. 1978. *The unconscious before Freud*. New York: St. Martin's.
Willingham, D. B., and L. Preuss. 1995. The death of implicit of implicit memory. *PSYCHE, 2*, http://psyche.cs.monash.edu.au/volume 2-1/psyche-95-2-15-implicit- 1-willingham.html.
Wilson, T. D. 1985. Strangers to ourselves: The origins and accuracy of beliefs about one's own mental states. In J. H. Harvey and G. Weary, eds., *Attribution: Basic issues and applications*, pp.9-35. Orlando, Fla.: Academic.
Wilson, T. D., and N. Brekke. 1994. Mental contamination and mental correction: Unwanted influences on judgments and evaluations. *Psychological Bulletin, 116*, 117-142.
Wilson, T. D., D. B. Centerbar, and N. Brekke. 2002. Mental contamination and the debiasing problem. In T. Gilovich, D. W. Griffin, and D. Kahneman, eds., *The psychology of intuitive judgment: Heuristics and biases*. pp.185-200. New York: Cambridge University Press.

Wilson, T. D., and D. S. Dunn. 1986. Effects of introspection on attitude behavior consistency: Analyzing reasons versus focusing on feelings. *Journal of Experimental Social Psychology, 22*, 249-263.

Wilson, T. D., D. S. Dunn, J. A. Bybee, D. B. Hyman, and J. A. Rotondo. 1984. Effects of analyzing reasons on attitude-behavior consistency. *Journal of Personality and Social Psychology, 47*, 5-16.

Wilson, T. D., S. D. Hodges, and S. J. LaFleur. 1995. Effects of introspecting about reasons: Inferring attitudes from accessible thoughts. *Journal of Personality and Social Psychology, 69*, 16-28.

Wilson, T. D., J. Hull, and J. Johnson. 1981. Awareness and self-perception: Verbal reports on internal states. *Journal of Personality and Social Psychology, 40*, 53-71.

Wilson, T. D., and D. Kraft. 1993. Why do I love thee? Effects of repeated introspections on attitudes toward the relationship. *Personality and Social Psychology Bulletin, 19*, 409-418.

Wilson, T. D., and S. J. LaFleur. 1995. Knowing what you'll do: Effects of analyzing reasons on self-prediction. *Journal of Personality and Social Psychology, 68*, 21-35.

Wilson, T. D., P. S. Laser, and J. I. Stone. 1982. Judging the predictors of one's own mood: Accuracy and the use of shared theories. *Journal of Experimental Social Psychology, 18*, 537-556.

Wilson, T. D., S. Lindsey, and T. Y. Schooler. 2000. A model of dual attitudes. *Psychological Review, 107*, 101-126.

Wilson, T. D., D. Lisle, J. Schooler, S. D. Hodges, K. J. Klaaren, and S. J. LaFleur. 1993. Introspecting about reasons can reduce post-choice satisfaction. *Personality and Social Psychology Bulletin, 19*, 331-339.

Wilson, T. D., and J. W. Schooler. 1991. Thinking too much: Introspection can reduce the quality of preferences and decisions. *Journal of Personality and Social Psychology, 60*, 181-192.

Wilson, T. D., and J. I. Stone. 1985. Limitations of self-knowledge: More on telling more than we can know. In P. Shaver, ed., *Review of personality and social psychology*. Vol.6, pp.167-183. Beverly Hills: Sage.

Wilson, T. D., T. P. Wheatley, J. M. Meyers, D. T. Gilbert, and D. Axsom. 2000. Focalism: A Source of durability bias in affective forecasting. *Journal of Personality and Social Psychology, 78*, 821-836.

Winter, D. G. 1992. Power motivation revisited. In C. P. Smith, ed., *Motivation and personality : Handbook of thematic content analysis*, pp.301-311. Cambridge : Cambridge University Press.

Winter, D. G., O. P. John, A. J. Stewart, E. C. Klohnen, and L. E. Duncan. 1998. Traits and motives : Toward an integration of two traditions in personality research. *Psychological Review, 105*, 230-250.

Wortman, C. B., R. C. Silver, and R. C. Kessler. 1993. The meaning of loss and adjustment to bereavement. In M. S. Stroebe, W. Stroebe, and R. O. Hansson, eds., *Handbook of bereavement : Theory, research, and intervention*, pp.349-366. New York : Cambridge University Press.

Yinger, J. 1995. *Closed doors, opportunities lost : The continuing costs of housing discrimination*. New York : Russell Sage Foundation.

Zajonc, R. B. 1980. Feeling and thinking : Preferences need no inferences. *American Psychologist, 35*, 151-175.

Zillmann, D. 1978. Attribution and misattribution of excitatory reaction. In J. H. Harvey, W. Ickes, and R. F. Kidd, eds., *New directions in attribution research*. Vol.2, pp.335-368. Hillsdale, N.J. : Erlbaum.

原　注

第１章

冒頭引用：Tennyson, A.L.（1833）“Oenone”.［西前美巳訳（2003）『対訳テニスン詩集――イギリス詩人選（５）』岩波書店 p. 6.］

1. Proust（1934），pp. 675-676.［鈴木道彦編訳（1992）（下），p. 293.］
2. Austen（1713/1966），p. 216.［中野好夫訳（1997），p. 400.］
3. これらの例は、Nisbett & Wilson（1977）にある。
4. たとえばBargh（1997）は、自動的過程は次のうちの１つ以上の特徴をもつと述べた。非意識的、非意図的、統制不可能、努力不要、である。
5. 意識の最小限の役割について、Velmanns(1991)；Bargh & Chartrand（1999）；Wegner（2002）を参照。
6. 非意識的システムのさまざまな性質について、Roediger & McDermott（1993）；Schacter（1996）；Westen（1998）；Willingham & Preuss（1995）を参照。
7. Freud（1900/1972），p. 592.
8. Miller（1942），p. 157. からの引用。
9. Damasio（1994），p. 249.
10. Whyte（1978），p. 26；Koestler（1978），p. iii.
11. Hamilton（1865）；Carpenter（1874）；Laycock（1860）.
12. Hamilton（1865），p. 250.
13. Carpenter（1874），p. 539.
14. Carpenter（1874），p. 543.
15. Carpenter（1874），p. 539.
16. 特に、Hamilton（1865）の講義18と講義19を参照。
17. フロイトの方法論の限界についての議論は、Grünbaum（1984）を参照。
18. Erdelyi（1985）；Westen（1998）を参照。
19. A.Freud（1966），p. 28.

第２章

冒頭引用：Hamilton（1865），p. 241；Dallas（1966），p. 194.

1. イワン・ウォーターマンの事例に関する非常に興味深い議論は、Cole

（1995）を参照。

2. Proffitt ら（1995）；Rock（1997）.
3. たとえば、Simon（1997）を参照。
4. Freud（1924/1968），p. 306.［豊川昇訳（1956），（下）p. 75.］
5. James Miller（1942）は、無意識について、16個の異なる定義を示している。この数は、これまで多くの筆者が意識について提案してきた定義の数に匹敵するほどである（たとえば、Ryle（1949）を参照）。
6. 私が適応的無意識によるものと考えた過程に「認知的無意識」や「情動的無意識」という用語を使用している研究者もいる（たとえば、Kihlstrom 1987，1999）。私は、何が認知的で、何が情動的かと区別するより、非意識的な処理を一つのものとして考える方が意味があると思っている。
7. 科学者が、どのように意識の能力や感覚システムの能力を測定してきたかについての詳細な考察は、Nørretranders（1998）を参照。
8. Claparède（1911/1951）の患者は、完全な健忘症ではなかった可能性があり、それゆえに、意識的に物事を学習できるだけの能力をいくらか保持していたのかもしれない。もっと典型的な健忘症の患者の場合、彼らは運動技能を学習することができる。たとえば、動くターゲットをペンで追うという技能は、そうした課題をそれまで毎日やってきたという意識的な記憶がなくても学習できる（Schacter，1996を参照）。
9. レビューとしては、Kihlstrom & Schacter（1990）を参照。
10. たとえば，Reber（1993，1997）や Dulany（1997）を参照。
11. Lewicki, Hill, & Bizot（1988），引用 p. 33.
12. 注意システムのどこにフィルターがあるかという正確な位置については意見が分かれるが（たとえば、Deutsch & Deutsch 1963；Treisman 1964；Norman 1968；Marcel 1983）、フィルターが主として、意識的な自覚のないところで働いているという点については見解が一致している。
13. フィルター設定の意識的なコントロールは完璧なものではない。Daniel Wegner（1994）が示しているように、何かに注意を向けたいという欲求は時には失敗に終わる。たとえば、無視しようと思っているまさにその対象に注意が引きつけられてしまうことがある。
14. 注意を向けていない聴覚チャネルにおいて、自分の名前を認識するという「カクテル・パーティ効果」は、Moray（1959）によって最初に示された。非意識的なモニターは完璧なものではなく、一般的には、注意を向けていないチャネルに自分の名前が入ってきたとき、人がそれに気づく確率は3分の1程度である。しかしながら、ともかくも自分の名前を認識できると

いう事実は、非意識的なモニタリングが生じているということを示唆している。前注意の理論については、Broadbent（1958）や Treisman（1993）を参照。
15. Bargh & Pietromonaco（1982）；Higgins（1996）；Mandler（1997）を参照。
16. Damasio（1994）；LeDoux（1996）；Bargh（1997）；Bechara et al.（1997）；Clore, Gasper, & Garvin（2001）を参照。
17. Bargh et al.（2001）；Bargh & Raymond（1995）.
18. Brontë（1847/1984），p. 270.［小池滋訳（1995），p. 308.］
19. Damasio（1994）.
20. Brontë（1947/1984），p. 259.［小池滋訳（1995），p. 357.］
21. Gilbert & Wilson（2000）．Vaillant（1993）も参照。
22. Heine, Lehman, Markus, & Kitayama（1999）を参照。一つの文化の中でも、人々が自分を気分よくする方法には違いがある。Bill Swann（1996）は、西洋文化圏においても、自尊心が高い人と低い人では、肯定的なフィードバックや否定的なフィードバックに対して異なる反応をすることを観察している。自尊心が高い人は、優れたスピンドクターがするように、肯定的なフィードバックを好み、否定的なフィードバックは避けたり、その価値を割り引いたりする。他方、自尊心が低い人は、正反対のことをする場合がある。彼らは否定的なフィードバックを好み、肯定的なフィードバックを避けたり、価値を割り引いたりするのである。しかしながら、こうしたことは、自尊心の低い人が「よい気分」基準を利用できないということを必ずしも意味していない。Swann は、人はしばしば予測可能で整合性のあるフィードバックを欲するのであり、自分自身の自己観が脅かされるのは非常に心が乱されることなのだと論じている。これは、自尊心が否定的で自己価値観の低い者が、なぜ自分についての否定的なフィードバックを好むかを説明している。否定的なフィードバックは、予測可能で整合性のある自己観を維持するのに役立つのである。つまり、それは、逆説的な方法ながら、「よい気分」基準を満たしているのである。
23. Taylor & Brown（1988）を参照。ポジティブ幻想に関する研究は、第9章でより詳細に議論する。

第3章

冒頭引用：James（1890），p. 122.［今田恵訳（1956），p. 202.］
1. 進化による適応が、配偶者選択の性差など、現代の人間行動をどの程度説

明するのか大いに論争を呼んでいる。私の意見では、進化心理学者たちは時として、現代の社会的行動の大部分が数万年前に生じた人間の適応に由来するといった行き過ぎた主張をしている。しかしながら、脳が自然淘汰の原則に従って進化したことを否定することはできない。

2. この議論に鋭い考察を加えて発展させたものとして、Reber（1992）を参照。
3. Güzeldere（1997）.
4. これらの哲学的見解についての優れたレビューとして、Flanagan（1992）を参照。
5. Flanagan（1992），p. 7. を参照。
6. Wegner & Wheatley（1999）.
7. Flanagan（1992），pp. 7-8 .
8. Margolis（1987）；LeDoux（1996）.
9. 非意識的な欲求充足における意識の役割についての議論は、Bargh et al.（2002）を参照。
10. 意識的過程は多くの非意識的過程よりも比較的統制的であるが、すべての非意識的な処理が自動性の特徴をすべて満たしているわけではない。たとえば、Arthur Reber（1992）は、人工文法の学習は非意識的に生じるが、認知容量を必要とすると述べている。さらに、私たちは常に自らの意識的思考を完全にコントロールしていない。Daniel Wegner（1994）によって立証されているように、自動的で、非意識的な過程が望まない思考の侵入を導くこともある。しかし、一般にはほとんどの非意識的思考を自動的、またほとんどの意識的思考を統制的とみなして差し支えない。
11. Rosenthal & Jacobson（1968）；Sadker & Sadker（1994）を参照。
12. 潜在記憶と顕在記憶の研究レビューについてはSchacter（1996）を参照。
13. Lepper, Greene, & Nisbett（1973）.
14. Wilson, Hull, & Johnson（1981）；Wilson（1985）. 報酬が内発的興味に及ぼす影響に関する研究の最近のレビューについてはLepper, Henderlong, Gingrass（1999）；Deci, Koastner & Ryan（1999）を参照。
15. Clements & Perner（1994）.
16. Hauser（1998）；Perner & Clements（2000）；Wellman, Cross, & Watson（2001）を参照。他の潜在的で非意識的な記憶システムが、顕在記憶と同じ速度で発達することを示す証拠はKomatsu, Naito, & Fuke（1996）とRovee-Collier（1997）を参照。
17. 意識的に相関を検出するのが難しいことの証拠は、Nisbett & Ross（1980）；

Crocker（1981）；Alloy & Tabachnik（1984）を参照。

18. Bechara et al.（1997）の実験に対するこの解釈を指摘して下さったJonathan Schoolerに感謝する。
19. 否定的情報と肯定的情報が脳の別領域で処理される証拠はDavidson（1995）とCacioppo, Gardner, & Berntson（1997）を参照。
20. Draine & Greenwald（1999）.
21. Millward & Reber（1972）；Greenwald（1992）を参照。

第4章

冒頭引用：Amiel（1899/1935）．Whyte（1978），p.157．の引用による。[河野與一訳（1972），p.128.］；Didion（1979），p.11.［越智道雄訳（1966），p.7.］

1. Shaw（1913/1979），p.43.［倉橋健・喜志哲雄訳（1993），p.203.］
2. Allport（1961），p.28.
3. たとえば、Tellegen et al.（1988）；McCrae & Costa（1990）；Loehlin（1992）；Goldberg（1993）；Plomin（1994）を参照。
4. Sampson（1989）；Gergen（1991）.
5. Mischel（1968, 1973）を参照。Triandis（1989）およびMarkus & Kitayama（1991）によるその後の研究は、状況の影響の見落としが個人主義的な西洋文化で特に顕著であることを示している。アジアの多くの文化のように、より集団主義的な志向性の文化は、社会的状況が行動の強力な決定因であることをより認識している。
6. Nisbett（1980）；Ross & Nisbett（1991）；Funder（1997）を参照。
7. Hogan, Johnson, & Briggs（1997）．さらに最近のパーソナリティに関するハンドブックは、無意識についての新しい考え方に一章を当てている（Kihlstrom, 1999）。しかし、残りの27章は、精神分析に関する一つを残して、非意識な過程やパーソナリティについてほとんど何も語っていない。
8. 私の主張とは反対に、Reber（1992）は、無意識過程には個人差がほとんど存在しないと示唆している。しかし、Reberは潜在的学習と潜在的記憶のような変動のないシステムにもっぱら注目している。彼は、これらの精神の基本的機能には個人間で変動がなく、それは言語獲得能力にほとんど差がないようなものだ、という点で正しいかもしれない。私は、適応的無意識をより広く捉えていて、完全には自覚されないその人特有の環境への適応も含めているし、動機づけの習慣的な水準や、環境の持続的解釈、他者の習慣的表象なども含めている。

9. Miller（1995），p. 64.
10. レビューとして、Mischel & Shoda（1999）を参照。少年を用いた研修キャンプの研究は、Shoda, Mischel, & Wright（1994）で紹介されている。
11. Kelly（1955）.
12. Higgins, King, & Mavin（1982）や、Bargh et al.（1986）を参照。正直さの習慣的アクセス可能性についての実験は、Bargh & Thein（1985）による。
13. Malcolm（1981），p. 76.
14. Malcolm（1981），p. 6.
15. Andersen & Glassman（1996），p. 254；Chen & Andersen（1999）；Glassman & Andersen（1999）；Sullivan（1953）も参照。
16. Elicker, Englund, & Sroufe（1992）. ストレンジ・シチュエーションでの反応が後の友人関係を予測する研究のレビューとして、Schneider, Atkinson, & Tardif（2001）を参照。
17. Hazan & Shaver（1987），p. 515.
18. 成人の恋愛における愛着とその測定方法の研究として、Hazan & Shaver（1987）と Tidwell, Reis, & Shaver（1996）を参照。成人愛着面接の研究については、Main, Kaplan, & Cassidy（1985）；Cassidy & Shaver（1999）を参照。二つの測定の相関関係に関する研究として、Bartholomew & Shaver（1998）を参照。
19. 潜在的動機に関する研究として、Murray（1938）；Atkinson（1964）；McClelland（1985）；Winter et al.（1998）を参照。潜在的動機と顕在的動機の区別に関する証拠については、McClelland, Koestner, & Weinberger（1992）と Schultheiss（2001）を参照。依存に関する研究のレビューとして、Bornstein（1995）を参照。
20. Russo（1997），pp. 373-374.
21. 自己報告と他者報告との比較に関する研究の成果は、Kenny（1994）によって概観されている。自己報告と他者報告の妥当性を比較した、もっと最近の研究として、Kolar, Funder, & Colvin（1996）と Spain, Eaton, & Funder（2000）を参照。
22. 自分の行動と他者の行動の予測に関する研究は、Epley & Dunning（2000）によるものである。
23. 自己に関する研究について、Epstein（1973）；McGuire & Padawer-Singer（1976）；Markus（1977）；Markus & Nurius（1986）；Higgins（1987, 1996）；Triandis（1989）；Markus & Kitayama（1991）；Baumeister（1998）を

参照。

24. 潜在的なパーソナリティ過程と顕在的なパーソナリティ過程とを区別する研究者もいる。たとえば、Wegner & Vallacher（1981）は、「暗黙の心理学」もしくは世界の主観的印象に影響する非意識的な解釈スタイルについて考察した。これらは、適応的無意識に内在する独自の解釈、評価形態であって、私たちが見てきたように、行動の重要な規定因なのだ。Wegner と Vallacher はまた、明示的な常識の心理学、もしくは自分自身についての意識的な信念についても考察した。私たちはすでに、意識的理論の働く例を見ている。愛着関係に関する明示的信念や動機に関する明示的信念が、それぞれの概念の非意識的測定とあまり相関しないが、独自に興味深い行動を予測するといった例である。
25. McAdams（1994, 1996, 1999）を参照。
26. McCrae（1996）, p. 355.
27. 代替的な自己に関する社会心理学の研究について、Markus & Nurius（1986）; Higgins（1987）; Ruvolo & Markus（1992）を参照。
28. McClelland & Pilon（1983）. これらのデータは McClelland, Koestner, & Weinberger（1992）でより詳しく考察されている。
29. Shaw（1913/1979）, p. 42.［倉橋健・喜志哲雄訳（1993）, p. 201-202.］
30. Brunstein, Schultheiss, & Grassmann（1998）; Schultheiss & Brunstein（1999）; Schultheiss（in press）.

第5章

冒頭引用：Shakespeare（1596）, The merchant of Venice, act I, scene I.［小田島雄志訳（1985）『シェイクスピア全集II』白水社 p. 349.］; Barnes（1986）, pp. 183－184.［加藤光也訳（1992）, p. 263.］

1. Sacks（1987）, p. 109.［高見幸郎・金沢泰子訳（1992）, pp. 198－199.］
2. Estabrooks（1943）, pp. 77-78.
3. Gazzaniga & LeDoux（1978）, p. 149.
4. 分離脳患者や脳を損傷した人々に関する研究から、脳内における適応的無意識と意識的自己の位置を推測する試みがなされている。実際に多くの神経科学者が意識的処理と無意識的処理の神経基盤の研究を進めている。今日までの取り組みから言えることは、意識のような複雑な心理的状態は脳の多くの領域間の相互作用であり、単一の部位（葉）やニューロンのまとまりとして位置づけられるのではないということである。
5. Milgram（1974）を参照。社会的影響の力、およびこれらの影響を認識で

きないことに関する一般的議論については、Aronson, Wilson, & Akert (2002) と Ross & Nisbett (1991) を参照。

6. Schachter & Singer (1962)；Dutton & Aron (1974)；Zillmann (1978) を参照。
7. Nisbett & Wilson (1977), 引用 p. 231. 返答には Smith & Miller (1978)；Ericsson & Simon (1980)；Gavanski & Hoffman (1987) を含む。
8. ここで示したのは Nisbett & Wilson (1977) を Wilson & Stone (1985) で更新した立場である。
9. 共変を知覚することの難しさについては Nisbett & Ross (1980)；Crocker (1981)；Alloy & Tabachnik (1984) を参照。
10. ムード研究である Wilson, Laser & Stone (1982) は、未公刊の Weiss & Brown (1977) の研究に刺激を受けておこなわれたものである。特権的情報が助けにも妨げにもなるという議論に関する証拠は他にもある。このような Wilson らの研究や他の研究によれば、ムードへの影響に関する実験参加者の報告と、実際のムード決定因との間には正の相関関係が見られた。その相関関係は他人の報告を除外（統計的に統制）した場合さえも同様に確認された。この結果は（他人の報告によって測定されるような）共有されたものの見方を差し引いた後にも、特権的情報に依存することによって一定の正確性に達することを示唆する。しかしながら、実験参加者の報告を差し引いた後にもまた、他人の報告と実験参加者のムードの実際の決定因との間には正の相関関係が確認された。このことは共有されたものの見方ではなく特権的情報に依存することで、いくらかの正確性が損なわれていることを示唆する。本人や他人の因果関係の報告に関するこれらの知見は、Wilson & Stone (1985) で概観されている。

第6章

冒頭引用：James (1890), p. 211.［今田恵訳 (1956), p. 277.］；Begley (1992), p. 35.

1. Kierstead (1981), p. 48.
2. たとえば、Armstrong (1968)；Sheridan (1969)；Palmer (1975) を参照。
3. 認識されない嫉妬の例としては、Hebb (1946)；Russell & Barrett (1999) を参照。
4. Freud (1911/1958) を参照。
5. たとえば、Erdelyi (1985) や Holmes (1990) を参照。記憶が意図的に抑

圧されうるという最近の証拠については、Anderson & Green（2001）を参照。

6. Adams, Wright, & Lohr（1996）による、同性愛恐怖症における同性愛への魅力の研究。著者らは同性愛恐怖症者が、異性愛感情を持たない潜在的な同性愛者であるとは論じていない。実際に、同性愛恐怖症の男性は同性愛のビデオに対してよりも異性愛のビデオに対して、より勃起を示した。それでもなお、同性愛恐怖症ではない男性が男性同士の同性愛映像に対して勃起しない一方で、同性愛恐怖症の男性は勃起を示していた。
7. 情動の進化論として、Darwin（1872）；Tooby & Cosmides（1990）；Lazarus（1991）；Ekman（1992）を参照。情動の特定の機能に関する議論としては、Frijda（1994）；Keltner & Gross（1999）を参照。
8. デンマークの心理学者カール・ランゲが、ジェームズの理論と非常に似た理論を提示したため、こうしたアプローチは情動のジェームズ－ランゲ説として知られるようになった。James（1894）を参照。ジェームズ－ランゲ説に関する最近の議論としては、Ellsworth（1994）と Lang（1994）を参照。
9. LeDoux（1996），pp. 163，165，302.［松本元・他訳（2003），pp. 194，p. 360.］
10. Carpenter（1874），pp. 539-540.
11. 同書.，p. 540.
12. Hochschild（1979）を参照。
13. Schachter & Wheeler（1962）；また Schachter & Singer（1962）を参照。
14. Nisbett & Wilson（1977）。この研究の更新されたレビューとしては、Wilson（1985）を参照。
15. Schachter & Wheeler（1962），p. 126.
16. 二重態度の理論に関しては、Wilson, Lindsey, Schooler（2000）を参照。差別に対する法的禁止の分析に関しては、Krieger（1995）を参照。
17. Devine（1989）；Higgins & King（1981）；Fazio et al.（1995）；Dovidio et al.（1997）.
18. Dovidio（1995）；Dovidio et al.（1997）.
19. 情動的知性についての考察として、Salovey & Mayer（1990）；Goleman（1995）を参照。
20. Warnes（1986），p. 99. 情動的知性については、Salovey, Hsee, & Mayer（1993）；Goleman（1995）. 失感情症についいは、Linden, Wen, & Paulhus（1995）；Lane et al.（2000）.

原　注

第7章

冒頭引用：Hawthorne（1846/1937, p. 1055.［岡本綺堂訳（1987), p. 266.］

1. 幸福感の定義や測定の方法については、これまで多くの研究で述べられている。ここで論じる研究の多くは、「あなたは最近自分がどのくらい幸せだと思いますか」など直接質問し、参加者自身に幸福感を定義させている。このような質問に対する回答の妥当性は高い。たとえば、参加者の回答は、彼らの家族や友人による幸せの程度の評定や、彼らがその後5年間に自殺する率と相関する。測定の問題に関する詳しい議論として、Diener（2000）を参照。
2. Richburg（1993), p. A28.
3. Kaplan（1978), p. 67. Brickman, Coates, & Janoff-Bulman（1978); Abrahamson（1980）も参照。
4. Wortman, Silver, & Kessler（1993); Lund, Caserta, & Dimond（1989）も参照。
5. Kaprio, Koskenvuo, & Rita（1987); Lehman, Wortman, & Williams（1987).
6. Janoff-Bulman（1992); Davis, Nolen-Hoeksema, & Larson（1998).
7. Janoff-Bulman（1992), p. 133.
8. Larson, Csikszentmihalyi, & Graef（1980); Suh, Diener, & Fujita（1996), p. 1091を参照。
9. Smith（1759/1853), p. 149.［水田洋訳（2003）（上), p. 432.］
10. Lykken & Tellegen（1996).
11. Csikszentmihalyi（1999), p. 852より引用。Csikszentmihalyiは、フローの概念、獲得法、幸福感との関連について広範囲にわたり論じている。目標追求と幸福感に関する他の研究についてはEmmons（1986); Ryan et al.（1996); Diener（2000）を参照。
12. Gilbert et al.（1998).
13. Brickman, Coates, & Janoff-Bulman（1978).
14. 私がワインに適用した教訓がある。安いワインの楽しみを台無しにしないために、意図的に高いワインを飲み過ぎないようにした。たまに高いワインを味わうが、25ドルのカベルネのボトルに慣れすぎてしまったら、7.99ドルのスーパーの特売ワインをもはや楽しめなくなるとわかっている。せっかくの楽しみをなぜ台無しにすることがあろうか？
15. 比較水準に関する研究については、Helson（1964); Brickman & Campbell

(1971)；Parducci（1995）を参照。

16. 最適な状態はゼロ均衡ではなく、やや正の均衡かもしれない。身体はやや肯定的な状態を「取り扱う」可能性がある。そして実際、多くの人はたいてい自分の幸福感を、尺度の中間点より上であると報告する。さらに、やや肯定的な情動は、創造的に考える力を伸ばしたりするなどの良い影響力をもつ可能性がある（Fredrickson，1998を参照）。しかし身体は長い間極度の肯定的情動を取り扱うことができず、多幸感を長期間経験することはできない。
17. 相反過程理論についてはSolomon（1980）を参照。薬物中毒への応用についてはKoob et al.（1997）を参照。相反過程理論が（身体的出来事に比べて）心理的出来事に対する反応をうまく説明しないことについての実証研究は、Sandvik, Diener, & Larson（1985）を参照。
18. Erber（1996）を参照。
19. Eisenberg（1994），p. 109.
20. Shenk（2001），pp. 194-195.［松浦秀明訳（2002），p. 230.］
21. Gilbert & Wilson（2000）．Vaillant（1993）も参照。
22. Gilbert et al.（1998）；Wilson et al.（2000）を参照。
23. Griffin & Ross（1991）；Ross & Nisbett（1991）を参照。
24. Schkade & Kahneman（1998）；Wilson et al.（2000）を参照。
25. Tatarkiewicz（1976），p. 111.

第８章

冒頭引用：Adams（1918），p. 432.［刈田元司訳（1955），p. 499.］

1. Freud（1924/1968），p. 306.
2. Spence（1982），p. 27. 後でみるように、現代の精神分析学者の中には考古学メタファーや、治療で発掘されているものが古い真実だという、それがたとえている意味を認めない者もいる。たとえば、対象関係理論家は、子ども時代に根ざした無意識的動因を重要視せず、現在の関係の葛藤により焦点を当てる。スパイ活動としての内観のアナロジーの方が有効とみなす精神分析家もいる。そこでは患者と療法家が、見えないように慎重に隠された秘密を明らかにしようとする。考古学メタファーとは異なり、そのような秘密は必ずしも子ども時代に根ざした古い動因ではなく、おそらく他者との現在の関係に関する問題である。しかし、発見される真実があり、その発見が難しいという点は、考古学メタファーと同様である。
3. 内観がより正確な自己に関する報告に結びつかない証拠のレビューは、

Silvia & Gendolla（2001）を参照。

4. 物語メタファーとしての内観は、Roy Schafer（1976）やDonald Spence（1982）などの精神分析学者、Kenneth Gergen（1991）などのポストモダニスト、Jerome Bruner（1990）やDouglas McAdams（1996）などの心理学者、Michael Mahoney（1995）などの認知療法家に支持され、心理学や精神医学のさまざまな領域で普及してきた。しかしこれらの見解は、これまでやや殻に閉じこもりがちで、相互の交流も少なく、実証的基盤も少なかった。物語メタファーの考え方は、即席の内観や、長期間の自己分析、また心理療法を含むすべての形態の内観に適用できるだろう。
5. Donald Spenceは次のように記している。「彼[Freud]は臨床的な経験を増すにつれて、この［考古学］モデルを取り下げ始め、彼の分析的研究の歴史的な真の価値についてより穏健な立場を取り始めた。この問題に関する最後の論文で、次のような立場をとったように思われる。『構築の真実性が保証され確信することは、回復された記憶と同じ治療効果をもたらす』」;Spence（1982），p. 289にFreud（1937/1976）p. 266が引用されている。
6. この懐中電灯メタファーの解釈と一貫した研究結果がある。たとえば、自分がどのように感じるのかについて内観した人は、特に将来の行動をよく予測する感情を報告することがいくつかの研究で示されている。このことは内観によって、アクセス可能ではあるが、現在意識の焦点ではない感情に注意が向けられることを示唆している。これらの研究のレビューは、Wilson & Dunn（1986）を参照。
7. Barnes（2000），p. 69.
8. Goodman（1945），p. 746に引用されている。［池田孝一訳（1975）『アメリカ古典文庫１　ベンジャミン・フランクリン』研究社 p. 71.］
9. Vargas Llosa（1986），p. 23.
10. Zajonc（1980），p. 155に引用されている。
11. Roethke（1965），p. 249.
12. Kant（1975/1949），Second Section.［篠田英雄訳（1976），p. 53.］
13. Wilson & Kraft（1993）．私たちは別の研究で、人が理由分析をする際に思いつく思考の種類を操作するために、ある新しい知人に関する、肯定的あるいは否定的な思考のいずれかを思い出しやすくさせた。私たちが予測したように、肯定的思考を思い出しやすいとき、そのような思考を理由として書いた参加者は、その人物に対する態度を肯定的方向に変化させた。他方、否定的な思考が思いつきやすいとき、そのような思考を理由として

書いた参加者は、否定的な方向に態度を変化させた。統制群の参加者もまた肯定的あるいは否定的な情報が思い出しやすいことに気づいたが、なぜそのように感じたのか分析せず、その人物に対する態度は変化しなかった。人がどう感じるのか変えたのは、かなりのところ理由についての内観という行為である。人は、思いついた理由が特に判断に役立つと考えてしまい、その理由が必ずしも本当の感情を捉えているわけではないことを認識しない。Wilson, Hodges, & LaFleur（1995）を参照。

14. 交際中のカップルに関する研究は、Wilson & Kraft（1993）や Wilson et al,（1984）に報告されている。美術ポスターに関する研究は、Wilson et al.（1993）に報告されている。他の研究も、理由分析が人の行動に関する予測の正確性を減じること（Wilson & LaFleur, 1995）や専門家の意見と一致しない態度を導くこと（Wilson & Schooler, 1991)、またたとえばバスケットボールの試合結果のような、客観的な現実世界の出来事に関する予測の正確性を減らすこと（Halberstadt & Lavine, 1999）を示している。関連する研究として、Jonathan Schooler とその共同研究者は、たとえば顔や色など言葉なしで貯蔵された刺激の記憶に関する内観は、これらの刺激に対する記憶を損なうことを示している。彼らは、非言語的記憶を言葉にしようとすると、言葉にして捉えられなかったものの再生を困難にすると主張している。Schooler & Engstler-Schooler (1990) や Schooler & Fiore（1997）を参照。
15. Schultheiss & Brunstein（1999）や Schultheiss（2001）を参照。
16. Lyubomirsky, Caldwell, & Nolen-Hoeksema（1998), pp. 168と pp. 174. 反芻に関する研究の概観は、Nolen-Hoeksema（1998, 2000）を参照。
17. Pennebaker（1997b), p. 162.
18. 感情的出来事の筆記に関する研究のレビューは、Pennebaker(1997a, 1997b）や Smyth（1998）を参照。
19. Hawthorne（1850/1996). [鈴木重吉訳（1957), p. 118-119.]
20. Pennebaker, Zech, & Rime（印刷中).
21. Wegner（1994）を参照。
22. Fels (2001), p. F 5 .
23. Sloane et al. (1975）や Kelly（1990）を参照。

第9章

冒頭引用：Burns, R. "To a Louse"（1786). [中村為治訳（1959)『バーンズ全訳詩集　第1部』角川書店 p. 182.]

原　注

1. サブリミナル効果に関する研究のレビューとしては、Moore（1992）; Pratkanis（1992）; Theus（1994）を参照。Dijksterhuis, Aarts & Smith（2001）によるレビューではサブリミナル効果の可能性についてより論じているが、統制された実験室状況で見られた効果でも大きさの点では小さい傾向にあることを認めている。
2. 日常の広告の影響に関するレビューとして、Abraham & Lodish（1990）; Wells（1997）を参照。
3. 心的汚染に関し詳しくは、Wilson & Brekke（1994）; Wilson, Centerbar, & Brekke（2002）を参照。
4. 測定される偏見が時間を経てどれだけ変化したのか、その考察に関しては、Dovidio & Gaertner（1986）; McConahay（1986）を参照。住宅供給の研究は、Yinger（1995）に報告されている。
5. 自動的偏見と意識的偏見の研究に関しては、Devine（1989）; Devine & Monteith（1999）; Fazio（2001）; Banaji（2001）を参照。大学生を参加者とした研究は、Dovidio et al.（1997）によるものである。
6. この研究に関して詳しくは、Payne（2001）を参照。
7. 潜在的連合テスト（Implicit Association Test : IAT）のウエブサイトを参照のこと。https : //implicit.harvard.edu/implicit/
8. 内気さ（シャイネス）の研究に関しては、Cheek & Melchior（1990）とCheek & Krasnoperova（1999）を参照。
9. 象徴的相互作用論と呼ばれるこの学派の著作として、Cooley（1902）; Mead（1934）を参照。
10. Oltmanns, Turkheimer, & Thomas（2000）。同様の研究のレビューについては、Kenny & DePaulo（1993）とShrauger & Schoeneman（1979）を参照。
11. Armor & Taylor（1998）; Taylor & Brown（1988）.

第10章

冒頭引用：Bronteé（1847/1985），14章.［小池滋訳（1995），p. 210.］; Vonnegut（1966），p. v.［池澤夏樹訳（1973），p. 364.］

1. Muller（2001）.
2. Waxman（2001），p. C 8 に引用されたGraftonの言葉。
3. Forster（1927/1961），p. 97.
4. Ryle（1949）とBem（1972）を参照。
5. 署名を募集した研究は、Kiesler, Nisbett, & Zanna（1969）によって行わ

れた。基本的帰属エラーの詳細については、Ross & Nisbett（1991）を参照。西洋文化の人々は特に基本的帰属エラーに陥りやすく、東アジア文化の人はそれほどではないことの証拠については、Choi, Nisbett, & Norenzayan（1999）を参照。

6. 「過度の正当化効果」研究についてのレビューは、Deci, Koestner, & Ryan（1999）；Lepper, Henderlong, & Gingras（1999）を参照。
7. Aristotle（1962），p. 34．James（1890），pp. 49-50.
8. Brody（1997），p. F 1 に引用された Real の言葉。特に男性の抑うつに対する Real のアプローチについては、Real（1997）を参照。
9. 十代福祉活動計画（Teen Outreach program）の概要については、Allen et al.（1997）を参照。
10. Post（1922），17章。
11. David Polonoff（1987）と Dan McAdams（1996）は、一貫性（話の筋が論理的に通っていること）や変化への開放性といった、物語《ナラティブ》を判断するのに役立つ基準を示している。両者とも、正確さが鍵となる基準であると論じているが、正確さの基準については詳しく述べていない。
12. Gergen & Kaye（1992），p. 175.
13. 上述の書，pp. 177-178.
14. Brunstein, Schultheiss, & Grässmann（1998）.
15. Didion（1979），pp. 12-13.［越智道雄訳（1996），p. 8-9 .］
16. Freud（1937/1976），p. 266.
17. Stephens（1992），p. 40に引用された Zajonc の言葉。